国家林业和草原局普通高等教育"十四五"规划教材

农业技术经济学

党国英 主编

内 容 提 要

农业技术经济学是由农业技术科学与农业经济科学相互交叉渗透的新兴应用学科。它以"科学技术是第一生产力"的经济增长理论为核心，农业科技进步为研究对象，广泛吸收农业经济学、微观经济学、统计学与计量经济学、数字经济学等学科的一般原理，基于农业技术经济效应理论、农业技术要素报酬变动规律、农业生产要素配置原理与规模经济原理，通过农业生产结构优化、农业技术进步、农业技术创新，农业技术选择与采用、技术扩散与经济效果的最佳结合。农业技术经济学从研究对象到研究内容，从学科理论到研究方法，都体现了鲜明的实用性与广泛的量化性。

本教材是国家林业和草原局普通高等教育"十四五"规划教材，既可作为农林院校经济管理类、农学类、工学类等相关专业的本科教材及硕士研究生的参考用书，也可作为农林经济管理相关专业的本科教材及农业经济、农业技术工作者的学习用书。

图书在版编目（CIP）数据

农业技术经济学 / 党国英主编. —北京：中国林业出版社，2024.6
国家林业和草原局普通高等教育"十四五"规划教材
ISBN 978-7-5219-2685-9

Ⅰ.①农…　Ⅱ.①党…　Ⅲ.①农业技术经济学–高等学校–教材　Ⅳ.①F303.2

中国国家版本馆 CIP 数据核字（2024）第 084531 号

策划编辑：丰　帆
责任编辑：丰　帆
责任校对：苏　梅
封面设计：时代澄宇

出版发行：中国林业出版社
　　　　　（100009，北京市西城区刘海胡同7号，电话83143558）
电子邮箱：cfphzbs@163.com
网　址：https://www.cfph.net
印　刷：北京中科印刷有限公司
版　次：2024年6月第1版
印　次：2024年6月第1次
开　本：787mm×1092mm　1/16
印　张：16
字　数：364千字
定　价：51.00元

《农业技术经济学》编写人员

主　编　党国英
副主编　王　丹　麦强盛　谢彦明
编　者（按姓氏拼音排序）
　　　　　党国英（西南林业大学）
　　　　　李　洋（西南林业大学）
　　　　　刘朝阳（华能澜沧江水电有限公司）
　　　　　龙　蔚（云南农业大学）
　　　　　罗　迎（湖南科技大学）
　　　　　麦强盛（西南林业大学）
　　　　　王　丹（东北农业大学）
　　　　　夏　凡（西南林业大学）
　　　　　谢彦明（西南林业大学）
　　　　　张　雪（西南林业大学）

前　言

农业技术进步是促进农业经济增长的不竭动力，农业技术创新是推动农业技术进步的重要途径，农业技术创新的方向与程度决定了农业发展质量的高低。如何把农业技术经济学的基本理论、基本方法应用于我国广袤美丽的田野，对于建设农业强国意义重大。

本教材立足中国特色社会主义新时代的新要求，着眼于建设农业强国的战略目标，力争体现技术经济学科理论体系的科学系统性、思政元素嵌入性、学科前沿性、教学科研融合性四大特色。

本教材汲取、借鉴并保留已有教材中农业技术经济学基本理论与研究方法的精华，在充分体现时代特征与学科发展前沿的主导思想下，对已有农业技术经济学教材的基本理论与方法进行适当扩展、补充与完善；对已有教材忽略的两部分内容：价值工程理论在农业发展实践中的技术经济评价及分析、农业典型部门中的技术经济评价的应用案例作了必要补充。力争本教材在遵循我国新发展理念的时代背景下，形成科学、完整、系统的科学理论体系。

本教材基于"思政教育"与"专业教育"协同融合的时代要求，在每章最后一部分都结合课程专业理论增加了"教书育人"或"创新创业教育"课程思政案例部分。思政元素嵌入教材内容体系，满足高校践行立德树人教育方针对农业技术经济学课程教学的现实需求。

数字农业、智慧农业作为农业发展中创新最活跃、辐射最广泛的技术进步，其生产技术效率的提升对于农业产业数字化转型、促进农业高质量发展具有重要意义。结合现代农业技术体系发展要求，本教材把"数字农业生产的效率分析"纳入第九章第五节"农业生产的效率分析"中，以充分体现农业技术经济学学科发展的时代特征与理论前瞻性。

农业技术创新作为农业技术经济学课程的重要内容，遵循我国"创新、协调、绿色、开放、共享"的新发展理念。本教材把"农业绿色技术创新"纳入第五章第五节"农业技术创新"中，并在第五章第三节中增添了与农业技术创新密切相关的三类知识产权保护的基本理论：专利与技术创新；植物新品种保护与技术创新；地理标志保护与技术创新。这部分内容是本教材主编从事科学研究以来的主要研究领域。把科学研究成果与基本理论相结合，充分体现了理论对实践的指导、实践对理论进行检验的原则，突出本教材科研与教学有效融合的特色。

本教材由西南林业大学、东北农业大学、湖北科技大学、云南农业大学等院校携手编写，编写人员大部分长期担任着农业经济学、技术经济学、微观经济学、计量经济学等课程的教学工作，一直从事着农业技术经济领域的科学研究，具有博士或硕士学位。本教材由党国英担任主编,王丹、麦强盛、谢彦明担任副主编。全书的具体编写分工如下:党国英负责全书的策划、统稿并编写第二章、第四章、第九章及第一章、第十章部分内容;谢彦明负责编写第三章;王丹负责编写第五章;罗迎负责编写第六章;夏凡负责编写第七章;李洋负责编写第八章;刘朝阳负责第十章部分内容与部分案例的编写;龙蔚负责第一章部分内容的编写与核对工作;麦强盛负责部分策划与核对工作;张雪负责全书的校对工作。西南林业大学经济管理学院研究生赵艳丽、胡茜、熊宇晨、沈应梅、郭宇星、高蕊、王起胜参与了资料的搜集、整理、校对等工作。

鉴于农业技术经济学学科理论的交叉性、综合性、前沿性,教材内容难以涵盖农业技术经济学涉及的全部内容。同时,由于编者水平有限,书中难免存在错漏与不足,恳请专家、读者不吝赐教。

编　者

2023 年 9 月

目 录

前 言

第一章 农业技术经济学概论 (1)
第一节 农业技术经济学基本概论 (1)
一、农业、技术与经济含义 (1)
二、农业技术经济学概念 (2)
三、农业技术经济学主要特征 (2)
第二节 农业技术经济学产生和发展 (4)
一、农业技术经济学形成背景 (4)
二、农业技术经济学形成过程 (4)
三、农业技术经济学发展趋势 (7)
第三节 农业技术经济学研究对象与内容 (8)
一、农业技术经济学研究对象 (8)
二、农业技术经济学研究内容 (8)
三、农业技术经济学任务与作用 (8)
教书育人案例一:"杂交水稻之父"袁隆平 (9)
本章小结 (10)
思考与练习 (10)

第二章 农业技术经济学基本理论 (11)
第一节 农业技术经济效益理论 (11)
一、经济效益的基本概念 (11)
二、农业技术经济效益内涵 (12)
三、农业技术效果与经济效果 (12)
四、农业技术经济效益、生态效益与社会效益 (13)
第二节 农业技术要素报酬变动规律 (14)
一、农业技术要素分类与性质 (14)
二、农业生产中边际分析概念 (17)
三、农业技术要素报酬变动规律 (19)
四、农业生产要素报酬递减及其原因 (21)

第三节　农业生产要素配置与农产品组合 …………………………………… (21)
　　　　一、单一生产要素最佳投入 ………………………………………………… (22)
　　　　二、双重生产要素合理配置 ………………………………………………… (27)
　　　　三、不同农产品合理组合 …………………………………………………… (31)
　　第四节　规模报酬与农业适度规模 …………………………………………… (33)
　　　　一、规模经济原理 …………………………………………………………… (33)
　　　　二、农业生产规模经营与规模效益 ………………………………………… (34)
　　　　三、农业生产适度规模经营 ………………………………………………… (34)
　　创新创业教育案例二：从供给侧推动农业科技创新——航天育种技术 …… (36)
　　本章小结 ………………………………………………………………………… (37)
　　思考与练习 ……………………………………………………………………… (38)

第三章　农业生产结构及优化 ……………………………………………………… (39)
　　第一节　农业生产结构特征与演变 …………………………………………… (39)
　　　　一、农业生产结构概念与特征 ……………………………………………… (39)
　　　　二、农业生产结构演变一般规律 …………………………………………… (39)
　　　　三、我国农业生产结构演变进程 …………………………………………… (40)
　　　　四、农业生产结构变动影响因素 …………………………………………… (44)
　　第二节　农业生产结构优化目标与内容 ……………………………………… (45)
　　　　一、农业生产结构优化含义 ………………………………………………… (45)
　　　　二、农业生产结构优化目标与一般原则 …………………………………… (45)
　　　　三、农业生产结构优化内容 ………………………………………………… (46)
　　第三节　农业生产结构优化测度及方法 ……………………………………… (48)
　　　　一、农业生产结构优化理论基础 …………………………………………… (48)
　　　　二、农业生产结构优化测度与评价 ………………………………………… (51)
　　　　三、农业生产结构优化方法 ………………………………………………… (54)
　　创新创业教育案例三：云南省蒙自石榴产业融合发展 ……………………… (56)
　　本章小结 ………………………………………………………………………… (58)
　　思考与练习 ……………………………………………………………………… (58)

第四章　农业技术进步 ……………………………………………………………… (59)
　　第一节　农业技术进步概述 …………………………………………………… (59)
　　　　一、农业技术进步内涵 ……………………………………………………… (59)
　　　　二、农业技术进步类型 ……………………………………………………… (60)
　　　　三、农业技术进步特征 ……………………………………………………… (64)
　　第二节　农业技术进步测定方法 ……………………………………………… (65)
　　　　一、平均生产函数模型 ……………………………………………………… (66)

二、增长速度方程 …………………………………………………………………… (67)
　　三、全要素生产率 …………………………………………………………………… (68)
　　四、边界生产函数 …………………………………………………………………… (68)
 第三节　农业技术进步测定实例 ……………………………………………………… (69)
　　一、农业投入产出变量选择 ………………………………………………………… (69)
　　二、数据获取与模型估计 …………………………………………………………… (70)
　　三、农业技术进步贡献率分析 ……………………………………………………… (71)
 教书育人案例四：鲁班发明锯的故事 ………………………………………………… (73)
 本章小结 …………………………………………………………………………………… (74)
 思考与练习 ………………………………………………………………………………… (74)

第五章　农业技术创新 ………………………………………………………………… (75)
 第一节　技术创新概述 …………………………………………………………………… (75)
　　一、技术创新概念 …………………………………………………………………… (75)
　　二、技术创新分类 …………………………………………………………………… (76)
　　三、技术创新战略 …………………………………………………………………… (77)
 第二节　技术创新基本理论 ……………………………………………………………… (77)
　　一、熊彼特创新理论 ………………………………………………………………… (77)
　　二、诱导性技术创新理论 …………………………………………………………… (78)
　　三、技术推动理论 …………………………………………………………………… (79)
　　四、市场拉动理论 …………………………………………………………………… (79)
　　五、政策激励理论 …………………………………………………………………… (79)
 第三节　知识产权保护与技术创新 …………………………………………………… (80)
　　一、知识产权保护与技术创新关系 ………………………………………………… (80)
　　二、专利与技术创新 ………………………………………………………………… (80)
　　三、植物新品种保护与技术创新 …………………………………………………… (81)
　　四、地理标志保护与技术创新 ……………………………………………………… (82)
 第四节　农业技术创新过程演进 ……………………………………………………… (82)
　　一、农业技术创新概念 ……………………………………………………………… (82)
　　二、农业技术创新特征 ……………………………………………………………… (83)
　　三、农业技术创新动力与模式 ……………………………………………………… (85)
　　四、农业技术创新过程 ……………………………………………………………… (85)
 第五节　农业绿色技术创新 ……………………………………………………………… (86)
　　一、绿色技术创新内涵 ……………………………………………………………… (86)
　　二、农业绿色技术创新概念 ………………………………………………………… (86)
　　三、农业绿色技术创新类型 ………………………………………………………… (87)

四、农业绿色技术创新与农业生态效率 …………………………………… (87)
创新创业教育案例五：兴业："低碳农业"实现经济生态双赢 ……………… (88)
本章小结 ……………………………………………………………………… (88)
思考与练习 …………………………………………………………………… (89)

第六章 农业技术采用与技术扩散 ………………………………………… (90)
第一节 农业技术组织 ………………………………………………………… (90)
  一、发达国家农业技术组织 ……………………………………………… (90)
  二、我国农业技术组织历史变迁 ………………………………………… (93)
第二节 农业技术选择与采用 ………………………………………………… (95)
  一、农业技术选择 ………………………………………………………… (95)
  二、农业技术采用过程与一般特征 ……………………………………… (96)
  三、农业技术采用行为与决策模型 ……………………………………… (98)
  四、农业技术采用的影响因素 …………………………………………… (99)
第三节 农业技术扩散与推广 ………………………………………………… (100)
  一、农业技术扩散定义与方式 …………………………………………… (100)
  二、农业技术的扩散过程 ………………………………………………… (103)
  三、农业技术扩散时空理论 ……………………………………………… (105)
  四、农业技术扩散速率与决定因素 ……………………………………… (106)
  五、农业技术推广 ………………………………………………………… (107)
创新创业教育案例六：农业科技推广的专家大院模式 ……………………… (111)
本章小结 ……………………………………………………………………… (113)
思考与练习 …………………………………………………………………… (114)

第七章 农业技术经济效果评价 …………………………………………… (115)
第一节 技术经济效果评价基本要素与方法 ………………………………… (115)
  一、技术经济效果评价基本要素 ………………………………………… (115)
  二、技术经济效果评价基本方法 ………………………………………… (117)
第二节 农业技术经济效果评价内容与程序 ………………………………… (118)
  一、农业技术经济效果评价内容 ………………………………………… (118)
  二、农业技术经济评价程序与步骤 ……………………………………… (123)
第三节 农业技术经济效果评价指标体系 …………………………………… (130)
  一、农业技术经济效果评价指标体系设置原则 ………………………… (130)
  二、农业技术经济效果评价指标体系构成 ……………………………… (130)
  三、农业技术经济效果指标计算 ………………………………………… (132)
第四节 农业技术经济效果评价方法 ………………………………………… (136)
  一、比较分析法 …………………………………………………………… (136)

二、因素分析法……………………………………………………………(141)
　　三、综合评分法……………………………………………………………(144)
  教书育人案例七："绿水青山就是金山银山"的生态文明理念 …………(148)
  本章小结……………………………………………………………………(149)
  思考与练习…………………………………………………………………(149)

第八章　农业项目评价 ………………………………………………………(152)
  第一节　农业项目与项目评价………………………………………………(152)
　　一、农业项目概念与特点…………………………………………………(152)
　　二、农业项目类型…………………………………………………………(155)
　　三、农业项目评价步骤……………………………………………………(155)
  第二节　农业项目财务估算…………………………………………………(156)
　　一、投资估算………………………………………………………………(156)
　　二、成本费用估算…………………………………………………………(157)
　　三、营业收入与税金估算…………………………………………………(158)
  第三节　农业项目财务评价…………………………………………………(159)
　　一、农业项目财务评价步骤………………………………………………(159)
　　二、农业项目财务评价指标体系…………………………………………(160)
　　三、农业项目财务评价指标具体构成……………………………………(160)
  第四节　农业项目不确定性分析……………………………………………(166)
　　一、盈亏平衡分析…………………………………………………………(166)
　　二、敏感性分析……………………………………………………………(168)
　　三、概率分析………………………………………………………………(172)
  教书育人案例八：风险无处不在（预则立，不预则废）………………(175)
  本章小结……………………………………………………………………(177)
  思考与练习…………………………………………………………………(177)

第九章　农业生产的效率分析………………………………………………(181)
  第一节　农业生产效率概述…………………………………………………(181)
　　一、农业生产效率含义……………………………………………………(181)
　　二、农业生产效率分类……………………………………………………(181)
  第二节　农业生产函数………………………………………………………(183)
　　一、农业生产函数特点……………………………………………………(183)
　　二、农业生产函数模型的建立及应用……………………………………(184)
　　三、常见农业生产函数……………………………………………………(187)
  第三节　农业生产效率分析参数估计方法…………………………………(191)
　　一、确定型参数估计方法…………………………………………………(191)

二、随机型参数估计方法 …………………………………………………… (192)
　第四节　农业生产效率分析非参数估计方法 ………………………………… (193)
　　一、非参数估计方法概述 …………………………………………………… (193)
　　二、DEA模型及生产效率估计 ……………………………………………… (194)
　　三、参数估计与非参数估计方法比较 ……………………………………… (198)
　第五节　数字农业生产效率分析实例 ………………………………………… (200)
　　一、中国数字农业发展现状 ………………………………………………… (200)
　　二、数字农业生产效率的影响因素 ………………………………………… (202)
　　三、中国数字农业生产技术效率的实证分析 ……………………………… (203)
　创新创业教育案例九：科技是第一生产力 …………………………………… (207)
　本章小结 …………………………………………………………………………… (208)
　思考与练习 ………………………………………………………………………… (208)

第十章　价值工程及农业生产投入结构分析 …………………………………… (209)
　第一节　价值工程基本原理 …………………………………………………… (209)
　　一、价值工程产生和发展 …………………………………………………… (209)
　　二、价值工程作用 …………………………………………………………… (214)
　　三、价值工程含义 …………………………………………………………… (215)
　第二节　价值工程基本内容 …………………………………………………… (218)
　　一、价值工程研究对象选择方法 …………………………………………… (218)
　　二、研究对象情报的收集 …………………………………………………… (220)
　　三、功能分析 ………………………………………………………………… (221)
　第三节　价值工程与农业生产投入结构的实例分析 ………………………… (229)
　　一、价值工程工作程序 ……………………………………………………… (229)
　　二、农作物生产成本计算 …………………………………………………… (231)
　　三、农作物生产影响因素功能分析 ………………………………………… (232)
　　四、农作物生产影响因素功能评价 ………………………………………… (233)
　教书育人案例十：践行社会主义核心价值观，实现自我人生价值 ………… (234)
　本章小结 …………………………………………………………………………… (235)
　思考与练习 ………………………………………………………………………… (235)

参考文献 ………………………………………………………………………………… (236)

附　录 …………………………………………………………………………………… (239)

第一章 农业技术经济学概论

第一节 农业技术经济学基本概论

一、农业、技术与经济含义

(一)农业的含义

农业技术经济学中的"农业",是指生产农副产品的这个产业。农业是个庞大、复杂的产业部门,在农业产业系统中,从整个农业物质的社会生产过程看,可以把它分成3个经济上相互关联的部门。这3个部门分别为:第一,给农民供应农业生产资料的投入部门。包括饲料工业、化肥工业、农业机器和设备工业、农药工业、运输以及其他服务行业,即农业的产前部门。第二,农副产品生产与加工的产中部门。第三,农副产品的消耗分配部门。包括轻工业、商品和其他服务部门,即农业的产后部门。这3个部门构成了农工商产业系统。

在农业生产部门中,按其生产的劳动对象与产品,可以将它分成种植业、林业、畜牧业、渔业、养殖业和副业等部门。近年来,我国农村进行了经济体制改革,大力发展农村商品生产,促进了农村地域的社会分工,农业生产已经并在继续进行着纵向和横向的分离,以致农村产业结构发生了急剧的变化。目前,我国农村产业结构已由过去单元、单层次的农村产业结构,发展成多元、多层次的复式农村产业结构。

随着农业产业系统和农村产业结构的变化,使农业的外延与内涵发生了相应的变化,以致农业技术经济的基本概念、研究的范围和内容,超越了农业技术经济初创时期的概念、范围和内容。了解农业技术经济中"农业"的含义,掌握我国农村产业结构的这一深刻变化,对于理解农业技术经济的概念、范围和内容,促进农业技术经济的发展具有重要意义。

(二)技术的含义

农业技术经济学中的"技术",按初创期的定义,是指农业生产技术、科学技术。根据一般意义上的理解,所谓技术,是指人类为满足社会的需要,在认识自然、改造自然的反复实践中,不断积累的生产经验和知识,是人类智慧的结晶。因此,又可把技术的概念扩展到属于"事理"范畴的生产决策技术、生产经验、生产技能、生产知识、技术政策等非物质形态的科学技术。深入理解农业技术经济中"技术"的含义,对于学习和研究农业技术经济问题极为重要。

(三)经济的含义

农业技术经济学中"经济"一词的含义很广泛。在政治经济学中,"经济"一词,是指人类社会物质资料生产过程中的生产、分配、交换、消费的总和。就一般意义而言，"经济"一词包含理财、管理和节约的含义。但在农业技术经济中，"经济"的含义，主要是指技术应用的经济效益。它可表述为：在同等的劳动耗费下，由于技术的应用，能够取得尽可能多的物质产品、能够取得尽可能多的有用效果或能够取得尽可能大的使用价值；或者把它表述为：在取得同等的物质产品或有用效果或使用价值的条件下，技术的使用，能够节约劳动耗费，取得最大的有用效果。农业技术经济研究的目的是要尽可能取得较大的经济效益，这是本学科所述"经济"一词的实质。

二、农业技术经济学概念

农业技术经济学是由我国命名的一门与经济科学密切结合的交叉科学。这门新兴学科是在国家要求提高农业技术改造和新技术应用经济效果的背景下迅速开创和发展起来的。

农业技术经济学是专门研究农业产业领域内技术政策、技术方案和技术措施的应用与其经济效果的经济科学。它是自然科学与社会科学、技术科学与经济科学相互渗透、相互交叉的一门边缘科学，它既可以从经济的角度来研究农业技术经济问题，也可以从技术的角度来研究农业技术经济问题。它既有经济科学的属性和某些特点，又有技术科学的属性和某些特点。这是农业技术经济学的学科本质特征，有人形象地把农业技术经济学比喻为自然科学与社会科学的"种间杂种"，它同时具有"母本"和"父本"的某些特征，表现出远缘杂交种的强大优势。

农业技术经济学的构成要素是技术、经济与计量。技术是指人们在农业生产和改造自然的经济活动中，为了某种特定的目的所采取的方法、手段和工具设备的总称，包括物化形态、设计形态或知识形态、能力形态或经验形态3种形态；经济是指劳动节约和经济分析，是建立在技术方案选优基础上的资源节约程度的分析评价，计量是指应用数学原理、方法和计算技术，对农业技术经济命题或某一经济事务赋以量的规律性。

三、农业技术经济学主要特征

农业技术经济学是一门与技术科学、经济科学联系密切的交叉学科，是一门边缘学科。它的研究对象和内容涉及农学、工程学、生物学、经济学、管理学和计算机科学等多种学科。它除具有综合性的特点外，还具有技术经济学的计量性、比较性、预见性等特点，并具有农学的实用性、时空性等特点。

(一)综合性

农业技术经济学涉及自然科学、技术科学和经济科学，要求农业技术经济工作者必须具备学科知识，有较强的综合研究和管理能力，能够组织多学科、多部门的协作研究，特别是一些重大的或较为复杂的农业技术经济研究项目，更需要组织多学科、多部门协作，共同进行综合研究分析，才能取得较好的经济效果、社会效果和生态效果。这种组织协作、综合论证工作，只能由农业技术经济学科承担。

(二)计量性

计量性是一般技术经济学的一大特征。数学是农业技术经济的基础学科。从事农业技术经济研究必须掌握各种实用数学方法和工具，用数量关系反映农业技术经济的现象和规律。因此，农业技术经济学在对各种技术方案进行客观、合理、完善的评价时，需要做定性与定量两方面的分析。研究农业技术经济问题，要以定性分析为基础，也要有定量的分析，而且是以定量分析为主。用数据和数量的结论说话，用定量分析的结果来为定性分析提供科学的依据。不进行定量分析，各种技术方案的经济性就无法评估，在多种方案之间也无法进行比较和评优。所以，从一定意义上讲，农业技术经济分析和研究过程就是一个选优过程，它所进行的一系列分析活动，最终都是为了选出最优方案。

(三) 比较性

比较的观点贯穿于农业技术经济分析研究工作的始终，比较的原理和方法是农业技术经济性研究分析的重要方法。有比较才有鉴别，在多个技术方案中选优，是以比较为依据，通过对不同方案的比较，方能区分不同方案的优劣，进而从中选出最优方案。从经济角度看，判断某一技术方案值得采纳与否，取决于相对经济效果，即技术经济效果。

(四) 预见性

技术经济分析的基本研究活动，往往是在事件发生之前对其进行预见性的分析和评价，从中选择最优方案，因此，技术方案的建立，首先要加强技术经济预测。通过预测，可以使技术方案更加接近于实际，避免盲目性。尽管有一部分技术经济分析活动是属于对某一事件实际结果的事后评价，但其目的也是为了验证事前的分析是否正确，是为今后制订技术方案的事前分析服务的。技术经济预见性的特点还表现在两方面：一方面，尽可能准确地预见某一经济事件的发展趋向和前景，充分掌握各种必要的信息资料，尽量避免由于决策失误造成经济损失；另一方面，又说明预见性包含一定的假设性和近似性，只能要求对某一方案的分析结果尽可能地接近实际，而不能要求其绝对地准确。

(五) 实用性

农业技术经济学是一门实用性很强的学科。农业技术经济所研究的课题，分析的方案都是来源于农业生产建设实际，并紧密结合农业生产技术和经济活动进行。它的研究数据和资料大多需要来自生产实践。其理论和方法是否正确，也必须通过实践检验。它所分析和研究的成果，最后还是要直接用于农业生产，并通过实践来验证其正确性。总之，农业技术经济学研究的核心就是为了解决农业生产中存在的实际问题，使之达到农业技术要素的合理组合，提高经济效益，从而给农业经营的参与者，如农业企业、农户等带来经济实惠。随着科学的迅速发展，新技术革命越来越广泛深入，农业生产的内部和外部联系越来越密切，实际工作中出现的技术、经济问题也越来越多，要求农业技术经济学与农业生产实践的联系更直接、更紧密，这也为农业技术经济学的发展，开拓了广阔前景。

(六) 时空性

由于农业生产的特点，决定了农业技术经济学具有很强的时空性。有些农业技术措施的应用当年不能反映其经济效果，必须长期考察，把近期经济效果与长期经济效果结合起来，才能得出正确的结论。农业生产具有一定的周期性和很强的季节性，所以农业技术经济评价还必须抓紧时机。对农业科技项目，要及时进行预测性的经济评价，为确保农业技术研究课题提供经济方面的科学依据。对农业科技成果要及时做出经济效果评价，各地的自然条件和经济条件千差万别，因而农业技术经济的评价结论不能简单搬用，必须因地制宜，对具体情况进行具体分析。

第二节 农业技术经济学产生和发展

一、农业技术经济学形成背景

农业生产和其他物资生产部门一样，都包括技术和经济两个方面。不论生产水平如何，只要进行农业生产活动，便会有相应的技术方式，如农艺措施、生产技术体系、开发建设方案、技术政策等。技术方式的社会实践，一方面要消耗人力、物力和财力，另一方面又会直接影响或决定劳动生产效率的高低。由此可见，技术是贯穿于经济活动之中的，而经济又渗透于技术的实践之内。所以，伴随着农业生产的发展，对不同水平的技术评价、方案选优、效益比较等农业技术经济问题，很早就客观存在着。但是，技术经济作为一个科学范畴，则是社会发展到一定阶段，具备了一定条件后才逐步形成。

在自然经济条件下，劳动基本上以个别劳动者的体力为基础，生产主要靠直观经验。生产的目的在于获取满足自己生活需要的产品，而不是为了进行交换。所以生产过程中没有严格的成本核算，人们不计算产品的价值量，也不要求对投入和产出进行量的比较和分析。

随着商品经济的发展，农业生产日益专业化、社会化，农产品变成了以交换为主要目的的商品。生产者重视价值观念，他们经营的目的是为了盈利。由于产品和农业生产资料的商品化，生产既要及时掌握经济信息，认真选择项目，发挥优势，又需要进行精确的成本核算，以便从产值、成本、价格、利润等的相互消长关系中，研究投入和产出间的变动比率，分析经营目标实现的程度。

同时，为了开拓新的生产领域，提高生产效率，改进产品质量，降低生产成本，科学技术日益受到重视，成为生产中的重要因素，促进传统落后的农业向现代化农业转变。随着农业有机构成的提高，一方面可以在较大程度上控制和影响农业的能量转换和物质循环；另一方面在农机、化肥、水电、农药等物质资源不断增加投入量的情况下，农业也呈现明显的报酬递减。这就在客观上要求研究资源的合理投入，确定农业的劳动耗费适合度，以提高资源的利用效率和经济效益。

总之，在商品经济迅速发展，农业生产投入大量增加，人们的价值观念注重经济效益，客观上有必要又有可能分别计算投入和产出的价值量，并能加以比较分析时，农业技术经济学才应运而生。

二、农业技术经济学形成过程

我国农业技术经济学的建立经历了曲折的道路，大体可分为5个阶段：①初期酝酿阶段(1956—1958年)；②起始阶段(1959—1966年)；③停顿阶段(1966—1977年)；④研究复兴和学科建立阶段(1977—1983年)；⑤完善阶段(1983年至今)。

(一)初期酝酿阶段(1956—1958年)

我国农业技术经济学的建立过程最早应追溯到"经济效果"概念的提出。20世纪50年代中期,在社会主义改造基本完成之后,党中央适时地提出在进行技术改造时要注意经济效果。1957年1月6日的《人民日报》社论《充分考虑经济效果》一文提出:进行技术改造,必须在全国规划、统一平衡的原则下,充分考虑"经济效果",要根据"投资少、收益快、效果大"的原则进行。在农业上制定了《12年全国农业发展纲要(草案)》,强调各地农村在应用各项增产技术措施时均应注意采取"花钱少,容易办,成效快,收获大"的办法,这是农业技术经济思想初期酝酿阶段。

(二)起始阶段(1959—1966年)

我国着手农业技术经济研究开始于20世纪50年代末。从这时起,经济学界针对当时经济建设中存在的严重问题,开展了经济效果理论的探讨,提出必须开展生产力经济的研究。1959年3月,中国农业科学院农业经济研究所在北京召开了全国农业科研系统的农业经济研究工作会议,杨均同志提出农业经济科学除包括农业经济研究和经营管理研究内容外,还应包括生产经济的研究。会后,农业科研单位的农业经济科研人员就小麦、水稻、生猪和盐碱地改良、轮作制度等生产经济问题进行了协作调查研究。

1959年7月,在北京召开了社会主义农业经济学的对象与任务的学术座谈会。这次会议的参加者除农业科研单位的农业经济科研人员外,还有高等农业院校的农业经济教学人员。这次会议对农业经济研究中是否研究生产力经济问题,争论很激烈,未取得一致意见。随后,主张研究农业生产技术经济的学者继续开展着研究工作。中国农业科学院农业经济研究所把研究重点放到了生产技术经济上。

1962年,在中国农业科学院的一次院长办公会议上,当时中宣部科学处处长于光远针对农业经济学研究不研究生产力问题的争论发表了讲话。他认为农业经济科学可以分成许多门类,如农业经济学、农业生产力经济学、农业技术经济学、农业经济史、农业经济统计、农业会计等,农业经济科学是各门学科的总称,农业技术经济学是农业经济科学的分支。他提出应该根据国家的需要对农业经济科学的各个分支都肯定它们应有的地位和给以足够的重视。他认为讨论农业经济学研究对象究竟是生产力还是生产关系易导致肯定一面否定一面的片面性,用片面性的看法指导科学研究,会起不好的作用。随后,于光远以辛日真的笔名,在1963年第5期的《新建设》杂志上发表了《加强农业技术经济问题的研究》的文章。

在1962年春季到1963年春季,国家制定了《1963—1972年科学技术发展规划》。技术经济研究是规划的主要组成部分之一,其中提出了大量的农业技术经济研究课题。农业技术经济研究列入国家规划任务,这是农业技术经济学形成过程中的一件大事。在国家任务的带动下,农业技术经济研究工作得到了较快的发展。1963年,新疆八一农学院(现新疆农业大学)朱甸余教授首先开设了农业技术经济课程,随后,一些农业院校相继讲授了有关农业技术经济的专题,对农业技术经济学课程作了最早的探索。从1962年起,中国农业科学院农业经济研究所大幅度增加了农业技术经济研究力量,进一步开展了农业技术经济问题的调查研究工作。这是我国农业技术经济研究工作兴起和对农业技术经济理论与专题进行大量调查研究的阶段。

(三) 停顿阶段(1966—1977年)

这期间,农业技术经济的研究被作为"唯生产力论""利润挂帅"等批判,研究机构被撤销,研究人员被迫解散和改行,使研究工作长期处于停顿。

(四) 研究复兴和学科建立阶段(1977—1983年)

党的十一届三中全会以后,党中央提出了要在20世纪末实现四个现代化和全国工农业年总产值翻两番的宏伟目标,明确了发展科学技术是实现战略目标的关键,指出了提高经济效益是考虑一切经济问题的根本出发点、前提和核心,这给农业技术经济研究和学科建设带来了新生。

1978年,经全国科学大会讨论通过,党中央和国务院批准的《1978—1985年科学技术发展规划》中,技术经济研究又一次被列为重点研究项目,农业技术经济问题的研究是技术经济研究项目中的重点研究课题之一,在国家的重视和支持下,农业技术经济研究工作再度兴起。科研机构得到恢复和增建,农业技术经济科研队伍迅速壮大,农业院校相继开设农业技术经济学课程,开始培养农业技术经济学研究生。这是农业技术经济研究复兴和学科建立的阶段。其标志有3个:①1980年3月中国技术经济研究会在广州召开了全国农业技术经济学理论与方法座谈会,首次从学科建设角度探讨了农业技术经济学的研究对象、基本原理和分析评价方法,取得了较大进展,构筑出了学科的基本框架;②1981年全国高等农业院校统编教材《农业技术经济学》的正式出版,初步建立了农业技术经济学教材体系;③1983年《农业技术经济手册》大型工具书的正式出版,标志着农业技术经济学形成独立学科。

(五) 完善阶段(1983年至今)

进入20世纪90年代以后,农业技术经济学的学科建设取得了一些发展,如中国人民大学、南京农业大学、中国农业科学院农业经济研究所、浙江农业大学等专家学者,都主编或编译过相关教材,全国也出现了多种版本的统编教材和学术专著。这些统编教材和学术专著为农业技术经济学科的建设和发展奠定了人才基础。

一方面,农业技术经济学作为一门独立的新兴学科发展了20多年,取得不少的学术成果。另一方面,进入90年代以后,农业技术经济学科发展的学科环境发生了重大的变化。首先,农业技术经济评价工作自90年代初期停止,本学科的重要性开始了不可逆转的下降。其次,自90年代初期起,全国高等院校经济学专业开始讲授西方经济学,西方经济学成为高等教育主管部门审定的经济类专业八门核心课程之一。西方经济学包含的内容很多,生产经济分析是其微观部分的重要内容。农业技术经济学的许多理论和方法如"生产函数理论""线性规划模型"等都在西方经济学中有所体现。至此,由于农业技术经济学在内容上和西方经济学产生了冲突,以生产函数理论为核心内容的农业技术经济学作为农业经济管理专业的一门核心课程受到一定挤压。多年来,学术界一直在积极探讨,不断补充和进取,努力进一步完善农业技术经济学的学科体系。

总的来说,受历史的限制,我国对农业技术经济学的研究虽起步较晚,但对国际农业技术经济科学的发展,也做出了自己的贡献,主要表现在以下几个方面:

(1) 在学科的根本指导思想方面

我国把农业技术经济的研究,置于马克思主义哲学指导之下。以历史唯物主义和辩证唯物主义作为农业技术经济科学的根本指导思想，以技术因素与经济因素的特殊矛盾及其运行规律，作为农业技术经济科学的研究对象，并把宏观与微观、全面与局部、长远与当前、开发利用与治理保护、综合和单项、技术与经济、技术与生态、技术与社会的辩证关系作为评价技术经济效益的原则，赋予了农业技术经济科学以灵魂和思想，这是西方单纯以生产成本、收益、利润作为评价的根本准则所无法比拟的。把西方的工业生产经济学和农业技术经济科学由纯经济技术学发展成真正的技术经济科学，并提高到哲学的高度，这是我国对农业技术经济科学发展所作的重大贡献。

(2) 在学科的基本理论方面

我国把农业技术经济效益评价原理建立在马克思主义经济原理的基础上，从社会主义基本经济规律出发，联系生产关系和上层建筑，研究技术因素与经济因素的特殊矛盾及其运动规律。应用了西方经济学的边际报酬变动规律及其派生的边际平衡、技术替代率等，形成了具有中国特色的农业技术经济效果原理。这是与西方农业生产经济学和农业技术经济科学的根本区别，赋予了它社会主义的性质，并使它摆脱了纯经济技术的倾向。把经济科学、技术科学和现代数学有机地结合了起来，把生产关系与生产力、经济理论和技术政策结合了起来。在理论上，对国际范围的农业技术科学做出了自己的贡献，为现代社会主义农业经济科学增添了新的学科。

(3) 在学科的内容与成果方面

我国农业经济学家根据农业生产实践中的技术经济问题，运用自己的研究方法，借鉴他国的方法进行研究，取得了大量的研究成果，充实丰富了国际农业技术经济科学的内容。这是我国对国际农业技术经济科学的又一贡献。

三、农业技术经济学发展趋势

未来农业技术经济学将增加农业高新技术经济学的内容，构建新的农业技术经济学科体系。总的来说，未来农业技术经济学的发展将呈现以下特点：

①不断与发达国家的数量经济学和工商管理学接轨，吸收国外的先进经验，不但在课程体系上会有根本性的创新，还要对传统学科的内容进行改造，其根本目的是实现国际化、实用化，使之能够更加符合中国农业、农村经济和农业现代化发展的需要。

②更加注重对农业技术创新的经济分析，注重采用当前先进的经济分析方法对新技术选用的经济、社会和生态等综合效益进行分析，对技术的先进性、适用性和可行性进行分析，避免技术的盲目引进。

③农业技术经济学科将尽可能地融入当前新的农业科技革命所带来的变化、全球经济一体化和知识经济发展，以及农业高新技术产业化、高新技术改造传统农业等内容，使其更能紧跟时代潮流，与时俱进，符合实际需要。

④重视对综合性、全面性农业技术经济学科人才的培养。现代科学的发展在20世纪后期就已经呈现出了综合化的趋势，所以，未来农业技术经济学科的范畴将会扩大，一些先进的经济学分析方法被引进到农业技术经济学科中，培养复合型的农业经济管理人才也成为农业技术经济学科的重要目标。

第三节 农业技术经济学研究对象与内容

一、农业技术经济学研究对象

一门学科的研究对象是由本学科领域所具有的特殊矛盾决定的，农业技术经济学的研究对象是由农业技术经济研究领域中存在的特殊矛盾决定的。农业技术经济领域中的特殊矛盾包括技术先进适用性与经济合理性之间的矛盾；技术措施、技术方案和生产要素之间相互制约、相互协调的矛盾；生产技术措施与资源利用之间的矛盾以及技术措施与使用条件之间的矛盾。因此，可以把农业技术经济学的研究对象概括为：根据经济规律和自然规律，联系生产关系和上层建筑，以分析、评价、论证和选优等方式研究生产实践中技术因素和经济因素合理结合的内在运动规律及运动条件，以取得最佳技术经济效益，研究农业技术创新扩散的内在经济规律，以及技术进步对经济的促进作用。

由于农业技术的应用常是以农业技术措施、技术方案、技术政策的形式表现出来，因此，农业技术经济学的研究对象又可表述为：研究农业技术措施、技术方案、技术政策应用和实施的经济效果和可行性分析。

二、农业技术经济学研究内容

农业技术经济学的研究内容，主要包括一般理论和方法研究的基础性研究，以及具体的农业技术经济问题研究的应用性研究两部分。一般理论与方法研究，主要有经济效果和农业技术经济效果理论，农业技术经济效果的研究与评价方法，评价农业技术经济效果的指标体系，选择与实施最优农业技术方案的程序等。具体的农业技术经济问题的研究主要是指应用技术经济理论和方法，对农业技术的应用和实施的经济效果下可行条件进行分析评价和方案选优，包括的内容很多，如农业生产结构与技术制度的经济效果论证、农业技术措施的经济效果论证、农业技术方案的经济效果论证、农业研发的综合评价、技术创新与推广、技术进步测定、项目评价和可行性研究等。

农业技术经济学的核心问题是技术经济效益问题。它所研究的是农业社会再生产过程中技术措施、技术方案、技术政策的经济效果和可行条件，实现技术和经济的最佳结合，达到取得最佳经济效益的目的，为生产经营预测和决策提供科学的依据。

三、农业技术经济学任务与作用

农业技术经济学的基本任务就是通过研究寻求技术经济的运动变化规律，找出技术因素与经济因素的内在联系，即最佳关系，使技术和经济能够很好地相互促进，以加速生产力的发展。提高农业生产的经济效益、加速农业现代化是农业技术经济研究的目标。根据这一目标，按照农业技术经济学的研究对象，农业技术经济学要达到的具体目标是：①研究技术效果与经济效果的最佳结合；②研究技术要素之间的最佳组合；③研究在既定的生产目标条件下，技术措施与资源数量的有效配合；④研究技术要素的投入与使用条件之间的最佳统一，以充分发挥科学技术的生产力职能，加速农业生产力的发展。

按照农业技术经济学的研究对象和内容，农业技术经济学的任务：

（1）通过对农业发展战略、农业现代化、农业投资、农业布局和农业生产结构等技术经济问题的分析论证，为国家制定农业技术政策和农业经济政策提供科学的依据。

（2）通过对农业技术方案、农业科技成果的预测分析和经济评价，可以在技术方案或成果推广应用之前，估计它的经济效益，明确成果推广应用所需要的条件及其满足程度，为生产决策提供可靠的依据。

（3）通过农业技术的经济分析和评价，使增产潜力大、经济效益好的先进技术及时推广，以加强农业技术改造和农业现代化的进展。

（4）通过技术经济分析，有助于发挥地区优势和技术优势，使有限的自然资源和经济资源得到充分合理利用。

教书育人案例一

"杂交水稻之父"袁隆平

近几年，农业技术经济无论是在科研、教学方面，还是在生产实践中，都发生了很多令人欣喜的变化，此外，农业技术经济学在理论和方法上的研究以及学科建设方面也取得了一些新的成绩和进展。其中袁隆平在农业技术经济学方面做出的伟大贡献，更是难以计数。

1960年7月，袁隆平在农校试验田里意外地发现一株带有一些特殊性状的水稻，于是便利用这株水稻进行试种，试种后他惊奇地发现其子代有不同的性质，从而推论这株水稻应该是天然的杂交水稻。而后他把雌雄同蕊的水稻雄花人工去除，授以另一个品种的花粉，尝试着产生杂交品种。终于，在1961年的春天，他把这株变异株的种子播撒到创业的试验田里，结果证明1960年发现带有独特性的植株是"天然杂交稻"。

袁隆平当时是安江农校的一名教师，面对当时严峻的饥荒，他立志要用农业科学技术击败饥饿的威胁。袁隆平认为，培育杂交水稻，可以大幅度地提高我国水稻的产量。1964年7月5日，他在试验稻田里找到了一株"天然雄性不育株"，经过人工授粉，最终结出了数百粒第一代雄性不育株种子。1965年7月，袁隆平又在14 000多个稻穗中检查到了6株不育株。在此后的两年播种中，有4株成功繁殖出了1~2代。

经过两个春秋的试验观察，袁隆平对水稻雄性不育材料有了较丰富的认识。根据积累的科学数据，他在大学毕业工作12年以后撰写了第一篇论文《水稻的雄性不孕性》，并发表于中国科学院主办的《科学通报》（半月刊第17卷第4期）。

袁隆平的论文发表后，引起国家科委的高度重视。科委九局致函湖南省科委与安江农校，表示支持袁隆平的水稻雄性不育研究活动，指出这项研究的意义重大，如果研究取得成功，将会使水稻得到大幅度增产。

在取得一系列研究成果后，袁隆平仍旧不断地创造着辉煌，1967年4月，他起草《安江农校水稻雄性不孕系选育计划》，呈报省科委和黔阳地区科委。同年6月，由袁隆平、李必湖、尹华奇组成的黔阳地区农校水稻雄性不育科研小组正式成立。1968年4月30日，袁隆平将珍贵的700多株不育材料秧苗，插在安江农校中古盘7号田里。5月18日晚上，中古盘7号田的不育材料秧苗被全部拔除毁坏，当时的袁隆平心痛欲绝，但是他也并未气馁,事发后的第4天,袁隆平在学校的一口废井里意外找到了残存的5根秧苗,他欣喜若狂,继续坚持试验。1970年秋季,袁隆平带领科研小组到海南岛崖县南江农场进行研究试验,同时调查野生稻的分布情况。1975年,经过不断地摸索总结,袁隆平攻克了"制种关"。1977年,袁隆平发表了《杂交水稻培育的实践和理论》与《杂交水稻制种与高产的关键技术》两篇重要论文。1978年10月,袁隆平晋升为湖南省农业科学院研究员。2017年9月,袁隆平宣布一项剔除水稻中重金属镉的新成果:"近期我们在水稻育种上有了一个突破性技术,可以把亲本中的含镉或者吸镉的基因'敲掉',亲本干净了,种子自然就干净了。"同年,袁隆平及其团队培育的超级杂交稻品种"湘两优900(超优千号)"创亩*产1149.02kg纪录,再次在水稻研究方面取得了突破性的伟大成就。

本章小结

农业技术经济学是专门研究农业产业领域内技术政策、技术方案和技术措施的应用及其经济效果的经济科学。它是自然科学与社会科学、技术科学与经济科学相互渗透、相互交叉的一门边缘科学。农业技术经济学特有的研究对象和学科性质决定了它既具有综合性、技术经济学的计量性、比较性、预见性等特点,还具有农学的时空性、实用性等特征。

农业技术经济学的建立经历了曲折的道路,大体可分为初期酝酿、研究起始、停顿、研究复兴和学科建立及完善5个阶段。未来农业技术经济学将增加农业高新技术经济学的内容,更加注重对农业技术创新的经济分析,构建新的农业技术经济学科体系。

农业技术经济学以分析、评价、论证和选优等方式研究生产实践中技术因素和经济因素合理结合的内在运动规律及运动条件,以取得最佳技术经济效益,研究农业技术创新扩散的内在经济规律,以及技术进步对经济的促进作用。农业技术经济学的基本理论、农业生产结构及优化、农业技术进步与农业技术创新、农业技术采用与扩散、农业技术经济效果评价与农业项目评价、农业生产的效率分析构成农业技术经济学的核心内容。

希望每一位读者都能学习袁隆平精神,对农业技术经济学的方法及其应用有全面的认知和理解,将农业技术经济学的作用最大可能地在我国农业生产技术中发挥出来,以达到农产品增产、增收的效果。贯彻实施新发展理念,实现农业技术经济学的价值。为了农业技术经济学的进一步繁荣,让我们一起齐心协力做出贡献。

思考与练习

1. 简述农业技术经济学定义。
2. 简述农业经济学的主要特征。
3. 简述农业技术经济学的研究对象和任务。
4. 简述农业技术经济学的作用。
5. 简述农业技术经济学研究的主要内容。

---

* 1亩≈666.67m^2。

第二章 农业技术经济学基本理论

第一节 农业技术经济效益理论

一、经济效益的基本概念

人类的一切实践活动都是有目的的,而要进行有目的的实践活动都离不开劳动的耗费。劳动耗费是指人们在实践中为获得某种成果所耗费的劳动,包括物化劳动耗费和活劳动消耗。在农业生产过程中,物化劳动耗费是指对农业生产资料的消耗,包括水、电、燃料、种子、化肥、农机设备、车辆、仓库、建筑物等的消耗。在这些生产资料中,有一部分生产资料如水、电、燃料、种子、化肥等在一个农业生产周期中被实际消耗掉,是物化劳动消耗。另外一部分生产资料如农机设备、车辆、仓库、建筑物等不是在一个农业生产周期内就被全部消耗掉,而是按生产周期以价值形式转移到所生产的农产品中,在这些生产资料全部被磨损之前,有较长一段时间是处于被占用状态,形成物化劳动占用,物化劳动占用还包括一定数量的储备物资。

经济效益就是劳动成果(有用成果)与劳动耗费的比较;或者说是劳动成果(有用成果)与为取得这一劳动成果的劳动耗费之间的比较;也可以表述为:经济效益是对于各种社会实践活动在经济上合乎目的性程度的评价。讲求经济效益,就是以尽量少的劳动耗费取得尽量多的有用成果,或者以同等的劳动耗费取得尽量多的有用成果,或者从同等的劳动耗费取得更多的有用成果。

经济效益概念还有其他各种不同的表述,如使用价值与劳动耗费的比较;有用成果与劳动耗费的比较;所得与所费的比较;产出与投入的比较;满足社会需要与劳动耗费的比较;收入与支出的比较等。虽然表述不同,但其实质是一样的,所以在实际评价工作中可以根据不同的评价领域和评价对象灵活运用,如评价农产品生产的经济效益,一般可用使用价值与劳动耗费比较。当几种农产品加总需要用价值指标(或货币指标)表达时,可用所得与所费比较。如果评价的对象不是产品,而是服务性的劳动,则可用有用效果与劳动耗费比较。经济效果评价的内容通常有:土地生产率、劳动生产率、资金产出率、投资经济效果、单位面积增产量、财务分析等。

一般地讲,为了计量方便和对同度量单位的要求,劳动耗费量和劳动成果量常常都以货币金额近似的表示。对于有用成果来说,由于其内涵甚广,既包括易于计量的生产成果和服务性的劳动成果,又包括不易计量的生态和社会效益成果,为了便于经济效益的计量与评价,一般情况下,可用劳动成果代替有用成果的概念。劳动成果可以是使用价值,也可以是价值,而劳动耗费则包括物化劳动消耗、活劳动消耗与物化劳动占用个部分。

经济效益是一个综合性的概念，它包括3个方面：社会节约程度、社会需要满足程度、生态环境和资源的持续利用程度，这3个方面相互统一，构成一个整体。

经济效益的上述定义，既适用于宏观，也适用于微观；既能够全面反映劳动成果、劳动耗费的多少，又能够比较准确地确定经济效益的大小或高低。

二、农业技术经济效益内涵

任何物质生产部门的生产，都是伴随物质技术因素的实施而出现投入与产出的经济问题。农业生产过程是农业技术措施或技术方案的实施过程，同时也是劳动消耗的过程，其结果就是生产出供人们消费和使用的农产品。所谓农业技术经济效益就是农业技术具体运用所产生的经济效益，是农业投入与产出的比较；具体讲是指农业技术政策、技术措施和技术方案在农业生产过程中贯彻及使用时，发生的劳动消耗和劳动占用同生产成果之间的价值量的比较。如某项新技术成果的应用导致的作物面积产量、劳动生产率和经济效果的变化。在对推广项目进行经济效果评价时首先要注意投入产出比变化、单位面积经济效果的变化、农民比较收益状况；其次是关注推广规模和推广周期长短等因素，这些都与单位时间创造的经济效果关系密切。由于农业生产的特殊性，农业技术经济效益的高低不仅要从投入与产出两个方面来考察，同时应注意到资源的保护、土壤肥力的提高、生态平衡的变化等。因此，对农业技术经济效益进行科学、准确的评价应以合理利用生产资源为出发点，以提高地力和保护、促进生态平衡为前提，这是赋予农业技术经济效益的特定含义。

根据不同的评价内容和评价标准，农业技术经济效益可以分为绝对技术经济效益与相对技术经济效益。所谓绝对技术经济效益是指某项技术措施或某一技术方案投入与产出间的差额或比值；而相对技术经济效益是指两种或两种以上可行方案之间，或原方案与新方案之间经济效益的比较，通过这种比较可以选择出最适宜的技术措施或方案。这两种技术经济效益都是有一定的临界限的，即绝对经济效益临界限和相对经济效益临界限。绝对经济效益临界限是指某项农业技术能给人们带来经济收益的起码经济界限。低于这个界限，表明社会财富没有新增，除非情况特殊，一般没有采用价值，也就是要通过对绝对经济效益临界的分析，用来确定技术措施或技术方案本身有无经济效益。

三、农业技术效果与经济效果

技术的发展与应用，既要看经济上是否需要，是否具备应用的条件，又要看技术本身是否能产生经济效益。只有当某项技术能为生产经营带来明显经济效益时，才有可能被广泛采用。因此，技术与经济的关系也就转化为技术效果与经济效益的关系。所谓技术效果是指某项技术措施或技术方案的功能价值，即合乎人们目的性的程度，它表现为技术功能满足生产要求的程度和最终产生的物质成果。而农业技术效果是指农业技术的功能价值，它表现为技术的性能，技术满足于特定目标的程度和最终产品的数量。具体来说，农业技术效果可以表述为：农业技术的应用和实施所取得的物质成果或达到人们预期目标的程度。

在农业技术经济范畴中，技术效果是经济效益实现的基础和前提，只有取得一定的技术效果，技术措施、技术方案和技术制度的应用才能获得一定的经济效益；同时，经济效益又是技术效果的最终表现，二者的关系十分密切。在人们的社会实践中，由于受各种因素的影响与制约，技术效果和经济效益的关系可能表现为一致性，也可能表现为矛盾性。

(一)农业技术效果与经济效果的一致性

一致性的表现比较普遍，如采用先进适用技术提高了生产效率，既增产又可增加盈利；改进技术措施，如合理布局作物、调整种植结构、改单一饲料为混合饲料等，都可以在资金、土地、劳动力等条件不变的情况下，取得增加产出和盈利的效果。又如引进先进的农机具，改造低产农田，虽然投资增多，但单位农产品成本降低幅度更大，这种情况下，技术效果好，经济效益也高，二者同步，表现为一致性。

(二)农业技术效果与经济效果的矛盾性

技术的先进性与经济的合理性之间的矛盾。如引进的高投资、高能耗、高效率的现代化机械，在技术上是先进的，技术效果是高超的，但是不适合我国国情。农民买不起、用不上，或者是机器换出来的劳动力难以妥善安置，就业困难，从而引发一系列社会经济问题，这在经济上并不合理，在实践上也不可行。因此，不能片面追求技术的先进性，而忽略经济的合理性；相反，应当以经济实效性的观点来衡量技术的实用性，不论利用何种技术，都应以是否能够增加盈利为衡量其是否适用、是否合理的标准，使技术效果与经济效益达到最佳的统一，从而取得最佳的经济效益。

技术的可行性与经济的效益性之间的矛盾。如高产低收益农业技术体系，或某种新技术、新设备，技术上可以完全满足生产的要求，但经济效益却比较差。如一些大宗农产品的种植，虽然在技术上不存在问题，但由于其价格较低，使得经营者难以得到满意的收益。

经济上的需要与技术上的可能之间的矛盾。如粮食生产或经济作物生产需要优质高产技术，可是若无这样的技术的话，提高经济效益便没有基础；又如生产上需要使用先进的技术设备，但没有相应的技术力量，技术设备便无法应用，预期的收益也就不能实现。

由于技术效果和经济效益存在矛盾性，所以从技术角度制定的最佳技术方案，若从经济上来分析，往往不一定可取，从而不得不考虑选用次佳技术方案。因此，对技术方案可行性的研究，必须把其技术效果和经济效益统一起来综合分析，最终能够选出技术效果与经济效益都满意的最适宜技术应用于农业生产，这是进行农业技术经济效益评价的基本原则。

四、农业技术经济效益、生态效益与社会效益

生态效益是指人们在生产中依据生态平衡规律，使自然界的生态系统对人类的生产、生活条件和环境条件产生的有益影响和有利效果，它关系到人类生存发展的根本利益和长远利益。生态效益的基础是生态平衡和生态系统的良性、高效循环。农业生产中讲究生态

效益，就是要使农业生态系统各组成部分在物质与能量输出输入的数量上、结构功能上经常处于相互适应、相互协调的平衡状态，使农业自然资源得到合理的开发、利用和保护，促进农业和农村经济持续、稳定发展。

农业技术的社会效益是指农业技术的应用产生的社会效果，它是从社会的角度来评价农业技术应用所产生的成果，有正负之分，对社会有积极作用的农业技术产生的社会效益为正，对社会有消极作用或有害的技术产生的社会效益为负。

农业技术的经济、社会、生态三大效益之间是相互制约、互为因果的。一般来说，农业技术经济效益好，可以为社会带来较大贡献，对社会有积极的作用，因而其社会效益也好，而好的社会效益反过来又能为更佳经济效益的实现创造有利的条件。

但有些情况下，农业技术的经济效益好，社会效益却不一定好，甚至于好的经济效益是以损害社会效益为代价的。现代农业依然是依赖投入化学肥料、化学农药、化学饲料添加剂、化学净水剂、化学消毒灭菌剂以及大量抗生素、激素等对人体健康及土壤环境有害的化学物质的农业，可以给经营者带来丰厚的报酬，但会带来严重的环境污染，有农业不可持续发展的危害，并且威胁到消费者的健康。社会效益为负，经济效益再好，除非特殊需要，也是不能经营的。同理，农业技术经济效益与生态效益之间也有同样的关系，处理得当，二者同步趋于良好；处理不当，二者矛盾对立。如植树造林，既可以获得经济效益也有利于改善生态环境，带来好的生态效益。但如果实行掠夺性经营、破坏生态平衡，最终会受到大自然的惩罚，而且恶劣的生态效益也会导致未来的经济效益降低。如为提高粮食产量、发展粮食生产而毁林毁草开荒，虽然一时可以取得较好的经济效益，但却破坏了当地的生态平衡，导致不良的生态效益，生态系统失衡的最终结果就是不仅使粮食生产难以稳步提高，而且林牧业也无法顺利发展，后患无穷。

由此可见，农业技术的经济、社会、生态三大效益之间存在着辩证统一关系。协调好，三者同步趋于良好；协调不好，虽有较高经济效益，但社会效益、生态效益差，反过来最终会影响到未来经济效益。所以，任何一项农业技术措施、技术方案、技术政策的实施，都要求三大效益有机统一、彼此兼顾，以使农业得到健康持续发展。

第二节 农业技术要素报酬变动规律

一、农业技术要素分类与性质

农业的发展需要投入各种要素，而农业技术要素就是在农业生产阶段，为了获得人们需要的各种产品所必须投入的技术可参与或控制的各种要素的总称。

(一)农业技术要素的分类

1. 自然资源

自然资源是农业中基本的生产要素，是指人们在农业生产中利用的或可能利用的自然条件。农业生产所依赖的自然资源有很多，主要有土地资源、太阳能资源、气候资源、矿产资源、水资源等。

2. 劳动力

农业劳动力是指劳动年龄以内能从事农业劳动的人的数量和质量的总和,包括农业劳动力的数量和质量两个方面。农业劳动力的数量是指男 18~55 岁,女 18~50 岁,有劳动能力且能参加农业劳动的人数;农业劳动力的质量包括劳动力的体力和智力,是指技术熟练程度和科学、文化水平的高低。

3. 农业劳动资料

农业劳动资料是指进行农业生产的物质要素,一般包括:农机设备;半机械化农具、中小农具;农药;化肥;农用塑料薄膜;产品深度加工设备以及运输、贮藏机械设备、电器设备与各种配件等。

4. 科学技术

农业科学技术是揭示农业生产领域发展规律的知识体系及其在生产应用成果的总称,一般包括:育种和良种繁育、作物种植制度、作物栽培技术、平衡施肥技术、灌溉与节水技术、植物保护技术。

(二)农业技术要素的性质

随着农业生产活动的深入,人们对农业技术要素性质的了解也越来越深刻,把控更多技术要素的特性将有利于农业生产活动的开展。

1. 可控性与不可控性

在农业生产中,有些要素的投入数量和性状是可以人为加以控制的,如自然资源虽然也可通过一定的技术措施在一定程度上加以控制,但一般来说是无法根本改变的,如气温虽可通过温室进行调节和控制,但对大面积农田的气温则无法控制,因而这类要素具有不可控性,要素的可控性与不可控性并非不可逾越,随着科学技术的发展,人们将能够越来越多地对要素的使用加以控制。

2. 贮藏性与流失性

要素转化为产品有两种不同的作用方式,如饲料转化为畜禽产品和农机具进行农业生产作业。前者是要素直接转化为产品,要素在生产中使用后实体消失,如果不被利用,仍可贮藏到下一个生产过程使用,这就是农业技术要素的贮藏性。后者则是以农机具的功能为农业生产服务的,在作用过程以后实体仍然存在,其功能与时间联系在一起,随着时间的流逝,那个时期的功能也就消失了,不能贮存到下一个生产周期与现有的功能合在一起发挥双倍的效用。

3. 限制性

这一性质可以用"木桶定律"来解释:一只木桶盛水的多少,并不取决于桶壁上最高的那块木板,而恰恰取决于桶壁上最短的那块。一项农业生产活动所需的农业技术要素往往能力不均衡,这正如组成木桶的很多块长条木板,生产力整体能力犹如木桶的盛水量,也就是说生产力整体能力是由最低能力要素的水平(即限制性要素水平)来决定,而不是由各要素平均水平或最高能力水平来决定,其中任何一个要素短缺,都会影响到其他要素能力的发挥,导致经济上的浪费和损失。

因此,在农业生产中要注意抓短板即要抓限制性或短缺要素的平衡。

(1) 农业技术要素的时间短板

农业生产具有很强的季节性,什么时间进行什么作业都有严格的时间要求。只有不违农时,注意并掌握时间的平衡关系,才能增产节约。如在作物的生长过程中,往往有一个施肥的最大效率期,也就是只有在作物生长的此期间内施肥效率才最大,一旦错过这个时期,无论如何施肥或施多少肥都无法挽回原来的损失。因此,各技术要素必须按农事季节适时地、保质保量地满足生产要求。

(2) 农业技术要素的空间短板

农业生产具有地域性,不同地区农业生产所需的自然资源和经济资源有着很大差异。不同地区有不同地区的资源优势。因此,在农业实践中,应根据不同地区的优势条件,并以此为中心来组织技术要素的平衡类型,做到因山、因水、因平原、因丘陵制宜,使农林牧副渔各得其所,农业资源得以充分有效利用。

(3) 农业技术要素的数量短板

生产者应根据农业生产的要求来安排各技术要素的数量和比例。数量平衡的重点是抓短缺要素和短线,即注意抓"短线平衡",抓限制性要素的平衡。如果各技术要素的数量和比例不平衡,将会给生产造成浪费。农业技术要素之间最理想的数量关系就是达到完全状态,某一要素的富余或缺乏都不好,少了会限制产量,多了如果继续增加投入,有可能遭受要素报酬递减的损失,经济效益下降。

(4) 农业技术要素的质量短板

随着科技的进步及其在农业生产中应用的深入,农业技术要素也会随之由原来的质量平衡进入新的质量平衡。如采用精量播种机播种,就要求种子的纯度高而且籽粒大小要均匀,否则就难以取得预期的经济效益。又如引进技术先进的机器设备,就要有技术熟练的机手与之相结合,如果缺乏技术熟练的劳动者,机器的作用就不能很好地发挥。掌握农业技术要素的质量平衡是提高农业技术经济效益的途径之一。

(5) 农业技术要素的动态短板

科学技术的迅猛发展,必然会带来农业技术要素的不断革新。如人们对光、热等利用能力的提高,以及转基因技术、信息技术等这些高新技术在农业生产中的应用,就要求在原来平衡的基础上建立新的平衡。而这一过程既是农业生产力提高的过程,也是农业技术要素经济效益增长的过程。

除此之外,合理配置农业技术要素还要求与改善生态环境相结合。做到按生态平衡的规律办事。只有兼顾以上各项,才能实现最佳综合效益。

4. 要素间的互补性与替代性

农业生产需要多种技术要素互相配合才能进行。技术要素间的配合作用关系存在着两种情形:一种情形如耕地,既需要劳动者,也需要农机具,只有人而没有农机具,耕不了地;有了农机具,没有人去操作也同样无法耕地。这两种要素相辅相成,缺一不可,这就是要素的互补性,具有互补性的要素之间应保持适当的比例,才能提高生产效率,否则,人少"机"多或人多"机"少都会浪费一部分要素。另一种情形是耕地的动力可以是拖拉机,也可以是耕牛,两种要素间可以互相代替,使用任何一种要素都可以达到生产目的,这就是要素的替代性。认识到要素的替代性,就可以根据生产目的和条件,选用花钱少,效率高的要素代替价格昂贵或效率低的要素。

(1)农业技术要素替代的途径

农业技术要素替代的途径主要表现在两个方面:

①单项技术要素的替代　例如,用缓释肥料替代普通化肥能改变传统的施肥方式,可大幅度提高肥料利用率,在同种作物同等产量水平上可节约资源,减少肥料施用量,降低成本,增加农民收益。

②技术要素组合的替代　例如,以沙土地-混合肥料-种植花生的组合替代沙土地-土杂肥-种植小麦的组合,从而取得较好的经济效益。

(2)农业技术要素替代的原则

农业技术要素替代的原则主要有:

①相互替代的技术要素应该是同质异值,即功能相同、价格不同,替代后可能提高经济效益。

②不同的技术要素组合相互替代时,替代后的技术要素组合应能降低成本或增加产量,保证经济效益大于替代前。

③被替代的技术要素不可闲置不用,而且在新的用途中能够获得比原来用途更好的综合经济效益。

5. 要素的再生性和相对性

要素的再生性是指要素的储量在自然生产过程中或在人类的干预下可以重新产生,如原始森林,每年都有树林枯萎、死亡,但同时也有大批的林木在生长,给予补充,这样就可以保持森林郁郁葱葱,持续存在。又如农田,每年都要被农作物带走不少养分,但通过农民增施肥料,合理耕作,仍可以保持地力不下降,甚至可以提高地力。但要素的再生性是相对的,它是以平衡型再生产为基础的。如果这样的平衡被破坏,如乱砍滥伐,掠夺经营,那么要素的再生性质就会改变。

二、农业生产中边际分析概念

(一)边际分析概念

边际分析(marginal analysis)是以增量的概念来研究农业生产中的投入产出问题。增量也就是指变化量,是在原有基础上增加的数量。当投入的生产要素增加某一数量时,产品产出量也会随之改变。用这种增量的比率研究农业生产中的投入产出变化规律,便是边际分析。通常用数学式表示为$\frac{\Delta y}{\Delta x}$(平均变化率)或$\frac{dy}{dx}$(精确变化率)。

当要素投入量 x_0 增加到 $x_0+\Delta x$ 时,则产量 y 相应的改变量为:

$$\Delta y = f(x_0+\Delta x) - f(x_0) \tag{2-1}$$

其变化率为:

$$\frac{\Delta y}{\Delta x} = \frac{f(x_0+\Delta x) - f(x_0)}{\Delta x} \tag{2-2}$$

上式表示生产要素投入量在 $x_0 \sim (x_0+\Delta x)$ 这一区间内变化时总产量的平均变化量。若生产要素投入量 $\Delta x \to 0$，其变化率写成：

$$\lim_{\Delta x \to 0} \frac{\Delta y}{\Delta x} = \frac{dy}{dx} = f'(x_0) \quad (2-3)$$

可见，精确变化率的几何意义是曲线上某点切线的斜率。

(二)边际报酬递减规律

所谓边际报酬递减规律是指在技术不变、其他生产要素的投入数量不变的情况下，随着某一种生产要素的投入量不断增加，起初，增加该要素投入所带来的产量增量是递增的，但过了一定点之后，增加该要素投入所带来的产量增量就会越来越小，甚至为负数。这一经济现象被称为边际报酬递减法则，也称边际报酬递减规律。

在理解该规律时应注意：第一，边际报酬递减规律在某点之前是不适用的，只有要素投入达到某点之后才会出现；第二，边际报酬递减规律具有严格的限制条件，即技术水平不变、其他生产要素的投入数量不变；第三，技术进步会推迟报酬递减的出现，但不会消灭报酬递减规律。

在农业生产中，由于存在着生产要素投入报酬变动规律，使得生产的经济效益随着要素投入量不同而发生变化。因此，有必要研究农业生产要素投入最适度，即通过研究要素投入与产出之间的变化关系，寻求要素利用的最佳状态，从而提高农业生产的经济效益。

(三)总产量、平均产量和边际产量的概念及计算

总产量(total product，简称 TP)，指在其他投入要素保持不变的条件下，用一定量某种生产要素所生产出来的产品的全部产量。有时也可用 y 表示。

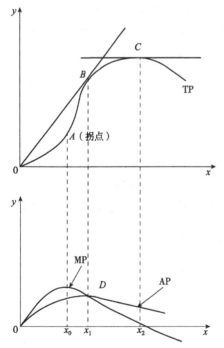

图 2-1 TP、AP、MP 之间的关系

平均产量(average product，简称 AP)，指平均每一单位可变要素劳动的投入量所生产的产量，用公式表示为：

$$AP = y/x \quad (2-8)$$

式中 y——总产量；

x——可变要素投入量。

边际产量(marginal product，简称 MP)，指增加一单位可变要素的投入量所增加的产量，用公式表示为：

$$MP = \Delta y/\Delta x = dy/dx \quad (2-9)$$

式中 Δy——产品增量；

Δx——可变要素增量。

(1)边际产量和总产量的关系

根据边际产量的计算公式 $MP = dTP/dx$，我们不难得出 TP 曲线上任意一点的切线的斜率就是相应的 MP 值。如图 2-1 所示，在要素投入量小于 x_2 的区域内，MP 为正值，表现为 TP 曲线的斜率为

正，即 TP 曲线呈上升趋势。在要素投入量大于 x_2 的区域内，MP 为负值，表现为 TP 曲线的斜率为负，即 TP 曲线呈下降趋势。当要素投入量等于 x_2 时，MP 为零，此时 TP 曲线的斜率为 0，即 TP 曲线达到极大值。

(2) 总产量和平均产量之间的关系

根据平均产量计算公式 $AP=TP/x$，可以得知，连接 TP 曲线上任意一点和坐标原点的线段的斜率就是相应的 AP 值。所以当 AP 曲线达到最大值时（D 点），TP 曲线必有一条从原点出发的切线，其切点为 B 点，该切点是连接 TP 曲线上每一个点和坐标原点的所有连线中最陡的一条，它意味着 AP 大到极大值。

(3) 边际产量和平均产量的关系

在图 2-7 中，我们可以看到，MP 曲线和 AP 曲线相交于一点 D，该点为 AP 曲线的最高点。在 D 点之前，MP 曲线高于 AP 曲线，MP 曲线将 AP 曲线拉上；在 D 点之后，MP 曲线低于 AP 曲线，MP 曲线将 AP 曲线拉下，且 MP 曲线的变动快于 AP 曲线的变动。不难理解，在生活中有许多这样的例子，假定一个班的男生的平均身高为 1.75m，此时新加入一个男生的身高为 1.85m（相当于边际量），此时整个班男生的平均身高会上升。反之，如果新加入的男生的身高为 1.60m，此时整个班男生的平均身高会下降。因此，当 MP>AP 时，AP 曲线呈上升趋势；当 MP<AP 时，AP 曲线呈下降趋势；当 MP=AP 时，AP 达到极大值。

三、农业技术要素报酬变动规律

(一) 农业技术要素投入报酬递减内涵

农业技术要素包括科技与劳动工具、劳动对象相融合的物质形态技术要素（如良种、化肥、饲料、机器设备等）和科技与劳动力相融合的智能形态技术要素。没有一定数量的农业技术要素的投入，便无法进行农业生产。因此，农产品是由农业技术要素转化而来的，要素转化的产品量就是要素投入的报酬，这一转化过程受物质守恒和能量守恒规律的支配。

(二) 农业技术要素投入报酬变动形态

农业生产在其他条件不变的前提下，由于投入同质的农业技术要素的数量变动而引起产出的产品量（或收益）变动，称为农业技术要素投入报酬的变动。虽然农产品是由多种技术要素在经济再生产和自然再生产过程中转化而成的，但在实际的研究中常常只分析单项技术要素的报酬问题。如饲料报酬、肥料报酬等。单项技术要素报酬通常是通过建立该要素 X 与相应产品 Y 之间的生产函数 $Y=F(X)$ 来确定的。假定有生产函数 $mY=F(nX)$，其中 X 表示某一要素的投入量，Y 表示相应的产品的产量，m 和 n 分别是系数，那么根据 m 和 n 的大小关系，就可以将要素投入报酬分为 3 种形态。

(1) 要素投入报酬固定形态

当 $m=n$ 时，说明产量增加的倍数等于技术要素投入增加的倍数，也就是说，随着某项要素投入的增加，产出相应地成比例增加。坐标图上显示的总产量曲线是一条直线，直线的斜率就是要素报酬率（图 2-2）。

(2) 要素投入报酬递增形态

当 $m>n$ 时,说明产量增加的倍数大于技术要素投入增加的倍数,也就是说,当某种要素以一定数量不断增加时,产量以不断增加的比率增加。要素报酬递增形态的总产量曲线在坐标图中呈现出一条下凹状的曲线(图2-3)。

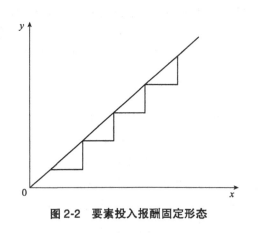

图2-2 要素投入报酬固定形态　　图2-3 要素投入报酬递增形态

(3) 要素投入报酬递减形态

当 $m<n$ 时,说明产量增加的倍数小于技术要素投入增加的倍数,也就是说,当某种要素以一定数量不断增加时,总产量虽然也是在不断增加,但每次增加的数量却是在不断下降。要素报酬递增形态的总产量曲线在坐标图中是一条上凸状的曲线(图2-4)。

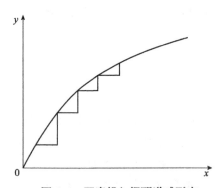

图2-4 要素投入报酬递减形态

值得注意的是,上述要素报酬的3种形态是典型的情况,但是农业生产是一个非常复杂的物质与能量的交换过程,所以在实际的农业生产中,这3种形态是很少单独出现的,在同一过程中往往也不会始终保持一种形态,一般表现为递增递减的结合,先是递增,随即出现递减。也就是说,在农业生产过程中开始每增投一单位的生产要素可以得到递增报酬,当生产要素投入量达到某一界限以后,如果继续追加投入,单位要素所得报酬会逐渐减少。假如把农业生产过程作为一种连续函数来研究,在生产过程中连续追加投入,要素报酬变化的总趋势是呈现报酬递减形态。这是农业生产中最基本最普遍的现象。

综上所述,要素投入报酬递减是指农业生产在其他条件不变的情况下,在单位土地面积上连续追加同质的农业技术要素,当投入的要素超过一定的界限以后,追加部分所得报酬会逐渐减少,从而使土地总收益的增加也呈递减趋势。

(三) 农业技术要素投入报酬递减规律

农业技术要素投入报酬递减是农业生产中存在的客观事实,即在一定的技术条件下,在一定的土地面积上,在其他技术要素投入不变的情况下,连续地投入某种技术要素,开始每增投一单位的技术要素可以得到递增或较为稳定的报酬,当投入量达到一定的限度后,再继续追加投入则追加的单位技术要素所得的报酬会逐渐减少,人们把这种现象称为"农业技术要素投入报酬递减规律"。这一规律是人类历史发展的产物,是农业生产过程中不以人的意志为转移的客观规律,已被众多的科学实验和历史数据所证实。

在18世纪后期,法国古典经济学家、重农学派的代表人物杜尔阁首先发现:"土地生产物的增加同费用对比起来,当其尚未达到最大数额以前,土地生产物的增加同费用的增加是一致的,但若超过这个最大界限,就会发生相反的现象,不断地减少下去。"杜尔阁不仅阐明了要素报酬由递增到递减的全过程,而且还提出了最大界限的论点,这就是土地报酬递减规律,杜尔阁由此也被称为报酬递减规律的理论奠基者。

四、农业生产要素边际报酬递减及其原因

农业生产要素报酬递减规律是农业生产中存在的客观规律,这种情况为什么会出现,究其原因主要有以下两个方面:

第一,农业生产的对象是生物体,劳动对象是土地,而生物和土地在一定条件下都客观存在着容纳度的界限,要素的投入量一旦超过这个限度就会出现报酬递减现象。如给畜禽饲喂过多的饲料并不会使其产量更高,反而会使其机体受损,甚至导致其死亡。而像土地这样的生产要素自己本身包含有一定的营养成分,但这些营养成分的含量却存在着不平衡,有的缺乏,有的过剩,只有针对其不足的部分追加投入才能提高产量。但由于科学发展水平和人们认识能力的限制,对容纳度以及土地自身的营养含量认识不清,这样在农业生产过程中各种生产要素的投入,在客观上就存在着一定的盲目性,最终引起要素投入报酬递减。

第二,农产品是由多种生产要素转化而成的,在农业生产中,任何一种生产要素都必须与其他生产要素合理配合才能发挥作用,在一定的技术水平下,这种配合的比例关系是恒定的。如果其他生产要素量保持不变,只增加一种要素的投入量,其结果是这一生产要素的每一单位分得其他生产要素的份额将会逐渐减少,这样就使各生产要素之间配合失去平衡,造成报酬递减。这正符合前面提到的"木桶理论",当然农业生产过程要更为复杂。

农业生产要素报酬递减是一条客观规律,但它有一个重要的前提,那就是在科学技术水平不变或相对稳定的条件下,这一规律是存在的,而且是大量的普遍的。如果离开了这种前提,就找不到这样的规律了。换言之,把农业生产要素报酬递减看成是绝对的历史的规律,或者认为要素报酬存在着绝对的自然限度,都是错误的,随着科学技术的不断进步,要素报酬总的趋势是增加的。

第三节 农业生产要素配置与农产品组合

农业生产需要各个环节相互配合,环环相扣。不仅涉及要素与要素间的合理组合,还涉及产品与产品间的合理组合。单一要素的最佳投入、双重要素的合理配置、不同农产品的合理组合都对农业生产起着重要作用。因此,生产者如何把有限的要素投入到生产中去以获得最大的产量,如何选取合理的产品组合以获得最大的收益是我们本节要学习的内容。

一、单一生产要素最佳投入

(一) 农业生产要素的概念及其分类

首先,在研究单一生产要素的投入之前,我们先熟悉一下农业生产要素的概念。农业生产要素是指在农业生产过程中,为满足人们所需的各种农产品所必须投入的各种基本要素的总称。各种农业生产要素的相互结合,合理配置,才能实现农产品的合理生产。

具体而言,农业生产要素又可以分为自然资源、劳动力、农业资本和农业科学技术4类。

1. 自然资源

自然资源是指自然界形成的,可供人类生存和生活所利用的一切物质和能量的总称,主要以水和土地为代表。而农业自然资源是指自然资源被人类利用作为农业生产原材料的物质与能量部分。它主要有区域性、多用性、社会性3个特点。

2. 劳动力

劳动力,一般指总人口中具有劳动能力的农业劳动者的质量和数量。不仅包括体力劳动者,而且也包括脑力劳动者,它包括劳动数量和质量两个方面。目前,我国农业劳动力存在许多问题:①农业劳动力剩余较多。据国家统计局数据显示,到2021年为止,我国现有农村人口4.9835亿人,而按目前生产力计算,农业生产实际只需要2亿劳动力,所以目前农业劳动力存在供过于求的现状。②农业劳动力的质量较差,素质较低。在竞争越来越激烈的城市就业环境下,农业劳动力并不占优势。③农业劳动力的地区分布不平衡,不同地区的农业劳动力数量差距较大。

3. 农业资本

农业资本是商品货币经济条件下,农业生产和流通过程中所占用的物质资料和劳动力的价值形式和货币表现。农业资本也是市场经济条件下,农业生产单位获取各种生产要素不可缺少的重要手段。

农业中的资本按不同标准可以做如下的几类:①按资本存在的形态划分,可分为货币形态的资本和实物形态的资本。②按资本的来源划分,可分为生产单位的自有资本和借入资本。③按资本在生产过程中所处的阶段,可分为生产领域的资本和流通领域的资本。④按资本的价值转移方式,又可分为固定资本和流动资本。

4. 农业科学技术

农业科学技术是揭示农业生产领域发展规律的知识体系及其在生产中应用成果的总称,对农业的发展有根本的推动作用。同时,科学技术可以提高农业资源的利用率,降低农业生产成本。

(二) 农业生产函数

1. 概念

农业生产函数是指在特定的农业技术条件下,农业生产要素的投入量和农产品的最大产出量之间的物质技术关系。在生产过程中,农产品的生产过程中投入的生产要素数量不同,产量也不同,这种投入要素资源与产品产出之间的数量关系,以函数形式反映,就称为农业生产函数(图 2-5)。

其一般表达式可以写为：

$$y = f(x_1, x_2, x_3, \cdots, x_n) \qquad (2-7)$$

式中　y——农产品产出量；

　　$x_1, x_2, x_3, \cdots, x_n$——生产中投入的各种生产要素的数量。

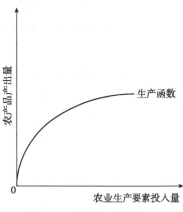

图 2-5　农业生产函数

需要注意的是，在理解农业生产函数概念时要把握两点：

第一，农业生产函数建立的前提是技术水平不变，如果技术进步，同样的要素投入会有较多的产出，生产函数曲线会相应地向上移动。

第二，农业生产函数所描述的是要素投入与最大产出之间的关系，而不是要素投入与所有产出之间的关系。

2. 表示方法

(1)列表法

把农业生产要素投入与农产品产出之间的关系用列表的方法表示。表 2-1 所列反映了一定条件下，牧草投入量与绵羊增重量之间的关系。

表 2-1　牧草投入量与绵羊增重量之间的关系

牧草投入量 x(kg/只)	绵羊增重量 y(500g/只)	牧草投入量 x(kg/只)	绵羊增重量 y(500g/只)
0	0	20	10
5	1.937	25	12.188
10	4.5	30	13.5
15	7.313		

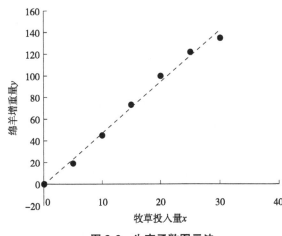

图 2-6　生产函数图示法

(2)图示法

用坐标或曲线来反映农业要素投入与产品产出之间的函数关系。横坐标表示要素投入量，纵坐标表示产品产出量。如果把表 2-1 的要素投入量和产出量的数据描绘在坐标上，即可得到相应的生产函数图，图中的曲线即为总产出曲线。从图 2-6 中我们可以清楚地看到投入量与产出量之间的关系。

(3)数学表达式法

数学表达式法就是根据农业生产过程中投入和产出之间的一一对应关系，采用回归的方法建立起一个方程式。如 $y=3x+4$，当投入量给定的时候，代入方程式中，就可以算出产出量的具体数值。需要注意到，我们这里所说的投入要素并不是全部要素，而是可变要素。

(三) 生产 3 个阶段的划分及单一生产要素的最佳投入阶段

西方经济学家通常将总产量曲线、平均产量曲线、边际产量曲线置于同一个坐标图中进行分析。如图 2-8 所示，分别将总产量、平均产量、边际产量曲线绘制在以要素投入数量为横坐标，以产品产量为纵坐标的坐标图中，就绘制出了一张标准的一种可变要素的生产函数的产量曲线图。

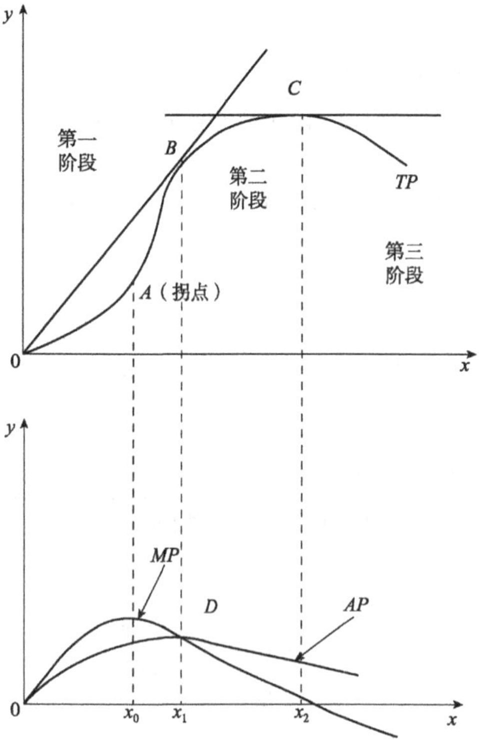

根据总产量曲线、平均产量曲线和边际产量曲线之间的关系，可以将短期生产划分为 3 个阶段，如图 2-8 所示。

在第一阶段，AP 始终是上升的，且达到最大值。MP 先上升达到最大值，然后开始下降，且 MP 始终大于 AP。这表明，在第一阶段，随着生产要素投入的增加，总产量不断增加。此时增加要素投入是有利的，生产者会选择继续增加生产要素的投入量，避免由于固定要素的生产潜力得不到充分发挥而造成相对浪费，从而增加总产量，将生产规模扩大到第二阶段。

在第三阶段，AP 是下降的，TP 也是下降的，MP 为负值。此时，随着生产要素投入的增加，总产量不断下降。造成下降的原因是随着要素投入量的增加，固定要素和可变要素的比例失调，因此，理性的生产者不会选择增加要素投入量，而是减少要素的投入量，将生产规模缩小到第二阶段。

图 2-8 生产函数 3 个阶段

所以，理性的生产者不会在第三阶段进行生产，因为随着要素投入的增加，总产量不断下降，生产不会带来任何好处。生产者也不会在第一阶段进行生产，因为平均产量在增加，生产者还未得到预期的效果，继续增加要素的投入是有利可图的。

因此，在第二阶段，是生产者要素投入的最佳合理区间，虽然平均产量和边际产量呈下降趋势，但总产量在不断增加，增加要素投入对生产起着积极作用。但在第二阶段，生产者应选择的最佳要素投入量在哪一点，还需要结合具体成本、收益、利润等进行更深入的分析。

这里以一定时期内的生产技术水平不变为前提条件(因为一旦生产技术水平发生变化，生产函数就会随之发生变化)，且只考虑一种可变要素的情形。

(四) 单一要素的最佳投入量

前文已经分析了单一要素的最佳投入阶段，下面来分析单一要素的最佳投入量。这里假定农业生产过程是在完全竞争市场上进行的，生产者之间的信息具有完全的流动性，并且生产者可以从可变投入获得最大利润。价格也是确定的，不存在任何垄断因素。

在确定单一要素的最佳投入时，我们假定其他要素固定不变，仅改变一种可变要素的投入量。为了确定利润最大化的要素投入量，我们先对利润函数进行分析。用 π 表示利润，则利润等于总收益减去总成本。

利润函数可以写为：

$$\pi = TR - TC = P_y y - P_x x - TFC \tag{2-10}$$

式中　TR——总收益；

TC——总成本；

P_y——农产品的价格；

y——农产品的产出量；

P_x——可变要素的价格；

x——可变要素的投入量；

TFC——总固定成本。

为分析利润最大化时的条件，先对利润求导：

令　　　　　　　　　　　$\mathrm{d}\pi/\mathrm{d}x = 0$

即　　　　　　　　　　$P_y y_x' - P_x = 0$

整理得　　　　　　　　$y_x' = P_x/P_y$

即　　　　　　　　　　$MP = P_x/P_y$

上式表明，当生产者获得最大利润时，需满足要素的边际产量等于要素价格与产品价格之比。当 $MP > P_x/P_y$ 时，表明要素投入量不足，应该继续增加投入，使边际产量下降；当 $MP < P_x/P_y$ 时，表明要素投入过量，应该减少要素投入，使边际产量上升，最终达到 $MP = P_x/P_y$，此时为最佳要素投入量。

【例 2.1】 现以表 2-2 的资料研究单项变动要素最佳投入量问题。

某农业技术经济试点，进行了饲料投入和牲畜增重的关系试验，具体数据见表 2-2 所列。假设每单位饲料价格 $P_x = 9$，畜产品价格 $P_y = 3$，价格比为 3。那么，饲料的合理投入

表 2-2　饲料投入与牲畜增重关系表

编号	饲料投入(x)	牲畜增重(y)	边际产量(MP)	平均产量(AP)
0	0	0		
1	5	19.375	3.875	3.875
2	10	45	5.125	4.5
3	15	73.125	5.625	4.875
4	20	100	5.375	5
5	25	121.875	4.375	4.875
6	30	135	2.625	4.5
7	35	135.625	0.125	3.875

范围以及最佳投入量分别是多少呢?

从表中可以看出,编号5的边际产量4.375>3(价格比),说明25单位的饲料投入量不足,应增加投入;而编号6的边际产量2.625<3(价格比),说明30单位的饲料投入过量,应减少投入。这说明饲料的最佳投入量应该在25~30之间,具体数值可以通过生产函数来求得。

利用回归方法得到该例的生产函数为:

$$Y = 3x + 0.2x^2 - 0.005x^3$$

根据前面得出的单项变动要素最佳投入条件:

$$y_x' = P_x/P_y$$

所以有

$$3 + 0.4x - 0.015x^2 = 9/3$$

解得

$$x = 26.667$$

即饲料的最佳投入量应为26.667单位。

那么,到底 $x = 26.667$ 是不是位于生产的第二阶段呢?可以通过分别计算平均产量(AP)最大时的饲料投入量 x_1 和总产量(TP)最大时的饲料投入量 x_2,然后看26.667是否位于 x_1 和 x_2 之间来判断。

当生产处于第二生产阶段时,平均产量最大且平均产量等于边际产量,同时边际产量为零。即满足

$$AP = MP$$
$$MP = 0$$

由生产函数得

$$MP = 3 + 0.4x - 0.015x^2$$
$$AP = 3 + 0.2x - 0.005x^2$$

联立求解

$$X_1 = 20,\ X_2 = 32.77$$

可见,$x = 26.667$ 位于 X_1 与 X_2 之间,表明饲料的最佳投入量为26.667,合理的投入范围在生产的第二阶段20~32.77。

(五)单一有限要素的合理配置

单一有限要素的合理配置是指某种要素在一定量的限制下,应该如何分配于生产同一种产品的不同主体,从而获得最大的收益。

由于生产函数的形式不同,在确定单一要素的合理分配时需采用不同的方法。常见的分配方法有两种即边际产量最大法和边际产量相等法。

1. 边际产量最大法

该方法是把每单位的投入要素投放在边际产量最大的生产单位上,直至要素分配完毕,最终可达到要素的最佳分配。边际产量最大法的适用条件非常有限,仅仅适用于表格形式的生产函数。

【例2.2】某农户现有100单位的磷肥,要把这有限的磷肥分配在两块土壤肥力不同的地块上生产小麦,那么每块地应各分配多少,才能获得最大的经济效益?已知磷肥的

单位价格为 0.4 元,小麦的单位价格也是 0.4 元。通过试验,得到小麦和磷肥的生产函数(表 2-3)。

表 2-3 不同土壤肥力地块的生产函数

磷肥	A 地		B 地	
	Q	MP	Q	MP
0	352		540	
20	413	3.05	568.9	1.445
40	464	2.55	591.4	1.125
60	504.7	2.04	607.5	0.805
80	535.4	1.535	617.5	0.485
100	556.1	1.035	620.5	0.165

由表 2-3 可以看出,第一个 20 单位的磷肥应该投放在 A 地块,因为 A 地块的边际产量 3.05 大于 B 地块的边际产量 1.445;第二个 20 单位也应该投放在 A 地块,因为此时 A 地块边际产量为 2.55,仍大于 B 地块的 1.445。根据这一法则进行要素投放,最佳的要素分配方案为:A 地块投放磷肥 80 单位,B 地块投放磷肥 20 单位。

利用边际产量最大法进行要素最佳分配,仅适合于生产函数边际产量递减的第二阶段;若处于生产函数边际产量上升的第一阶段,此时边际产量最大法失效。

2. 边际产量相等法

边际产量最大法仅适用于表格形式的生产函数,而边际产量相等法主要用于连续的生产函数,即以数学模型表示的生产函数。在要素有限的条件下,只要使得各生产单位要素利用的边际产量相等,此时的要素分配便是最佳的要素分配。

【例 2.3】利用表 2-3 中的数据,分别建立 A、B 两个地块的生产函数为:

$$Q_A = 352 + 3.301x - 0.0126x^2$$
$$Q_B = 540 + 1.605x - 0.008x^2$$

为了区别于不同地块上施用的磷肥,分别以 x_A 表示施用于 A 地块的磷肥量,x_B 表示施用于 B 地块的磷肥量,要素分配的最佳方案可用下列方程组求得:

$$MP_A = MP_B$$
$$x_A + x_B = 100$$

解得

$$x_A = 80, \ x_B = 20$$

即当 A 地块施用 80 单位的磷肥,B 地块施用 20 单位的磷肥时,能够获取最大的经济效益。此分配结果与边际产量最大法得到的结果完全一致。

二、双重生产要素合理配置

除物质资料的生产外,农业生产还需要多种生产资源相互配合投入生产。各种生产资源的不同配合,其产量和经济效果也不同。除此之外,两种要素之间可以存在替代关系也可以不存在替代关系。因此，为了使生产要素得到合理利用，农业生产的经济效果得到提高，需要研究多种生产要素的合理配置，这里我们以两种生产要素为例进行分析。

（一）等产量曲线与边际技术替代率

我们可以把农业生产过程中的等产量曲线和消费者选择理论中的无差异曲线相类比。等产量曲线描述的是在技术水平不变的前提下，生产同一产量的两种生产要素投入量的所有不同的轨迹。以常数 Q_0 表示既定的产量水平，则等产量曲线相对应的生产函数可以写为：

$$Q = f(L, K) = Q_0 \tag{2-11}$$

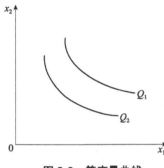

图2-9 等产量曲线

如图 2-9 所示，有两条等产量曲线 Q_1、Q_2，其中，横坐标 x_1 表示要素 x_1 的产量，纵坐标 x_2 表示要素 x_2 的产量。

随着技术水平的改变，等产量曲线也会相应地发生变动。其中，技术水平越高，等产量曲线离原点越远，技术水平越低，等产量曲线离原点越近。

在把握等产量曲线时还应该注意，等产量曲线有 3 个特点：第一，在同一平面中有无数条等产量曲线，其中，离原点越远代表的产量水平越高。第二，任意两条等产量曲线不会相交。第三，等产量曲线凸向原点，是一条向右下方倾斜的曲线，其斜率是负的。

由于一条等产量曲线表示能给生产者带来相同产量的所有不同要素组合，表示这两种要素对于生产者来说存在着一定的替代关系，以维持一个既定的产量水平。如生产者想要生产 20 单位的小麦，此时有劳动和资本两个生产要素，那么为了维持 20 单位小麦的生产，生产者可以选择较多的劳动和较少的资本，也可以选择较多的资本和较少的劳动。当劳动投入比资本投入多时，可以看作是劳动对资本的替代，同样，当资本投入比劳动多时，可以看作是资本对劳动的替代。因此，由于两要素的替代关系，我们可以推出边际技术替代率这个概念。

边际技术替代率（MRTS）表示在维持产量水平不变的条件下，增加一单位某种生产要素的投入量时所减少的另一种生产要素的投入量。如要素 x_1 对要素 x_2 的边际技术替代率公式可以写为：

$$MRTS = -\Delta x_2 / \Delta x_1 \tag{2-12}$$

式中 Δx_2、Δx_1 分别为要素 x_1、x_2 投入的变化量。负号是为了 MRTS 值在一般情况下为正，便于比较。当 $\Delta x_1 \rightarrow 0$ 时，边际技术替代率的公式又可表示为：

$$MRTS = \lim -\Delta x_2 / \Delta x_1 = -\mathrm{d}x_2 / \mathrm{d}x_1 \tag{2-13}$$

边际技术替代率还可以用边际产量来表示。在维持产量水平不变的情况下，增加一种可变生产要素的投入时，必须要减少另一种可变生产要素的投入。

$$MP_{x_1} \Delta x_1 + MP_{x_2} \Delta x_2 = 0$$

即

$$\Delta x_2 / \Delta x_1 = -MP_{x_1} / MP_{x_2}$$

所以，等产量曲线上某一点的边际技术替代率就是等产量曲线在该点斜率的绝对值。

由于规模报酬递减，随着一种可变要素投入量的增加，每增加一单位可变要素所增加的边际产量越来越少，从而它所替代的另一种可变要素的数量就会越来越少，所以边际技术替代率是递减的。

(二)等成本线

在农业生产过程中,生产者总是希望投入最小的成本以获得所期望的产量。因此,为了进一步分析成本最小化问题,我们引入等成本曲线。

等成本曲线是指在既定的成本和生产要素价格条件下,生产者可以购买到的两种生产要素的各种不同数量组合的轨迹。

假设生产者用于购买可变要素的成本额为 C,要素 x_1 的价格为 P_1,要素 x_2 的价格为 P_2,则有:

$$P_1x_1 + P_2x_2 = C \tag{2-14}$$

对上式进一步变形可得,$x_2 = C/P_2 - P_1/P_2 x_1$。

因此,在以 x_1 为横坐标,x_2 为纵坐标的坐标系中,等成本曲线是一条向右下方倾斜的直线。其斜率的绝对值为两要素价格之比。如图 2-10 所示,曲线 AB 就是一条等成本线。其中,横截距 C/P_1 表示既定的全部成本都购买 x_1 时的数量,纵截距 C/P_2 表示既定的全部成本都购买 x_2 时的数量。

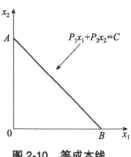

图 2-10 等成本线

1. 等成本曲线的特点

①在同一条等成本曲线上有两种要素的不同数量组合,但是每一种组合所花费的成本是相等的。

②当生产成本变化时,等成本曲线也会发生相应的变化,离原点越远,表示成本水平越高,离原点越近,表示成本水平越低。

2. 等成本曲线的移动

当成本和要素价格一定时,有一条相应的等成本曲线,如果成本或要素价格发生变化,会引起等成本曲线的移动。具体又可分为以下两种情况:①两种要素价格同比例变动,引起成本线平行移动。当两种要素价格同比例增加时,等成本曲线会向右平行移动,意味着两种要素投入同比增加;当两种要素价格同比例下降时,等成本曲线会向左平行移动,意味着两种要素投入同比减少。②一种要素价格变动,等成本曲线的变化规律为:当只有一种要素价格变化时,等成本曲线会发生旋转。如 x_1 的价格上升,等成本曲线向左下方旋转;如果 x_1 的价格下降,等成本曲线向右上方旋转。

(三)成本最小化下的双重生产要素的合理配置

在生产过程中,生产者总是希望在既定的最小的成本下得到最大的产量。我们假定在一定的技术条件下生产者使用两种可变生产要素生产一种产品,且两种要素的价格是给定的。接下来,我们来分析这两种要素应如何选择最佳的投入组合。此时,我们把等产量曲线和等成本曲线放在同一个坐标系中,如图 2-11 所示。

在图 2-11 中,图(a)表示成本既定的情况下,如何追求最大的产量。图(b)表示在产量既定的情况下,如何实现最小的成本。

如图(a)所示,当成本既定时,有一条向右下方倾斜的等成本曲线,假设有 3 条产量水平不同的等产量曲线 Q_1、Q_2、Q_3,其中 Q_3 代表的产量水平最高,Q_1 代表的产量水平最

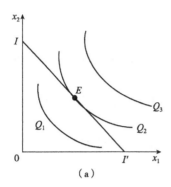 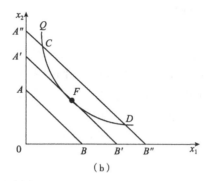

图 2-11　生产要素最优组合

低。假定生产者想要得到 Q_3 的产量水平，但是由于成本给定，在既定的成本约束下，生产者无法达到 Q_3 的产量水平，因此生产者会选择减少生产规模。当产量减少到 Q_1 的生产规模时，在既定的成本约束下，生产者扩大生产投入可以得到更大的产量。当产量扩大到 Q_2 时，等成本曲线和等产量曲线相切于点 E，该点就是生产的均衡点。它表示：在既定的成本下，两种生产要素的最佳投入组合。在 E 点有：

$$MP_{x_1}/P_1 = MP_{x_2}/P_2 \tag{2-15}$$

此时，生产者获得最大的产量。

如图（b）所示，当产量既定时，有一条等产量曲线 Q。此时，有 3 条不同的等成本曲线 AB、$A'B'$、$A''B''$。其中，等成本线 AB 代表的成本大于等成本线 $A'B'$，等成本线 $A'B'$ 代表的成本大于 $A''B''$。当等成本曲线为 $A''B''$ 时，生产者无法生产出 Q 产量的规模，此时生产者会选择扩大成本投入。当等成本曲线为 AB 时，生产者会得到大于 Q 产量的规模，此时生产者会选择减少成本投入。因此只有当等成本曲线和等产量曲线相切于点 F，该点就是最优要素组合点。在 F 点有：

$$MP_{x_1}/P_1 = MP_{x_2}/P_2 \tag{2-16}$$

它表示在既定的产量条件下，生产者应该选择的要素组合，此时生产者实现最小成本。

下面我们继续分析图（b）中等产量曲线 Q 和等成本曲线 $A''B''$ 的两个交点 C 点和 D 点。如果生产选择 C 点进行生产，此时等产量曲线斜率的绝对值大于等成本线斜率的绝对值。而等产量曲线上某一点斜率的绝对值等于该点两要素的边际技术替代率，等成本线的斜率的绝对值等于两要素的价格比。所以在 C 点两种要素的边际技术替代率大于两要素的价格比，此时：

$$MRTS = -dx_2/dx_1 > Px_2/Px_1 \tag{2-17}$$

例如，$MRTS = -dx_2/dx_1 = 4/1 > 2/1 = Px_2/Px_1$，此时，在不等式的左边生产者可以用 1 单位的 x_1 去代替 4 单位的 x_2，而在根据不等式的右边 4 单位的 x_2 可以买到 2 单位的 x_1，于是，生产者就节省了 1 单位的 x_1 的购买成本。此时，只要 $MRTS > Px_2/Px_1$，生产者就会不断地用 x_1 去代替 x_2，表现为沿着等产量曲线 Q 由 C 点向 E 点靠近。

同样，如果选择 D 点生产，$MRTS = -dx_2/dx_1 < Px_2/Px_1$，两要素的边际技术替代率小于

两要素的价格比,生产者也无法得到最佳要素组合。

所以,只有当等成本曲线和等产量曲线相切时(E、F 点),两要素的边际技术替代率和两要素的价格之比相等,有:

$$MP_{x_1}/P_1 = MP_{x_2}/P_2 \qquad (2\text{-}18)$$

此时生产者实现了生产要素的最优组合,实现产量最大化。

三、不同农产品合理组合

农业生产离不开农产品,在给定的生产要素和技术水平下,生产者如何选择最优的农产品组合以获得最大的收益是我们这一小节需要研究的问题。

(一)两种农产品之间的关系

不同的农产品之间有着不同的关系,在总体上可以将其分为 3 类:

1. 互竞关系

如果增加一种农产品的产出时必须要减少另一种农产品的产出,那么这两种农产品就是互竞关系。如在土地面积既定的情况下,如果生产者想要种更多的花生,那么他就要放弃一定的小麦。此时花生和小麦之间,就存在着一种竞争关系。

2. 互助关系

如果增加一种农产品的产出时另一种农产品的产出也同时增加,那么这两种农产品之间就存在一种互助关系。例如,在一定时期内,豆科作物与谷类作物轮作,豆科作物可以增加土壤中的氮元素,为谷类作物提供了良好的生产环境。所以,豆科作物的生产不仅没有对谷类作物产生竞争作用,反而促进了谷类作物的生产。此时,豆科作物和谷类作物之间就存在着一种互助关系。

3. 互补关系

增加一种农产品的产出而不会增加或减少另一种农产品的产量,此时这两种产品之间就存在着一种互补关系。如北方种植的小麦和南方种植的水稻之间就存在着一种互补的关系。或者由于季节性的原因,也会使不同的农产品之间产生互补关系。

(二)生产可能性曲线

生产可能性曲线又称产品转换曲线、生产可能性边界,英文 production possibility frontier,简称 PPF。用来表示在既定的资源和技术条件下所能生产的各种产品的最大数量组合,反映了资源稀缺性与选择性的经济学特征。在产品生产过程中,生产者需要对要素进行各种不同的分配,使得两产品的产量有多种可能的配合,这就是所谓的生产可能性。将不同的产量配合绘制成一条曲线,即为生产可能性曲线。横轴表示产品 y_1 的数量,纵轴表示产品 y_2 的数量。如图 2-12 所示,即为一条生产可能性曲线。

由于生产可能性曲线表示既定要素用于两种产品生产的所有可能组合,所以增加 y_1 的产量,就必须减少 y_2 的产

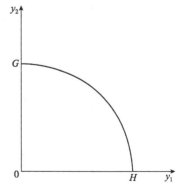

图 2-12 生产可能性曲线

量。通常把增加一单位 y_1 所需要减少的 y_2 的数量称为产品的边际替代率($MRPS$)，又称边际转换率(MRT)。用公式表示为：

$$MRT_{y_1y_2} = \Delta y_2/\Delta y_1 \tag{2-19}$$

(三)等收益线

等收益线是指在产品价格既定的条件下，能够带来同等收益的两种产品量的各种不同数量组合轨迹。其中，收益水平越高，等收益线的位置越高。它表示在该曲线上，任意一点所代表的两种产品的不同组合所带来的收益是相等的。假设用 P_1、P_2 分别表示两种产品 y_1 和 y_2 的价格，y_1 和 y_2 分别表示两种产品的产量，则总收益函数可以写为：

$$TR = P_{y_1}y_1 + P_{y_2}y_2 \tag{2-20}$$

可变形为：　　$y_2 = TR/P_{y_2} - P_{y_1}/P_{y_2} y_1$

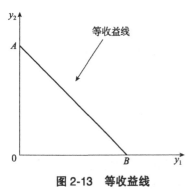

图 2-13　等收益线

如图 2-13 所示，即为一条等收益曲线。等收益曲线的斜率为 $-P_{y_1}/P_{y_2}$，它表示两种产品 y_1、y_2 的价格之比。

(四)不同农产品的合理组合

作为一个理性的生产者，往往会选择最优的产品组合进行生产，我们继续分析生产者如何选择最优的产品组合，以获得最大的收益。如何在既定的生产要素投入水平下选择最优的产品组合，这就需要我们把生产可能性曲线和等收益曲线结合在一起进行分析。如图 2-14 所示，将生产可能性曲线和等收益曲线绘制在同一坐标平面内，等收益线和生产可能性曲线切于一点 E，该点就是最大收益的产品组合点。

在 E 点处，边际转换率与等收益线的斜率相等，即：

$$\Delta y_2/\Delta y_1 = -P_{y_1}/P_{y_2} \tag{2-21}$$

可变形为：　　$P_{y_1}\Delta y_1 = -P_{y_2}\Delta y_2$

等式两边同时除以 Δx(要素转移量)可得：$(\Delta y_1/\Delta x)$
$P_{y_1} = -(\Delta y_2/\Delta x)P_{y_2}$

又知 Δy_1 为正，Δy_2 为负，所以可以写成：

$$MP_{xy_1}P_{y_1} = MP_{xy_2}P_{y_2}$$

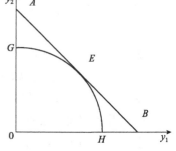

图 2-14　最大收益产品组合

将上式稍加变形得：$MP_{xy_1}/MP_{xy_2} = P_{y_2}/P_{y_1}$

MP_{xy_1} 表示增加一单位 x 用于 y_1 生产所增加的 y_1 的产量；MP_{xy_2} 表示增加一单位 x 用于 y_2 生产所增加的 y_2 的产量。这就是生产者获得最大收益的产品组合时需要满足的条件。

【例 2.4】 假设有氮肥总量 50kg 用于花生(y_1)和大豆(y_2)两种作物生产，即 $x_1 + x_2 = 50$，其中 x_{y_1} 表示用于 y_1 生产所有的氮肥量，x_{y_2} 表示用于 y_2 生产所用的氮肥量。两种产品的生产函数分别为：

$$y_1 = 150 + 2x_{y_1} - 0.5x_{y_1}^2$$
$$y_2 = 300 + 6x_{y_2} - 0.3x_{y_2}^2$$

当 $P_{y_1} = 0.5$ 元，$P_{y_2} = 0.25$ 元时，求出生产者获得最大收益时的产品组合。

解：根据最大收益的产品组合条件

$$P_{y_1}/P_{y_2} = MP_{xy_2}/MP_{xy_1}$$
$$0.5/0.25 = 6-0.6x_{y_2}/2-x_{y_1}$$
$$x_{y_1} + x_{y_2} = 50$$

解得
$$x_{y_1} = 10.77$$
$$x_{y_2} = 39.23$$

将 x_{y_1}、x_{y_2} 分别带入生产函数 $y_1 = 150 + 2x_{y_1} - 0.5x_{y_1}^2$ 和 $y_2 = 300 + 6x_{y_2} - 0.3x_{y_2}^2$ 中，可得：
$$y_1 = 113.54$$
$$y_2 = 73.68$$

所以，当收入最大时，最优的农产品组合为 $y_1 = 113.54$ 单位，$y_2 = 73.68$ 单位，此时，要素投入 $x_{y_1} = 10.77\text{kg}$，$x_{y_2} = 39.23\text{kg}$。

第四节 规模报酬与农业适度规模

一、规模经济原理

规模经济指的是在一定科技水平下生产能力的扩大，使长期平均成本呈下降的趋势，即长期费用曲线呈下降趋势。规模指的是生产的批量，具体有两种情况，一种是生产设备条件不变，即生产能力不变情况下的生产批量变化，另一种是生产设备条件即生产能力变化时的生产批量变化。《新帕尔格雷夫经济学大辞典》将规模经济定义为在给定技术的前提下，对于某一产品，如果在某一区间范围内平均成本发生了下降（或者上升），表明存在着规模经济（或不经济）。

规模经济理论起源于美国，马歇尔认为规模经济形成的路径有以下两种：一种是依靠单个生产主体通过合理配置资源、提高组织与经营效率而达到的"内部规模经济"；另一种是依靠多个经营主体间的合理分工所形成的地理格局，他认为提供同类产品或者服务的经营主体间存在一定的产业关联，可以整合分散的劳动力、资本等要素达到外部规模经济。

规模经济与投入要素之间存在紧密的联系，而要素又分为可变投入要素与固定投入要素，针对农业生产，像大型机械的投入属于固定投入，而化肥、农药等的投入属于可变投入。农业上的规模经济一般指的是土地的规模化经营，土地作为农业生产最基本的要素，如果土地的投入呈现碎片化、分散化，从根本上将导致农业生产上规模不经济。原本仅需要少量劳动者及几台大型机械就能完成的农业生产，由于土地的细碎化及小规模，使得投入的劳动力及其他的生产资料远远超出经济学上的最佳投入点。改变土地碎片化是达到农业规模经营的前提条件，需要持续不断地推进。

因此，只有在生产规模扩大后，生产单位才有能力投入成本较高的大型农业机械设备，而小规模的生产单位没有能力采用先进的生产设备及更合理的管理方式导致规模不经济。随着土地达到了最佳的种植规模，农户为了追求更高的利润会采用更为先进的管理技术，农业生产经营会更加地市场化、智能化，生产效率会实现大幅度地提高。

二、农业生产规模经营与规模效益

规模经营是指各种生产要素以一定数量的规模化组合进行的经营。对规模经营的研究一般偏重于探讨经济活动中的各种要素组合在不同的量和不同组合方式下获得的效益情况,即研究不同经济活动的最佳规模效益。规模效益指的是生产一定量的产品的市场价格与产量的乘积,农业规模效益则指农业生产单位在进行规模经营时不仅要考虑产出量的指标,还要考虑成本收益角度的经济指标。当土地产出率、劳动产出率、总产量等的提高是由成本大幅度上升拉动的,那么此时的经营是缺乏规模效益的。

农业规模经营由土地、劳动力、资本、管理4个要素的配置进行,其主要目的是扩大生产规模,使单位产品的平均成本降低和收益增加,从而获得良好的经济效益和社会效益。农业规模经营的发展方向是农业适度规模经营,即在保证土地生产率有所提高的前提下,使每个务农劳动力承担的经营对象的数量(如耕地面积),与当时当地社会经济发展水平和科学技术发展水平相适应,以实现劳动效益、技术效益和经济效益的最佳结合。评价农业规模经营可以从两方面入手:①各生产要素的组合是否合理。②各方面的利益关系是否协调。农业规模经营包括许多具体模式,如种植专业户、机械化家庭农场、机械化集体农场、农工一体化等。

假设市场价格不变,生产函数 $Q = F(X, Y, Z)$,当所有的生产要素投入都乘以 n,此时会使得产量增加 m 倍,即:

$$mQ = F(nX, nY, nZ) \qquad (2-22)$$

当 $m<n$,代表规模效益递减;当 $m=n$,代表规模效益不变;当 $m>n$,代表规模效益递增。

三、农业生产适度规模经营

适度规模经营是指在现有条件下,适度扩大生产经营单位的规模,使土地、资本、劳动力等生产要素配置趋向合理,以达到最佳经营效益的活动。土地的规模经营是农业规模经营的直观表现,但农业的规模经营并非意味着土地规模越大效率越高,而是在土地投入及边际产出最大化、农民与非农民机会收入均等化、全要素生产率最大化等标准下寻找到最佳的平衡点。当前我国农户人均耕地面积较小,土地呈现出细碎化、分散化特点,与发达国家相比,每亩耕地上投入的劳动力及其他生产要素较高,同时由于地块较小,高效率、精准化的农业设备很难投入使用,导致大量的土地资源及劳动资源被浪费。要想实现农业的适度规模经营,需要小规模土地的流转集中,进而实现土地的规模化。

(一)适度规模经营原则与目标

1. 适度规模经营的原则

①成本最低原则 在农业生产过程中,理性的生产者在众多的生产方式中会优先采用某段规模下效益最大而成本最低的生产方式,而此时的规模就是该生产者的适度规模,在这种规模下进行农业的生产能获得规模效益。

②效率最大的原则 可以采用农业全要素生产率(TFP)来评价农业的适度规模经营效

果,当投入的要素冗余程度最低,期望产出最大,此时的农业 TFP 才会达到较高的水平。充分利用劳动力、农药、化肥等生产要素实现产量的最大化,提高粮食产量,保障粮食安全。

由于不同地区的土地资源禀赋、水资源、劳动力、产业结构等的差距较大,针对不同地区采用的适度规模经营的评价原则也应该根据实际情况进行调整。对于平原地区,由于地势平坦,机械化水平较高,土地的生产率显得更为重要;对于山地丘陵,由于机械化水平较低,劳动生产率的评价指标更为重要。由于技术、资本、劳动力素质甚至自然条件、农作物品种等都会影响土地规模的最优值,因此要结合当地自身条件的限制来确定经营规模的大小。

2. 适度规模经营的目标

农业适度规模经营不能脱离农业适度规模经营的目标,中共中央办公厅、国务院《关于引导农村土地经营权有序流转,发展农业适度规模经营的意见》明确指出,我国开展适度规模经营的目标是"保障国家粮食安全、促进农业增效和农民增收"。因此,农业适度规模经营的现实目标可以概括为在提高(至少不降低)土地生产率的前提下,提高劳动生产率,降低农产品成本,增加利润,最终提高粮食安全、农业增效和农民增收。

进行土地适度规模经营,要在劳动生产率与土地生产率之间进行协调,土地规模过小,不利于提高劳动生产率,忽略土地生产率盲目扩大土地规模则可能导致整体的经济效益和社会效益出现损失。

(二)确定适度规模经营的方法

1. 边际分析法

运用利润最大化原理,当 $MR=MC$ 时,此时利润最大化,为适度规模经营。当 $MR>MC$ 时,表示增加该产品边际收益上升,边际成本下降,扩大经营规模是有利的。当 $MR<MC$ 时,应该缩小经营规模。

2. 规模报酬法

规模报酬法是指利用生产函数分析规模经济和规模不经济,并且确定一定价格水平的适度经营规模。函数如下:

$$Y = aX_1^{b_1} X_2^{b_2} \cdots X_n^{b_n} \tag{2-23}$$

式中　Y——总收入;

a——技术效率系数;

$X_i(i=1,2,3,\cdots,n)$——投入的第 i 个生产经营要素;

$b_i(i=1,2,3,\cdots,n)$——X_i 的生产弹性系数。

$$RTS = \sum_{i=1}^{n} b_i \tag{2-24}$$

RTS 表示规模报酬系数,$RTS>1$ 表示规模报酬递增,此时边际产量大于平均产量;$RTS=1$ 表示规模报酬不变;$RTS<1$ 表示规模报酬递减,此时规模不经济。

还可以利用平均边际价值生产率(MVP)表示利用的效率高低。

$$MVP_i = b \times \frac{G_Y}{G_{X_i}} \tag{2-25}$$

式中 G_Y——对应规模组产出的几何平均数；

G_{X_i}——第 i 项生产经营要素投入量的几何平均数。

3. 劳动收入分析法

早期学者经常依据种植业劳动者平均收入水平不低于当地非农业劳动者的平均收入水平的原则，确定适度的土地经营规模。计算方式如下：

$$Y \geqslant \frac{X}{A+B} \tag{2-26}$$

式中 Y——适度规模经营；

X——当地非农产业人均收入；

A——单位规模的土地纯收入；

B——当地给予单位规模土地的财政补贴。

(三)适度规模经营的制约条件

1. 土地细碎化

我国农田细碎化的状况由来已久，户均拥有的土地多在 10 亩以下，农民的地块越小越倾向于使用更多的劳动力和更少的现代技术，严重阻碍了农业的适度规模经营。

2. 劳动力因素

随着土地承包权与经营权的分离，土地流转加快，当土地具有一定规模后，劳动力因素又成为新的制约。对于大规模农户在需要用工时，如何在短时间内雇佣到大量的劳动力，且将用工成本控制在较低的水平成为一大难题。

3. 资本及能力的限制

当前农村土地承包经营者多为本地农户，受资金限制，承包的地块很难达到最佳的土地经营规模。由于生产经营能力有限，对农田的管理水平依旧停留在小农户阶段，规模经营依旧处于较低水平。

创新创业教育案例二

从供给侧推动农业科技创新——航天育种技术

随着我国空间站时代的到来，航天育种将开辟一个连接太空和地面、未来与现实的全新领域，定期的发射和返回、舱内外的空间诱变环境、更多的重要载荷，必将为育种研究提供更加丰富的航天资源和保障，必将创制出更多的新材料、新种质、新资源，从而为我国解决"种源卡脖子"问题，实现种业科技自立自强、种源自主可控，更好地发挥作用。

千百年来，人类从吃饭到生产生活都要依赖植物，一直在寻找更优良的作物品种。"育种家"们从自然界收集具有优异性状的种质资源，通过品种选育，让满足生产需求的性状固定下来、传播开去。但一代代的育种都只能在地面进行，直到现代航天科技发展起来，为诱发种子变异带来了可能，也为获得更丰富的种质资源提供了可能。不过很少有人知道，航天育种是我们国家航天技术在种业科技创新领域独具特色的应用。中国的航天育种相比较美国、俄罗斯这样的航天大国，开展的研究范围、应用成果更加突出。

早在20世纪60年代，美国、苏联就认识到太空环境能够诱发植物种子基因发生变异，开始探索空间条件下植物生长发育规律，目的是建造"会飞的农场"，解决宇航员及未来地球星际移民在太空中长期生存和生活问题。美国、俄罗斯等国可耕土地多，农作物产量大，服务地面育种的紧迫感并不强烈；中国则完全不同，人口众多，耕地偏少，保障粮食安全的任务更加紧迫。端稳"中国饭碗"，实现种业科技自立自强、种源自主可控，尤其需要更多更优质的种质资源来解决现实问题。

"先天不足"更要"后天努力"。始于偶然的发现，便成了特殊国情之下创新种质资源、保障粮食安全的必然。国以农为本，农以种为先。种子是农业生产中特殊的、不可替代的、最基本的生产资料，优良品种是农业发展的决定性因素，对提高农作物产量、改善农作物品质具有不可替代的作用，关乎农民切身利益。

自1987年以来，我国先后利用各类航天器，搭载植物种子、菌种、试管苗等4000余种，培育的小麦、水稻、玉米、大豆、棉花和番茄、辣椒等园艺作物新品种，经过国审和省审的航天育种新品种超过200个，累计种植面积1.5亿亩，产业化推广创造经济效益2000亿元以上。在牧草、林木、花卉等领域也有一定规模推广应用，还获得了一些对产量、品质有突破性影响的材料。

从粮食作物到蔬菜水果再到花卉牧草等，航天育种方向越来越多元化，在关键技术开发、重要种质创新、品种选育及成果产业化方面取得诸多成果，为攥紧"中国种子"、端稳"中国饭碗"贡献着力量。

转载自：农民日报·中国农网

本章小结

人类的一切实践活动都有其目的，而要进行有目的的实践活动都离不开劳动的耗费。经济效益就是劳动成果（有用成果）与劳动耗费的比较。农业技术不仅有其经济效益，还与其社会效益、生态效益之间存在着辩证统一关系。三者之间相互影响、相互促进。

在一定的技术条件下，在一定的土地面积上，在其他技术要素投入不变的情况下，连续地投入某种技术要素，开始每增投一单位的技术要素可以得到递增或较为稳定的报酬，当投入量达到一定的限度后，再继续追加投入则追加的单位技术要素所得的报酬会逐渐减少。

农业生产需要各个环节相互配合，环环相扣。不仅涉及要素与要素间的合理组合，还涉及产品与产品间的合理组合。单一要素的最佳投入、双重要素的合理配置、不同农产品的合理组合都对农业生产起着重要作用。

各种生产要素以一定数量的规模化组合进行经营时，各种要素组合在不同量和不同组合方式下获得的效益情况不同。可通过边际分析法、规模报酬法和劳动收入分析法确定不同经济活动的最佳规模效益。

思考与练习

一、思考题

1. 简述经济效益。
2. 简述如何理解农业技术经济效益的内涵。
3. 简述农业技术效果与经济效果的关系。
4. 简述农业技术要素分类及特性。
5. 试述农业生产要素报酬递减规律及其成因。
6. 简述如何确定单一要素的最佳投入阶段和最佳投入量。
7. 简述双重生产要素在何时实现合理配置。
8. 简述生产可能性曲线及其具有的特点。
9. 简述实现不同农产品的合理组合。
10. 简述适度规模经营的原则和目标。
11. 简述农业适度规模经营的方法。

二、练习题

1. 某地玉米生产函数为：$Y = 292 + 1.5243x - 0.0048x^2$。式中 y 表示玉米亩产量，x 表示复合肥亩投入量。$P_x = 0.4$ 元/kg（复合肥价格），$P_y = 1.2$ 元/kg（玉米价格）。请根据边际平衡原理，确定化肥的最佳投入量。

2. 已知生产函数 $y = 18x_1 - x_1^2 + 14x_2 - x_2^2$，要素单价 $P_{x_1} = 2$ 元，$P_{x_2} = 3$ 元，要取得 105 单位的产量，两要素如何配合才能使成本最低？

第三章 农业生产结构及优化

第一节 农业生产结构特征与演变

一、农业生产结构概念与特征

(一)农业生产结构的概念

农业生产结构又称农业产业结构,是指在一定区域(国家、地区或企业)内,农业各部门、各生产项目及其产品品种的构成情况,包括它们的比例关系、结合形式、地位作用和运动规律。

(二)农业生产结构的特征

1. 层次性

农业生产结构具有多层次性,第一个层次主要为不同生产部门之间的比例,即种植业、畜牧业、林业、渔业等生产部门之间的比例;第二个层次为同一生产部门中不同产品之间的结构,如种植业中粮食、油料、棉花、蔬菜、水果等作物之间的比例,畜产品中的肉类、奶类、禽蛋等之间的比例;第三个层次为品种结构,主要表现为某一种产品中不同品种之间的比例,如水稻中南方籼稻和北方粳稻的比例,大豆中的转基因品种与非转基因品种的比例等。

2. 关联性

关联性是指农业各产业部门之间相互促进和相互制约的关系,即各农业产业之间存在着投入产出关系,具有千丝万缕的联系。如中国传统的种养结合,就是发挥了种植业与养殖业的关联性,一方面种植业可以为畜牧业提供饲料,另一方面畜牧业产生的畜禽粪便可以为种植业提供肥料。再如在我国长三角和珠三角地区常见的桑基鱼塘,它更是将种植业与养殖业的关联性发挥到了极致,是一种用塘基种桑、桑叶喂蚕、蚕沙养鱼、鱼粪肥塘、塘泥壅桑的高效人工生态系统。

3. 动态性

动态性是指农业生产结构会随着时间的推移或者经济社会的发展而呈现出有规律变化的特征,即农业各产业之间的比例不是一成不变的,而会随着时间的推移、经济社会的发展和居民收入水平的提高不断变化。如随着一个国家或地区经济社会发展水平的提高,居民食品消费结构会出现由"吃得饱"向"吃得好"再向"吃得健康"的转变与升级,对肉禽蛋奶等畜产品的需求数量和质量就会增加,畜牧业所占农业的比例也会随之增加。

二、农业生产结构演变一般规律

农业生产结构是决定农业增长的重要影响因素,如果一个国家或地区的农业生产结构是合理的，那么这个国家或地区的农业就可以得到更好更快的发展，农业劳动者的收入也自然可以得到提高，反之亦然。在农业发展的高质量阶段，要通过不断优化农业生产结构，促进农业生产结构升级，把农业变成经济增长的源泉。从国内和国际的经验来看，农业生产结构的演变存在以下规律性：

(1) 农业由种植业生产为主的结构转向农林牧渔业综合发展，且种植业和畜牧业占据主导产业地位。从发达国家的基本经验看，基本形成了种植业和畜牧业各占一半的局面。以美国为例，自19世纪以来，美国农业总产值中，种植业和畜牧业一直各占一半左右，20世纪50~70年代，畜牧业的比重大于种植业，但基本保持平衡。从70年代后，由于世界市场对粮食需求增加，美国政府暂时放弃了对粮食生产的限制，种植业得到较快的发展，致使种植业的比重超过了畜牧业，种植业和畜牧业大体保持平行发展。

(2) 种植业由粮食为主的结构向粮食作物、油料作物、经济作物和蔬菜水果等共同发展的结构转变，粮食生产也由以传统的谷物生产结构转变为多品种、多品质和专用谷物品种生产结构的转变。以我国为例，我国居民人均消费的口粮不断减少，城镇居民家庭平均每人全年粮食消费量1990年为130.72kg，1995年为97.00kg，2000年为82.31kg，2005年为76.98kg，2010年为81.53kg。种植业中经济作物的产值和比例持续上升，以蔬菜种植面积为例，从2010年的2.61亿亩增加到2020年的3.22亿亩。

从经济发达国家的农业生产结构的发展情况来看，又存在以下集中趋势：一是提供低脂高蛋白产品产业日益重要；二是饲料粮的比例远远大于居民口粮的比例；三是绿色有机农产品越来越受到消费者的青睐；四是各国普遍开始重视农业的生态环境，发展可持续农业。

三、我国农业生产结构演变进程

(一) 我国农业生产结构的演变阶段

我国农业生产结构的发展大体上说有两大时期：1978年之前的计划经济时期的单一的农业生产结构；1978年至今的农业生产结构的较快调整时期。具体又可以分为3个时期：1979年至20世纪80年代中期我国农业生产结构缓慢变动时期；20世纪80年代中期至2000年，我国农业产业结构大调整时期，这个时期以第一、二、三产业的协调发展取代此前以农业（其中又以粮食）为主的"一头重"的结构；2000年至今，农业结构调整进入战略性调整新阶段。

1. 单一的农业生产结构（1949—1978年）

1949年，我国农村产业部门主要是农业，农村工业和农村商业很少，在农业中又以种植业为主，其产值占80%以上。在种植业中又以粮食作物为主，其面积占90%。在改革开放前的近30年里，我国的农业生产结构变化很小，主要是追求粮食产量的增长，农业生产结构比较单一。1952年，种植业的播种面积在农业中所占的比例为86.9%，1965年为81%，到1978年小幅下降到79.3%。在种植业中，粮食作物的播种面积所占的比例在1952年为89.2%，1965年为86.82%，1978年为80.4%，由此可见生产结构的单一性。中华人民共和国成立后，广大农民虽经努力奋斗，但由于农业制度和政策方面的失误，取得的成绩并不尽如人意。就大多数地区来说，农村面貌没有根本改观，虽然我国政府曾提出了农林牧副渔五业并举的发展方针，历史上形成的偏重种植业的单一结构虽有所变化，但是基本状况并没有改变，农业还是以种植业为主，种植业以粮食为主，粮食生产又以高产作物为主，其他农业部门即使有所增长，其提高的比例也是微乎其微的。这种结构是不合理的，主要表现在农村产业不能协调发展，资源没有合理利用，地区优势没有得到充分发挥，严重影响了农业的多种经营和综合发展，导致粮、棉、油、糖等主要农产品供应不足。这种单一的结构也使得我国农业劳动力的优势无从发挥，劳动的边际报酬很低，造成了农业劳动生产率的低下。而且生态环境也日渐恶化，如把许多本来更为适合发展其他部门的资源也开发为粮田，甚至实行掠夺式经营，使得农业生态环境遭到了破坏。

这种单一生产结构的形成首先是由于受到了当时特定的社会经济条件的制约，特别是我国实行的计划经济体制以计划和行政命令作为资源配置的唯一手段，这就切断了地区之间、城乡之间以及生产者和消费者之间的联系，使得各个地区都比较封闭，导致了资源的不合理和低效率的利用，各个地区的比较优势不能发挥出来。其次，我国当时人口增加过快，1952—1978 年，全国总人口由 5.7 亿多增加到 9.6 亿多，增长了 67.46%，这就加重了粮食生产的压力，人均粮食占有量很低。再次，当时我国的农业生产水平很低，基础设施等物质基础较差，抵御自然灾害的能力很弱，粮食产量不稳定，这就使我国的粮食安全问题比较突出，政府不得不动员尽可能多的力量来投入粮食生产。最后，改革开放前，中国对外开放程度很低，外汇储备有限，不具备大量进口粮食的能力和条件，与此同时，中国没有真正融入世界经济体系之中，国际环境不佳使得我国缺乏与他国进行贸易互惠的广泛渠道。因此，我国只有自力更生，发展粮食生产，提高粮食产量。

2. 农业生产结构较快调整时期(1978 年以后)

改革开放以后，伴随着经济体制改革的不断深入和城乡居民生活水平的提高，我国的农业生产结构开始快速调整，农业内部各个部门之间的关系开始趋于合理，促进了农业生产效率水平的提高和农民的增收。

(1)农业生产结构缓慢变动时期(1979 年至 20 世纪 80 年代中期)

1978 年，党的十一届三中全会召开，为农村经济的发展开辟了广阔的前景。单一的农业生产结构开始出现突破，从只重视粮食生产开始向同时大力发展多种经营转变，从只重视种植业开始向农、林、牧、渔全面发展，从农村只搞农业向农业、工商、运输、服务综合发展。1984 年农业、工业、商业占农村各产业的比例为 69.5%、19.1%、3.3%，到 1978 年这一比例变化为 63.2%、23.1%和 3.7%，农业所占的比例减少了大约 6 个百分点，工业的比例上升的比较大，商业所占比例增加得并不大。但这些数据也同时反映出我国偏重农业的生产结构并没有发生质的变化，农村产业结构调整的进程是比较缓慢的。

(2)农业生产结构大调整时期(20 世纪 80 年代中期至 2000 年)

在这一时期，我国农业经济由计划经济向市场经济过渡，农业生产也由统一计划管理向由市场决定转变。1985 年，中央大幅度调减粮食和棉花播种面积，20 世纪 90 年代初，中央提出"两高一优"农业，增加总量和提高质量成为农业生产结构调整的双重目标。这几次调整的特征基本上是在农业内部进行的，调整取得很大的成效，种植业占农业的比例由 1984 年的 74.1%减少到 2000 年的 55.7%，其他产业增长得也很快。同时，农业发展与资本、技术和组织化程度的关联越来越密切、依赖性越来越强,农业内部的社会分工已深化到生产过程中的主要工序。农业与二、三产业的联系比以往任何时候都更加紧密,而且这种趋势还将进一步加强。按可比价格计算,我国 GDP 年均增长 9.8%,农民年人均纯收入由 1978 年的 134 元,上升到 1997 年的 2090 元,增长近 15 倍。可见这段时期,农业产业结构调整取得了较为明显的成效。同时,农产品供给由全国短缺走向结构性相对过剩,消费者对农产品的需求也在向多样化、高品质发展,供给结构与需求结构出现矛盾。

(3) 2000—2011 年

农业生产结构调整进入战略性调整新阶段。2000 年初,中央提出新阶段的中心任务是对农业和农村经济结构进行战略性调整。2001 年,中央又明确提出,积极推进农业和农村经济结构战略性调整,努力增加农民收入是新阶段农业和农村工作的中心任务和基本目标。这次结构调整与 20 世纪 80 年代中期和 20 世纪 90 年代初中期的两次调整相比,有一些不同之处:①农产品供需形势不同。前两次结构调整是在农产品供求总体上比较紧张的环境下进行的,产量的增加还是主要的目标,主要是结构性、地区性的调整,整个农产品市场还是卖方市场。而这次的调整农业发展已经进入了一个新的阶段,农产品供求关系也已经发生了根本变化,绝大部分农产品供大于求,存在着农产品结构性过剩的问题。②城乡居民对农产品需求发生了较大的变化。过去主要是解决温饱,主要是对量的需求,而现在人们对农产品消费提出了优质化和多样化要求。③调整的主体发生了变化。过去结构调整的主体是政府,而现在结构调整的主体是农民。④调整的内容不同。过去主要是通过面积增减和规定粮食作物与经济作物的比例,调整大都是局限在种植业内部进行,而现在科技进步在农业生产中发挥着越来越重要的作用,且重视优化农产品品种和品质结构,发展多种经营,是一种立体式的调整。由此可知,这次农业结构调整的目标,是复合型的目标,要求比过去更高。

(4) 2012 年至今

农业生产结构调整进入持续优化的高质量阶段。2012 年以来,我国经济社会的发展整体进入新时代,要求我国农业的生产结构持续进行调整优化,整体进入由"量变"到"质变"的高质量发展阶段。特别是 2015 年国务院办公厅出台的《关于加快转变农业发展方式的意见》,进一步明确了深入推进农业结构调整,促进种养业协调发展的任务。

①大力推广轮作和间作套作 支持因地制宜开展生态型复合种植,科学合理利用耕地资源,促进种地养地结合。重点在东北地区推广玉米/大豆(花生)轮作,在黄淮海地区推广玉米/花生(大豆)间作套作,在长江中下游地区推广双季稻—绿肥或水稻—油菜种植,在西南地区推广玉米/大豆间作套作,在西北地区推广玉米/马铃薯(大豆)轮作。

②鼓励发展种养结合循环农业 面向市场需求,加快建设现代饲草料产业体系,开展优质饲草料种植推广补贴试点,引导发展青贮玉米、苜蓿等优质饲草料,提高种植比较效益。加大对粮食作物改种饲草料作物的扶持力度,支持在干旱地区、高寒高纬度玉米种植区域和华北地下水超采漏斗区、南方石漠化地区率先开展试点。统筹考虑种养规模和环境消纳能力,积极开展种养结合循环农业试点示范。发展现代渔业,开展稻田综合种养技术

示范，推广稻渔共生、鱼菜共生等综合种养技术新模式。

③积极发展草食畜牧业　针对居民膳食结构和营养需求变化，促进安全、绿色畜产品生产。分区域开展现代草食畜牧业发展试点试验，在种养结构调整、适度规模经营培育、金融信贷支持、草原承包经营制度完善等方面开展先行探索。大力推进草食家畜标准化规模养殖，突出抓好疫病防控，加快推广先进适用技术模式，重点支持生态循环畜牧业发展，引导形成牧区繁育、农区育肥的新型产业结构。实施牛羊养殖大县财政奖励补助政策。

总体而言，改革开放以来我国的农业生产结构进行了较大幅度的调整，使得我国农业的综合生产能力不断提高，农民的收入也有了大幅度的增长。过去"农业—种植业—粮食"的这种单一的生产结构模式得到了很大程度的改变，同时由于科技进步等原因，农业生产效率水平得到提高，各项农产品的总量不断增长，农业与其他产业的结合也使得农业经济得到整体的发展。虽然我国的农业生产结构得到了较快的调整，也取得了一定的成效，但还是跟不上更快的市场变化。虽然农产品的总量获得了很大幅度的上升，但与过去不同的是，农业的增产并不一定会意味着农民的增收，实际上，这种情况在现实中屡见不鲜。这主要是由于经济的发展使得居民的收入水平提高，这个时候消费者所追求的就不只是温饱和简单的多样性，还要求品种的多样性和品质的优良化，在这种情况下，农业产业结构的调整就会经常滞后于需求结构的调整，加上我国农业市场的不健全，这个问题就更为突出。

新一轮的农业结构调整，由于背景的不同，应该有其自身的特点：①适应国内外市场需求的变化，对农业的产品、产业结构进行全面调整优化，淘汰不适应市场需求的产品和品种，发展市场需要的、特别是供不应求的新产品、优质产品，满足社会对产品多样化、优质化的需求；②以提高农业效益、增加农民收入为中心，大力发展加工业，增加农产品附加价值；③不仅要调整优化种植业、养殖业结构，而且要调整第一、第二、第三产业的结构，使第二、第三产业有新的、更大的发展，实现农业产业效益和社会效益最大化；④农业结构调整要同产业结构优化升级、所有制结构不断完善紧密结合，以利于加快农业和农村现代化的进程。

(二)我国农业生产结构与区域布局

1. 我国农业生产结构及其变化

以1978—2021年的中国农业产业为例，从农林牧渔业产值及其比例的变化，动态考察我国农业生产结构的基本构成及变化趋势，具体见表3-1所列。可见，我国农林牧渔业总产值及其各个分项产业的产值逐渐增加，农林牧渔业总产值的年均增速达到11.14%，而种植业、林业、牧业和渔业的产值年均增速分别为10.10%、11.78%、12.66%和15.88%。从各产业的产值比例来看，1978—2021年，种植业的产值比例一直最大，但其比例呈现了快速下降的趋势，从1978年的80%下降到2005年的51.0%，之后维持在52%~53%的水平。与之对应，林业、牧业和渔业的产值比例则有了较快的上升，林业产值比例由1978年的3.4%上升到2018年4.8%的水平，牧业产值比例由1978年的15.0%快速上升到2005年34.6%的水平，之后在25%~30%之间波动，渔业产值比例则由1978年的1.6%快速上升到2000年10.8%的水平，之后在10%上下波动。

表 3-1 中国农业总产值的构成

年份	农林牧渔业总产值（亿元）	农业 产值（亿元）	农业 比例（%）	林业 产值（亿元）	林业 比例（%）	牧业 产值（亿元）	牧业 比例（%）	渔业 产值（亿元）	渔业 比例（%）
1978	1397	1117.5	80.0	48.1	3.4	209.3	15.0	22.1	1.6
1980	1922.6	1454.1	75.7	81.4	4.2	354.2	18.4	32.9	1.7
1985	3619.5	2506.4	69.2	188.7	5.2	798.3	22.1	126.1	3.5
1990	7662.1	4954.3	64.7	330.3	4.3	1967	25.7	410.6	5.4
1995	20 340.9	11 884.6	58.4	709.9	3.5	6045	29.7	1701.3	8.4
2000	24 915.8	13 873.6	55.7	936.5	3.8	7393.1	29.7	2712.6	10.9
2005	38 365.8	19 613.4	51.1	1425.5	3.7	13 310.8	34.7	4016.1	10.5
2010	65 208.6	35 909.1	55.1	2575	3.9	20 461.1	31.4	6263.4	9.6
2015	97 552.1	54 205.3	55.6	4358.4	4.5	28 649.3	29.4	10 339.1	10.6
2016	101 649.9	55 659.9	54.8	4635.9	4.6	30 461.2	30.0	10 892.9	10.7
2017	103 978.7	58 059.8	55.8	4980.6	4.8	29 361.2	28.2	11 577.1	11.2
2018	107 714.1	61 452.6	57.1	5432.6	5.0	28 697.4	26.6	12 131.5	11.3
2019	117 478.9	66 066.5	56.2	5775.7	4.9	33 064.3	28.2	12 572.4	10.7
2020	130 752.4	71 748.2	54.9	5961.6	4.6	40 266.7	30.8	12 775.9	9.8
2021	139 265.3	78 339.5	56.3	6507.7	4.7	39 910.8	28.7	14 507.3	10.4

参考：2021年《中国统计年鉴》，由于年鉴中农林牧渔业总产值与分项数据不相等，所以对2005年后农林牧渔业总产值的数据进行了修正，即通过累加农业、林业、牧业和渔业的产值计算得出农林牧渔业总产值。

2. 我国农业生产的区域布局

在农业生产结构的空间区域布局上，我国农业生产的重心已由传统的以南方为主转向了以北方为主。在粮食生产上，华北地区和东北地区粮食生产发展比较迅速，推动了全国粮食生产重心的北移。而华中地区和东南沿海地区的粮食生产地位有所下降，主要原因是其粮食播种面积大幅度减少，同时粮食单产增加的幅度又低于东北地区和华北地区。1978年到2018年中国三大主粮生产布局呈现以下演变特征：南方及长江中下游一带稻谷生产地位有所下降，但传统优势产区仍在南方。小麦生产集中度并没有随着时间推移而呈现出明显变化，仍主要集中在北方地区。中国玉米生产的地区集中度指数变化较大，主产区主要集中在北方。稻谷生产重心整体向东北方向移动，玉米生产重心呈现"先向东北→再向西南→再向东北→再向西南"的变化规律，小麦生产重心移动范围相对较小，未呈现向某一方向变动的明显趋势。

四、农业生产结构变动影响因素

农业是一个庞大的生态经济系统，由多种要素、多个子系统所组成。农业产业结构的运行不仅要受农业经济系统内各要素、各子系统的制约，还要受农业所处区域的社会经济环境的影响。具体地说，影响农业生产结构的重要因素如下。

(一)区域自然资源和自然环境

农业是农村产业结构中最基本、最主要的子系统，而自然资源是农业生产的自然基础。农业生产的对象是有生命的动植物，其生长发育必须在适宜的自然生态环境中进行。农业各部门、各生产项目需要不同的自然资源和自然环境，因此，自然资源的丰裕和质量、自然环境的差异，直接影响到农业生产结构。

(二)城乡居民市场的需求

农业产业结构必须适应市场需求的现状及其变化趋势。随着城乡居民收入水平的提高，城乡居民对农产品及其制成品的需求总量、品种和品质都在不断变化，总体呈现出由"吃得饱"向"吃得安全健康"转变。这需要农业生产结构根据城乡居民食品消费升级，农产品市场需求状况和变化趋势不断调整农业生产结构和农产品加工业结构，不断提高农产品品种品质，满足城乡居民消费需求。

(三)国民经济发展状况

农业经济是国民经济大系统中的子系统，国民经济的发展状况，对农业生产结构产生直接间接的影响。工农关系历来是国民经济格局需要协调的核心，如在工业化发展水平较低的时候，往往是以农业支持工业发展，为工业化的发展提供资本、劳动力和土地等生产要素。在工业化发展水平较高的时候，往往以工业反哺农业，为农业发展提供化肥、农药和农用机械等现代物质装备，进而影响农业生产结构。

(四)农业生产结构政策

农业产业结构政策历来是影响农业生产结构的一个重要因素。国家往往通过财政、货币、价格、收入、劳动就业以及社会保障等方面的农业产业结构政策，影响各种生产要素在农业各产业之间和各部门之间进行优化配置，进而影响到农业生产结构。

第二节 农业生产结构优化目标与内容

一、农业生产结构优化含义

农业生产结构优化是指通过促进农林牧渔业和服务业结构及其内部产业结构的比例关系、空间布局和融合发展，促进农业产业结构的合理化和高级化，进而构建粮经饲统筹、种养加一体、农牧渔结合的现代农业结构。农业生产结构的优化可以从微观和宏观两个方面来衡量。从微观方面来看，农业生产结构的优化实质是作为农业活动微观主体和农户面对一系列外部环境和市场需求变化而做出的反应。从宏观方面来看，农业生产结构的优化主要为农业一、二、三产业及农业内部结构的优化。

二、农业生产结构优化目标与一般原则

(一)农业生产结构优化的目标

农业生产结构优化的目标是能够保证资源的充分合理利用，保护和改善生态环境，使

农业各生产部门和各生产项目之间协调发展、相互促进，能够不断满足社会对各种农产品日益增长的需求的结构。

具体而言，为满足人民群众对美好生活的向往，适应由"吃得饱"向"吃得好""吃得健康"的转变，过去农业生产结构优化的目标主要是解决农产品总量供给不足的问题，增加生产和有效供给。而新的农业生产结构优化的目标在于实现由"量"向"量与质"并重的转变，有效地与市场需求相结合，不仅满足国内市场而且满足国际市场，提高农业经济效益，增加农民收入。

(二)农业生产结构优化的一般原则

由于各个国家、地区或企业所面临的自然、社会、经济、技术条件各异，市场供需状况不同，不可能构建一个适合于一切地区的农业生产结构模式。在优化农业生产结构时，应从总体上去认识和评价农业生产结构的合理化。一般而言，农业生产结构的调整应该坚持"四个统一"的原则。

(1)专业生产与综合经营相统一

农业生产专业化是现代农业发展的基本趋势，农业生产结构应当适应这种趋势，逐步改变"小而全"的生产结构，重点发展那些最适合当地自然、经济、社会和技术条件的农业生产门类和项目，以充分发挥自身的比较优势。同时农业自然条件具有多样性，农业生产周期长且具有季节性，这决定了一个地区的农业生产结构不能过于单一，在重点安排专业化生产项目的同时，也要见缝插针地安排好适合当地的其他生产项目，实行专业生产与综合经营相统一，使农业生产资源在空间和时间上得到合理配置。

(2)资源的利用率与利用效率相统一

对农业生产资源的利用，不仅要从使用价值的角度去考虑其利用率，还要从价值的角度去考虑其利用效率。因此，在对农业生产结构进行定量考察时，既要注意考察土地、劳动力、机械、资金等生产要素的利用率，使其得到充分的利用，避免生产要素的闲置与浪费；又要重点分析劳动生产率、单位面积产量、产品成本、资金利用率等价值指标，力求使农业生产资源的利用效率最大化。

(3)经济效益与生态效益相统一

合理的农业生产结构要求建立一个高效的农业生产系统，使一定的投入获得最大的产出；同时要求建立一个良好的农业生态系统，不断改善区域内的生态环境，提高农业生态系统对物质能量的转换率和转换效率。只有将农业经济效益和生态效益统一起来，才能保持农业生产结构的良性循环和可持续发展。

(4)局部利益与全局利益相统一

在调整和优化农业生产结构的过程中，往往会遇到局部利益与全局利益的矛盾，正所谓"不谋全局者不足谋一域"。对此，应本着统筹兼顾的原则妥善解决，尽量实现两者利益的统一。片面强调局部利益，而忽视或牺牲全局利益的农业生产结构是不可取的。

三、农业生产结构优化内容

农业生产结构的优化可以从微观和宏观两个方面衡量。这里主要从宏观方面衡量和诠

释农业生产结构的优化,具体包括以下几个方面:

(一)农业三大产业的优化

以种植业为例,加大可以获得更大附加值的农产品再加工的比例,发展种植业产业的服务行业如农产品的物流流通等。加大农业中二、三产业的比例,可以降低农业的生产成本,增加农产品的附加值,进而可以增加农民的收入。

(二)农业内部产业的优化

(1)种植业生产结构的优化

种植业通常被归为狭义的农业,是利用植物的生长机能,通过人工培育以获取植物性农产品的部门,它是农业的主要组成部门。种植业包括粮食作物、经济作物、饲料作物、绿肥作物和园艺作物等的栽培。在种植业中,提高经济作物的比重,同时为了促进畜牧业的发展,注重提高饲料作物的比重,逐步转变为粮食、饲料和经济作物协调发展的三元结构。对于阶段结构性的过剩品种,必须在一定时间内将面积、产量调减下来,引导农民根据市场需求生产适销对路的产品,如在小麦生产方面,应稳定发展北方冬小麦生产,适当调减南方冬小麦面积,大力发展加工用小麦,改良东北地区春小麦品质。在经济作物内部,要开发高效棉田,重点发展可纺性强的棉花品种,控制糖料种植面积,选用含糖量高的甘蔗和甜菜等品种。在水果业方面,对于消费市场以国内为主的苹果、梨、香蕉等品种,要以提高品质、控制产量为主,对于有出口优势的水果,要按照国际市场需求进行生产,提高产品的知名度,实现产品向商品的转变。

(2)林业生产结构的优化

林业是广义农业中的一个重要组成部分,是指培育、保护和利用森林的生产部门。根据《中国林业统计年鉴》,林业包括林业第一产业、林业第二产业和林业第三产业,其中,林业第一产业包括林木培育和种植、木材和竹材采运、经济林种植与采集、花卉种植、陆生野生动物繁育和利用、林业生产辅助服务;林业第二产业包括木材加工及木、竹、藤、棕、苇制品制造,木、竹、藤家具制造,木、竹、苇浆造纸,林化产品制造,非木质林产品加工制造业,木制工艺品和木制文教体育用品;林业第三产业包括林业旅游与休闲服务、林业专业技术服务、林业公共管理服务和林业生态服务。林业对于保护生态环境发挥着不可替代的作用,应重视经济林和防护林的建设,加强对林木产品的综合开发和利用。把林业由采伐天然林为主转变为保护天然林和培育人工林为主,积极营造生态林,大力推进重点林业生态工程建设,并加强重点项目、重点县和试验示范区建设。同时,加快用材林的营造和培育,以逐步缓解木材的供需矛盾。有计划、有步骤地进行退耕还林或还草,逐步使水土流失得到根本的治理。还可以在保护森林、保护环境的前提下,搞好规划,分步实施,发展森林旅游业,使林业资源获得更好利用,增加其经济效益。强化对森林资源的保护管理,彻底改变只重视植树造林而忽视对森林资源保护管理的局面,继续完善法律体系并加大执法力度,坚决制止超限额采伐林木、毁林开荒和乱占林地的破坏性行为,保护天然森林资源和造林绿化的成果,确保林业快速、持续和健康发展。

(3)畜牧业生产结构的优化

畜牧业是利用动物的生理机能,通过饲养繁育以取得肉蛋奶等畜产品的生产部门,包括家禽的饲养业和经济兽类的驯养业。在提高畜牧业在农业中比例的同时，畜牧业内部的优化应本着节粮高效的原则，适应区域畜禽生产特点和消费特点，实现畜种、品种、畜群与资源的合理组合。在粮食主产区大力发展畜牧业，以利用种植业和畜牧业的相互促进的关系。东部地区以及大城市郊区要大力发展规模生产，推进畜牧业的集约化、产业化经营，东部地区以及大城市郊区要大力发展规模养殖方式的突破，加快实现畜牧业现代化。中西部地区要努力实现养殖方式的突破，努力降低生产成本并且提高生产效率和经济效益。草原牧区应加强草场改良，建立优质饲料基地，提高单位面积的载畜量，努力恢复草原植被，改善草原生态环境。同时，完善畜牧兽医水平和体系，引进先进技术改良畜禽品种，还要达到一定的卫生质量标准。

(4) 渔业生产结构的优化

渔业是指养殖捕捞鱼类和其他水生动物以及海藻类水生植物以获取水产品的生产部门。渔业一般分为海洋渔业和淡水渔业。渔业中应重视发展养殖业，积极发展捕捞业。同时，保护并合理开发滩涂、水面等资源，加速品种的更新换代，发展名特优新品种养殖。应调整养殖模式，重点发展高效生态型水产养殖业，积极发展高科技工厂化养殖，因地制宜地发展水库和稻田养殖。完善休渔制度，严格控制捕捞强度，不断扩大国外作业海域，加强国际渔业合作。大力发展水产品的精加工、深加工和综合利用，重点抓好大宗水产品的保鲜和低值水产品的深加工，提高水产品质量和附加值。

第三节 农业生产结构优化测度及方法

一、农业生产结构优化理论基础

农业经济增长方式转变的一个主要特征是农业结构的合理化，农业经济增长和农民收入提高的基本要求是提高资源配置的效率，提高农业生产要素的使用效率，而资源配置效率、农业生产要素使用效率在很大程度上依存于农业结构状况。因此，可以说农业生产结构变动所引起的资源配置效率提高和农业生产要素使用效率的改善，是农业生产结构效率的体现。此外，提高农业生产结构效率、合理利用农业生产资源、促进农业经济发展，增加农民收入已成为目前农业经济发展的焦点。

(一) 比较优势理论

农业生产结构效率的理论基础是国际贸易的比较优势理论。标准的比较优势理论起源于亚当·斯密的绝对优势理论。斯密认为，一国在某种产品的生产商所花费的成本绝对地低于他国，就称为"绝对优势"。如果这种绝对优势是该国固有的"自然优势"或已有的"获得优势"，它就应该充分利用这项优势，发展某种产品的生产，并且出口这种产品，以换回他国在生产上占有绝对优势的产品，这样做对贸易双方都更加有利。斯密的"绝对优势说"也称"地域分工论"。亚当·斯密的绝对优势理论的基本结论是，如果两国都专门生产自己享有绝对优势的商品，然后通过贸易获得另一种商品，那么，两种商品的产量都会增加。因此，斯密主张：如果外国产品比自己国内生产的便宜，那么最好是输出本国在有利生产条件下生产的产品去交换外国的产品。然而，斯密关于交换的倾向产生了分工的观点是错误的，他认为，交换是人类固有的天性，正是由于人类有了交换的倾向，才产生了社会分工，斯密在这里颠倒了分工和交换的关系。

斯密的绝对优势理论有个重大缺陷，它只能说明在某些产品的生产中具有绝对优势地位的国家参加国际分工和国际贸易才能获得利益。而在现实中，世界上很多落后国家在任何产品的生产中都不存在比别国具有绝对优势的地位，它们生产的所有产品效率都低，成本都相对较高。那么这类经济落后的国家是否应该参加国际分工和国际贸易？如果参加，它们是否能够从中获得利益？斯密的绝对优势理论对此给出的回答是否定的。大卫·李嘉图继承发展了斯密的理论，提出了比较优势理论，并在《政治经济学和赋税原理》一书中，对商品价值理论和财富分配问题进行了深入的研究，对地租及国际贸易问题也进行了卓有成效的探讨，完整地阐明了比较优势理论。李嘉图认为，一国不仅可以依据绝对优势原则参加国际分工和国际贸易，而且即使一个国家在生产商没有任何绝对优势，只要它与其他国家相比，生产各种商品的相对成本不同，那么，仍可以通过生产相对成本较低的产品并出口，来换取它自己生产中相对成本较高的产品，从而获得利益。斯密的理论论证了一部分在生产上具有绝对优势的国家参加国际分工的必要性，而李嘉图理论则论证了世界上所有国家参加国际分工的必要性，因此李嘉图的比较成本理论比斯密的绝对优势理论更具有普遍意义，这一学说当时被大部分经济学家所接受，时至今日仍被视作是决定国际贸易格局的基本规律，是西方国际贸易理论的基础。

(二) 农业生产结构效率

比较优势理论不仅解释了国际贸易的动因和流向，而且对于现实的国际贸易和分工具有重要的指导意义。根据比较优势理论，各国应当生产相对具有比较优势产品，同时进口具有相对劣势的产品，这样可以达到资源的最佳配置，并增进社会福利。即便其所有产品与国外相比都处于绝对劣势，但与潜在的贸易对象国相比，只要各产品的劣势程度有所不同，对外贸易就有利可图。此外，比较优势理论对国内生产的地域分工和布局同样也具有重要的指导意义。在开放经济下，一国应按照比较优势原则，根据各地区生产的比较优势状况实现生产地分工和布局。不论与其他地区相比其各种生产都具绝对优势或都处绝对劣势，各地区都应当生产其具有相对优势的产品，而通过外贸或内贸进口或调进具有相对劣势的产品，这样才能达到地区和全国资源配置效率的最佳和福利的最大化。

1. 从商品的需求角度看比较优势与农业生产结构的关系

由于各种商品的需求弹性不同，粮食食品的需求收入弹性往往小于其他农产品(如畜产品和果品)的需求收入弹性；畜产品、果品和粮食食品中质量较高商品的需求收入弹性往往大于品质较低的商品的需求收入弹性，这就使得随着人均收入水平的提高，各类商品需求会发生不同的变化，从而使农产品的比较优势发生变化。同时，品质高的农产品，需求价格弹性小，而品质低的农产品，需求价格弹性大，形成优质优价。因而，生产品质高的农产品比较利益大于生产品质低的农产品，比较优势也大。农产品比较优势的变化，将会导致农业结构的变化，需求量大的、产品有销路、利益大的商品会扩大种植面积；需求量小的、产品无销路、利润低的产品就会减少其种植面积。

2. 从资源利用的角度看比较优势与农业生产结构的关系

在价格给定的条件下,为获得最大产出或最低成本,要使各种资源能够达到最佳比例;而在一定的投入要素组合下,要求获得最大产出,或是在一定的产出组合下,要求最少要素投入。将比较优势理论应用到农业生产结构中,就构成了农业生产结构效率的理论基础,一个有效率的农业生产结构中,各生产要素得到合理的配置,经济体生产具有比较优势的农业产品,提高各自的生产率,在市场交换中获得整体利益的最大化。当然,农业生产结构中的比较优势运用不仅适用于国与国之间的贸易,也适用于更小的经济体之间的贸易关系。

(三)农产品生产的地区间比较优势

地区是一个多侧面、多层次而且相对性极强的概念,按自然的、经济的、行政的、历史的,或者其他标准,可以划出种类繁多的地区。地区可以是一个自然单元,可以是一个经济单元,这里我们将地区定义为省、自治区、直辖市一级的行政区域。

不同的地区在自然、经济与社会条件上都存在着差异,这些差异是形成比较优势的基础,地区之间的差异一般表现在自然差异、人文差异、经济差异、组织体制差异上。自然差异主要指地理位置及自然条件的差异;人文差异是指除自然资源、经济资源之外的其他资源的差异;经济差异是指技术经济条件的差异;组织体制差异是指地区发展的微观组织基础和宏观政策体制环境的差异。

地区间差异的存在是产生地区间优势的基础。差异的本身反映了比较对象的异质性,但不反映孰优孰劣的问题,只有在特定条件下,对特定地区而言,差异的双方才表现出了优势和劣势。可见,优势是相对于一定的目标而言的,总体来看,地区优势可以从以下几个方面来考察:

(1)资源条件优势

自然资源条件包括自然资源的储量、分布、质量、地理位置等,可以细分为农业自然资源、工业自然资源、旅游资源、运输自然条件等,研究农业地区优势只考察农业自然资源。

(2)人文资源优势

人文资源包括人口的数量、质量、分布,一个地区的历史基础与文化传统。其状况就构成了人文资源的优势与劣势。

(3)生产要素禀赋优势

生产要素包括劳动力资源的数量、质量,资本要素的规模,结构等;技术水平的高低、技术创新和扩散的能力大小。从其存在现状上可以看出生产要素禀赋的优势。

(4)经济结构优势

经济结构包括产业结构、产品结构、市场供求结构、规模结构、技术结构、消费结构等许多方面。这些结构的合理与否反映了经济结构的优劣与否。

(5)政策体制优势

这种优势主要是指享受国家倾斜政策的优势,地区自主发展的政策体制优势。不同的区域由于生产环境存在着差异，同样的技术水平得到的产出效果并不完全相同。

二、农业生产结构优化测度与评价

直接测定农业生产结构是否合理、有效是非常困难的，因为农业生产结构效率受到来自多方面因素的影响，而且农业结构效率在不断变化的环境中，常常表现为动态性和相对性。所以评价某一地区的农业生产结构效率应该与其他地区农业生产结构进行横向比较，或者进行自身纵向比较，计算出目前农业结构的相对效率。全要素相对生产率是以前沿生产函数为理论基础并建立在"帕累托最优"假设之上，测算在有效生产前沿面上的资源配置效率，即某地区的农业结构与其"最佳结构"状况之间的差距，根据差距的大小来度量农业结构效率。只有即时地对农业结构效率的高低做出评价，才能有效地针对农产品市场的变化，合理调整农业结构，有效利用生产资源，提高农业生产经济效益。

农业生产结构效率可以表述为农业结构性投入与农业总产出之间的效率关系，它的技术效率不仅仅包括一般农产品生产的效率，还包括农产品的组合效率。也就是说，在某一个区域内各种农产品生产是有效的，但并不一定说明该地区农业结构是有效的，农业结构的效率形成主要是视其相对效率能否充分发挥。相对效率包括某一种农产品生产的区域间相对效率，不同农产品间的相对效率和某一个区域内农产品生产相对效率的强弱。例如，浙江省的水稻生产在中国主要水稻生产省份的比较中是有效率的，从资源配置原理的角度考虑，浙江省应充分发展水稻生产，若浙江省其他农产品生产与全国同类省份相比也都具有效率，那应该发展什么摒弃什么？这就要分析浙江省各种有效率的农产品中，哪一种产品更具有比较优势、更具有效率显性，有比较优势的产品和具有效率显性的产品应大力发展，以此形成农业结构的高效率。所以，农业结构效率是建立在这3种效率的基础之上的，有效率的农业结构首先应是其生产的产品有效率，其次是区域内主要农产品相对有效率，再次是生产量较大的农产品具有效率显性。

一般来说，度量生产结构效率的关键问题是确定生产函数。由于本书旨在对农业生产效率进行解释，因此不对生产函数的确定方法进行过多的介绍。

为了进一步分析农业结构效率与农业发展之间的关系，需要对不同区域间的农业结构效率进行比较分析。一般地，通过比较不同区域的农业生产结构效率，可以分析出哪些区域的农业生产结构更好，更可以为调整农业生产结构提供可靠依据。

(一) 反映农产品市场化程度的指标

农业生产结构优化测度指标的设定必须符合农业生产结构优化的本质要求，从多个角度反映农业生产结构优化状况，同时，指标所需的资料也要可以获得且要易于比较。基于上述要求，提出以下各项指标。

农业生产结构的优化要以市场为导向，根据市场的需要进行农业产业结构的优化，农产品生产只有与市场需求相适应，生产的农产品才可以适销对路，获得经济效益。这里的市场除了国内市场之外还包括国际市场。农业生产结构的优化要以市场为导向，根据市场的需要进行农业产业结构的优化，农产品生产只有与市场需求相适应，生产的农产品才可以适销对路，获得经济效益。这里的市场除了国内市场之外还包括国际市场。在这方面的指标有：农产品商品率、农产品适销率和农产品出口创汇率。

1. 农产品商品率

它是农产品商品量在农产品总量中所占的百分比，这个比率越高则与农业市场的相关度就越紧密。改革开放以来，随着计划经济体制向市场经济体制转变，我国的农产品商品率在逐步提高，但其总体水平依然偏低。

2. 农产品适销率

可以反映生产出的农产品中符合市场需求的程度，是否可以使农产品顺利地从田间走向市场。如果农产品市场化程度低，不适销对路，在很大程度上会影响农民收入水平的提高和生活质量的改善。

3. 农产品出口创汇率

它反映了一国的农产品在国际市场的竞争力，国内农产品的出口创汇能力，这也可以间接地反映出一国农产品的质量和产量。今后要大力发展市场前景广阔的农产品和外向型农业，提高农产品的质量，努力提高农产品商品率和出口创汇能力，在当前农产品供给较为宽松的环境下，坚决淘汰那些市场没有销路、经济效益低的农产品。为引导农民走向市场，使其生产经营行为符合市场变化的需要，政府应采取有效措施尽快建立开放、统一、竞争、有序的农产品市场体系，并强化市场信息服务，适当引导农民的行为，减少农民生产经营的市场风险和交易成本，完善农业社会化服务体系，建设一批辐射面广、商品容量大、服务功能全和交易规范的农产品批发市场，大力发展市场中介组织，提高农民进入市场的组织化程度。培育具有较强市场竞争力、市场适应力、市场开拓力和市场占有力的农业生产主体和农产品营销主体。

(二)反应农业生产结构优化的技术进步指标

我国农业的发展首先受到资源的制约，特别是土地资源的制约，且人口众多，为满足消费者的需求，提高农业的生产效率是实现农业发展的关键，而实现农业的高生产效率需要技术进步和制度创新，优化农业生产结构也必须依靠科技的进步。反映农业生产结构优化技术进步指标有复种指数、农产品优质品率、农业科技成果转化率和科技进步贡献率。

1. 复种指数

它是指一年内农作物总播种面积与耕地面积之比，用百分数表示，是反映耕地利用程度的指标。提高复种指数，对发展农业生产、增加产量，具有重要作用。目前中国复种的耕地面积约占全国耕地面积的一半，全国各类地区复种指数大致为：五岭以南约200%；五岭以北、长江以南地区为180%~200%；长江以北，黄河、秦岭、白龙江以南地区为150%~180%；黄河、秦岭、白龙江以北，长城以南地区为120%~150%；长城以北地区(除部分区、县外)大部分在100%以下。

2. 农产品优质品率

它可以反映农产品中质量优良的农产品的比例，我国目前的这一比例还比较低，随着人民生活水平的提高，对农产品质量的要求也越来越高，这种产品结构难以适应市场的需求，也不利于农民的经济效益的实现。

3. 农业科技成果转化率

它反映出科学技术在农业中的应用程度,一般来说,使用高科技的农业生产更有可能生产出高产优质的农产品,更加能够满足市场的需求并实现好的经济效益,我国每年农业科技成果有 6000 多项,但转化为现实生产力的只有 30%～40%,与世界发达国家整体农业科技成果转化率的 65%～85%相比,我国科技成果的浪费相当严重。

4. 科技进步贡献率

它是指科技进步对经济增长的贡献份额,它是衡量区域科技竞争实力和科技转化为现实生产力的综合性指标。根据测算,目前我国的科技进步贡献率为 39%,而美国、日本等主要发达国家的科技贡献率现已达 80%左右。

(三)反映农业生产结构变动趋势的指标

在农业生产结构优化的过程中,农业内部各个产业之间的比例关系一定会随之发生变动,这些比例关系的变动指标可以通过农业生产结构优化的一般规律与趋势作为衡量标准。反映农业生产结构变动趋势的指标主要有经济作物产值比例、养殖业产值比例和农业劳动力占农村劳动力比例。

1. 经济作物产值比例

它可以衡量经济作物在农业生产中的发展状况,随着经济的发展,对于经济作物的需求是增加的,在计划经济时期,我国的种植业是以粮食生产为主的,经济作物的比例很低,在农业生产结构优化的过程中,这一比例不断增加。

2. 养殖业产值比例

它可以反映养殖业在农业生产中的地位,这个比例体现了养殖业对农业经济的重要贡献。当然不同地区这个比例可能有所不同,比如在某些养殖业特别发达的地区,养殖业产值比例较高。就全国来看,伴随着人们对肉、蛋、奶等养殖业产品需求的增加,这一比例在我国是逐渐增加的。

3. 农业劳动力占农村劳动力比例

它可以反映出在农业生产中劳动力的投入多少以及农业剩余劳动力的状况,现今我国大部分地区人地矛盾尖锐,农业劳动力剩余严重,为给农业生产结构调整提供良好环境,必须降低农业劳动力占农村劳动力比例,加快乡镇企业发展和小城镇建设,建立和完善劳动力市场,加速实现农业剩余劳动力向非农产业的转移。

(四)反映农业生产结构优化效益的指标

实现农业生产的综合效益是农业生产结构优化的目标,以实现农民作为农业经济主体的经济效益的最大化并实现农业的持续快速增长。衡量农业生产结构优化发展的指标有土地生产率、农业增加值增长率,农民家庭经营性收入增长率和农民恩格尔系数。

土地生产率指在一定的投入水平下,单位面积土地的产品、产量或产值,反映土地的生产能力,农业生产结构优化要实现土地资源的最有效利用。增加土地的生产率,一是根据土地的状况,因地制宜确定土地的合理利用方式,发挥不同类型土地的优势;二是增加土地的投入,引进先进科技和科学的管理方法来实现土地的增产。农业增加值增长率反映了农业部门在一定时期内(通常是一年)产出价值的增加速度,它可以反映农业生产结构优化对农业总量增长的作用。农民家庭经营性收入增长率是反映农民从事农林牧渔及服务业等农业生产活动所得收入在一定时期内(通常是一年)的增加速度,它可以反映农业生产结构优化对农民收入增长的作用。农民恩格尔系数反映了农民食品支出的比例、农民生活水平状况,进而显示出农民的收入水平。优化农业生产结构,提高农业综合效益,不仅包括提高农业的社会经济效益,而且还应当包括提高农业的生态环境效益。

作为一个综合的测度农业生产结构优化的指标,要结合上述的各项指标做出一个综合的指标。目前综合评价的方法有许多种,如功效系数法、层次分析法、灰色关联分析法。主成分分析法、因子分析法、模糊综合评价法、聚类分析法、判别分析法、综合指数法等。其中,综合指数法计算简便,更具有操作性,其计算公式如下:

$$\text{农业生产结构优化综合指数} = \sum X_{i1}/X_{i0} \cdot W_i \cdot 100 \tag{3-1}$$

式中　X_{i1}、X_{i0}——第 i 项报告期、基期的数值;
　　　W_i——第 i 项指标的权重,各指标权重之和为 100。

其中,在计算综合指数时,应用它们的基期数值除以报告期数值或用标准值除以实际值。关于每项指标的权重,可以根据其在整个评价指标体系的重要性程度不同予以确定,并且由于各地的资源特点和比较优势不同,对于同一项指标,不同地区的比重可以有所不同,然后再根据所指定的权重来计算出最终的农业生产结构优化综合指数,且这一指数的数值越大,说明农业生产结构优化程度越高。

三、农业生产结构优化方法

(一)线性规划模型的建立

线性规划(linear programming)是在一组线性不等式或等式方程的约束条件下,求线性目标函数的极限的数学方法,是数学规划的一个重要分支。自从 1947 年丹茨格(Dantzig)提出求解线性规划的单纯形方法以来,线性规划在理论上趋向成熟,在实用中日益广泛与深入,1975 年库普曼斯(Koopmans)因为对资源最优分配理论的贡献而获得诺贝尔经济学奖。随着计算机技术的引入,线性规划的适用领域越来越广泛,已成为现代管理中经常采用的基本方法之一。线性规划在工业、农业、商业、交通运输、军事、经济计划和管理决策等领域都可以发挥重要的作用,它已是现代科学管理的重要手段之一。

(二)线性规划在农业生产结构优化中的应用

1. 线性规划模型的建立

线性规划模型有3个要素:决策变量(decision variables)、目标函数(objective function)以及约束条件(constraints)。对于具体要研究的问题,设置决策变量就是要求解什么;建立目标函数,就是说要达到的目标是什么,目标函数一定是决策变量的线性函数;约束条件即限制达到目标的条件是什么。

一般来说,建立一个线性规划模型一般分为以下步骤:

(1)确定决策变量

决策变量可以是一个变量,也可以是多个变量,这些变量都是决策者进行分析决策的对象。在决策变量的选取时,要注意其与目标函数要存在密切的制约关系而不是将所有的生产活动都纳入模型中来。

(2) 确定目标函数

这个环节要解决两个问题：其一是确定经济目标，如最大产值、最大利润，或着最小成本；其二是确定目标函数(它是决策变量的线性函数)的系数。

(3) 确定约束条件

构成约束中的因素主要包括投入要素和生产数量等，投入要素不是无限供给的，而是有限的，同时要注意生产数量或生产成本不能为负。

线性规划模型具有以下特点，判断一个模型是否是线性规则模型，可以看它是否符合以下条件：

①每个模型都有若干个决策变量(x_1, x_2, x_3, $\cdots$, x_n)，n 为决策变量个数，决策变量一般是非负的。

②目标函数是决策变量的线性函数，根据具体问题可以是最大化或最小化。

③约束条件是一组多个决策变量的线性不等式或等式。

2. 案例

线性规划在农业生产中的应用有很多，这里仅给出一个简单的例子作为示范。

【例3.1】某农场计划用 12hm² 耕地生产春小麦，大豆和玉米，可投入 1290 个劳动日，资金 30 500 元。生产 1hm² 春小麦，需 130 个劳动日，资金 1750 元，可获净收入 5200 元；生产 1hm² 大豆。需 75 个劳动日，资金 1900 元，可获净收入 5100 元；生产 1hm² 玉米，需 120 个劳动日，资金 3400 元，可获净收入 5400 元，试利用线性规划求出最佳组合以使得该农户的净收入最高。

首先，设种植小麦，大豆和玉米的面积分别为 x_1, x_2 和 x_3，建立如下线性规划模型：

$$\max z = 5200x_1 + 5100x_2 + 5400x_3$$

$$s.t. \begin{cases} x_1 + x_2 + x_3 \leq 12 \\ 130x_1 + 75x_2 + 120x_3 \leq 1290 \\ 1750x_1 + 1900x_2 + 3400x_3 \leq 30\ 500 \\ x_1 \geq 0 \\ x_2 \geq 0 \\ x_3 \geq 0 \end{cases}$$

将线性规划问题标准化后，利用单纯形表可以求出(由于计算过程比较简单，且与前一节的例题类似，这里我们没有给出计算过程)最佳的组合为：

$$x_1 = 2.7\text{hm}^2, \ x_2 = 3.9\text{hm}^2, \ x_3 = 5.4\text{hm}^2$$

目标函数值为 63 087 元。

用 Excel 软件对以上的模型进行计算，得到类似的结果，计算过程可参见附录。

创新创业教育案例三

云南省蒙自石榴产业融合发展

产业兴旺是乡村振兴的重要基础，产业融合是延伸产业链、提升价值、完善供应链，实现产业兴旺的重要路径。2020年中央一号文件明确指出，发展富民乡村产业，就要推进农业与工业、服务业的融合发展。蒙自石榴种植久负盛名，石榴种植区域分布广泛且集中，是全国最大的优质石榴连片种植生产区，石榴产量占全国总产量的1/3。蒙自市享有"中国石榴之乡"的美誉，2019年全市石榴种植面积12.5万亩，产量30.6万t，占林果总产量的64.7%，产值10.71亿元，超过10万农民通过种植石榴直接获益，是当地农民的主要经济来源之一，也是蒙自高原特色产业的支柱性产业。近年来，蒙自县深入推进"林果乡村·生态家园"建设，推动石榴产业与二、三产业升级融合发展，形成了具有地方特色的石榴产业融合模式，促进了产业增效、农民增收、农村增绿（表3-2）。

表3-2 石榴产业融合模式表

产业融合模式	农业产业融合模式	融合逻辑关系	石榴融合模式	石榴融合典型案例
产业循环	种养循环	农业内部产业融合	石榴+农牧业	石榴+黑麦草/蔬菜+畜/禽+沼等
产业延伸	农工延伸	农业与工业融合	石榴+加工业	石榴农副产品精深加工园等
产业交叉	农旅交叉	农业与服务业融合	石榴+旅游业	石榴生态观光旅游园等
技术渗透	互联网渗透	农业与服务业融合	石榴+电商业	石榴电子商务贸易等
六次产业融合	六次产业	农业与工业和服务业融合	石榴+加工业+旅游业	石榴田园综合体

一、"石榴+农牧业"的农业内部种养循环模式

农业产业内部种养循环是以农业优势资源为依托，以农业优势产业为主导，在农林牧渔等子产业之间形成投入产出关系，形成农业内部紧密协作的一个有机良性循环系统。"猪-沼-果"便是农业产业内融合的典型模式。新安所镇是蒙自石榴的主产区，石榴种植历史悠久，当地农户将长期积累下来的传统自然农法应用于石榴种植，农户沈旭东采用的"石榴-黑麦草/蔬菜-畜/禽-沼"的农业内部融合模式便是典型的代表，30年来石榴种植规模从几十棵到二十多亩，他在石榴种植基地上套种黑麦草和蔬菜，用牧草、蔬菜喂养畜禽，畜禽所产生的粪便经过沼气池发酵后用来给石榴树施有机肥。"石榴+农牧业"产业内部融合模式，促进了石榴、种植业与畜牧业的有机融合，实现了对土地空间、畜禽粪便等农业资源的综合开发与利用，减少了农户石榴种植农家肥等农业资源的投入成本，提升了石榴的产量和品质，不仅提高了石榴种植的经济效益，而且具有改良土壤墒情和改善乡村人居环境的显著生态效益。

二、"石榴+加工业"的农工延伸模式

农工产业延伸是经营主体通过农业与工业的融合，产业链向上游和下游拓展延伸，形成集生产、加工、贮存、销售、运输等多环节有效对接的产业链发展模式，有利于提高农

业产品的深加工层次和经济附加值，促进农业资源优势向经济优势转变，实现价值链留在农村，利益留给农民。蒙自为做大做强石榴产业，促进石榴产业链发展，引进国家农业产业化重点龙头企业——陕西海升集团，成立蒙自海升现代农业有限公司。在产业链上游，建设突尼斯软籽石榴基地、石榴分解加工园，通过革新石榴单主干"Y"字形搁架技术、全智能水肥一体化系统，推进石榴种植从传统模式向现代模式的过渡，实现石榴种植、灌溉、施肥的全机械化作业。在产业链下游，联合省级科研单位、专家工作站等建立研发中心，研发石榴汁、酒等初级加工品及石榴酵素、保健品、化妆品等石榴精深加工品，提高石榴产品附加值。"石榴+加工业"产业延伸模式，推进了石榴全产业链生产体系的转变，提高了石榴加工效率和管理水平，减少了石榴原材料的浪费，实现了石榴加工品数质双增，提高了石榴的市场竞争力，同时为农民提供就业岗位，提高了农民的经济收益。

三、"石榴+旅游业"的农旅交叉模式

农旅产业交叉是以农业为基础，充分发挥农业多功能性，推动农业与旅游业相结合的交叉型农业产业形态，促进旅游经营理念与农业自然资源、农村生态环境、民俗文化、特色农产品的有机结合。蒙自县新安所镇万亩石榴园以大规模连片种植石榴和石榴生态观光旅游而著称，2006年被授予"中国十大知名农业旅游示范点"，小红寨村便是新安所石榴生态观光旅游的代表之一。小红寨村是蒙自最早种植石榴的村子，地理环境位置优越，甜石榴资源丰富，依托石榴特色产业和民族文化特色，大力发展特色农业观光旅游业，将石榴特色产业与苗族、壮族文化风情有机结合，并依托蒙自产销专业合作社打造200亩"小红寨模式"的乡村休闲旅游基地——"小红寨古树石榴村"，"石榴+旅游业"融合发展成为农民致富、农村发展的新产业。"石榴+旅游业"产业交叉模式，加快了"以农促旅、以旅兴农"的发展进程，推动了石榴产业与旅游业生产生活空间的有机融合，实现了石榴旅游产品结构的优化和升级。

四、"石榴+电商业"的互联网渗透模式

互联网渗透是以信息技术为纽带，跨越农业产业边界连接各产业技术要素，通过互联网信息技术的渗透和电商平台的应用形成的农业新业态。该模式促进农业生产者和消费者的交流沟通，提高农产品生产、加工、销售等环节的效率，实现传统农业向现代农业的有序化、高效化、精准化转型升级。农业电子商务是互联网渗透模式的重要表现。随着互联网时代的到来，电商这一新型销售模式的异军突起，蒙自石榴产销专业合作社抓住电子商务进农村的契机，大力发展和推进石榴农副产品电子商务。利用互联网电子商务平台，开展信息、技术、购销服务助农的经济活动，推进"互联网+合作社"新型农业服务体系建设，先后在京东、淘宝、天猫开设地方特色馆，积极探索和推行直销直供、订单农业、"网上交易，线下配送"等石榴产品产销对接模式，着力打造具有蒙自石榴特色的互联网电子商务交易平台。2019年，合作社通过互联网电子商务销售实现收入3000多万元，带动农户1000余户，辐射周边农户5000多户。

五、"石榴+加工业+旅游业"的六次产业融合模式

六次产业融合是以农业为源头，将农产品生产向农产品加工、农资流通服务、农产品信息服务以及休闲农业各环节的延伸，形成完整的产业链条，实现农业多功能与多价值，

是一、二、三产业多元深度的有机结合，提升了农业综合竞争力和农业附加值，促进了农业农村可持续发展。田园综合体成为六次产业融合的主要模式，蒙自县新安所镇打造的石榴田园综合体便是"石榴+加工业+旅游业"的典型代表。新安所依托千年古镇文化资源和石榴资源，围绕石榴体验园和石榴观光园"两园"打造集石榴标准化种植示范、休闲农业旅游、民俗文化体验、古树资源保护、康体娱乐活动、特色餐饮服务为一体的"观光游览区、田园体验区、休闲娱乐区"三大功能旅游园区。一是以古树资源和乡村文化为基础，在石榴公园内打造石榴博物馆、石榴盆景、根雕培育展示区为一体的观光游览园区。二是依托万亩连片石榴园、诸子楼、梨江河等特色景观，建设品种培育基地、百亩石榴标准化种植示范基地，打造集石榴产品研发、加工、销售和生态旅游为一体的多功能、复合式精品田园体验区。三是鼓励周边农户依托石榴古树园、蒙自米线小镇，发展集石榴特色餐饮、农产品体验、民宿的"石榴文化一条街"，通过"石榴文化节""过桥米线节"的举办宣传，打造集"吃、住、行、游、购、娱"的休闲娱乐区。"石榴+加工业+旅游业"的融合模式，充分挖掘了蒙自石榴的文化底蕴、生态景观和品牌价值，促进了石榴产业"接二连三"的发展。

本章小结

农业生产结构具有多层次性、关联性和动态性的特征。而且从国际和国内的经验看，农业生产结构的演变呈现由种植业向农林牧渔综合发展，由粮食为主向粮食、经济作物和饲料作物协调发展的转变。我国农业生产结构的调整和优化可以分为4个时期：1949—1978年间以种植业为主的单一农业生产结构、1979—1984年的农业生产结构快速调整期、1985—2003年的大调整期、2004年至今的战略性调整新阶段。

农业生产结构优化的目的在于满足社会对各种农产品日益增长的需求，主要包括农业内部三大产业的优化和农业产业内部构成的优化。农业生产结构的优化应遵循专业生产与综合经营相统一、资源的利用率与利用效率相统一、经济效益与生态效益相统一、局部利益与全局利益相统一。

农业生产结构优化的理论基础主要为比较优势理论，测度指标主要包括农产品市场化程度指标、农业生产结构优化技术进步指标、农业生产结构变动趋势指标和农业生产结构优化效益指标。此外，线性规划是农业生产结构调整和优化的重要方法。

思考与练习

1. 简述农业生产结构的特征及其发展过程的规律。
2. 简述我国农业生产结构演变的过程及发展趋势。
3. 简述反映农业生成结构优化的指标及各指标的核心要义。
4. 试结合家乡农村一、二、三产业发展的实际，谈谈如何促进农业生产结构的路径。
5. 试述产业融合发展的含义及如何促进家乡农村一、二、三产业融合发展。

第四章 农业技术进步

第一节 农业技术进步概述

一、农业技术进步内涵

（一）技术进步

经济学意义上的技术进步是指能使一定数量的资源投入生产出更多产品的所有影响因素共同发生作用的过程。即一切导致生产效率提高的技术都属于技术进步的因素。包括技术改进、效率提高、劳动者素质提高、投入要素质量的提高、管理决策水平的提升及生产工艺的改进等。

技术进步可分为狭义技术进步与广义技术进步。狭义技术进步主要是指生产与生活领域内的技术取得的技术进步，即在机械的、物理的、化学的和生物方面所取得的硬技术进步。狭义技术进步可分为技术进化和技术革命两类，当技术进步表现为对原有技术或技术体系的改革创新，或在原有技术原理或组织原则的范围内发明创造新技术和新的技术体系时，称为技术进化。如农业生产中新品种的育成和应用、配合肥料和配合饲料的研制和推广、施肥方法的改进、喷灌滴灌等。当技术进步表现为技术或技术体系发生质的变革时，就称为技术革命。如第一次技术革命时蒸汽机的出现，第二次技术革命时电能的应用等。其结果往往使原来的社会、经济结构发生巨大变革，劳动生产率获得极大提高。

广义的技术进步包括自然科学技术的进步和社会科学的进步两大方面，即通常讲的硬科学和软科学。它是指生产过程的改变或新产品的引入使得同样的投入能得到更多的产出。具体包括：生产要素质量的变化、知识进展、资源的合理配置、规模经济、新的决策方法与不确定性因素的变化。

广义的技术进步是对技术进步较为全面的理解，因为硬技术与软技术进步是相辅相成的，只有硬技术进步，没有软技术进步的配合，就不能很好地发挥硬技术的作用；只有软技术进步，没有相应的硬技术进步，软技术就无法施展。因此，本书的技术进步主要指广义的技术进步。

（二）农业技术进步

农业技术进步是技术进步在农业生产领域的具体化，是一个不断把新技术、新知识推广应用到农业生产实践中，重新组合生产要素，建立效能更优、效率更高、生产费用更低的生产技术新体系，不断提高农业的经济效益、生态效益、社会效益，促进农业技术水平不断提升和农业有效增长的过程。

深入理解农业技术进步的内涵，可以从 3 个层次分析。一是农业新知识、新技术的出现并投入使用，这是农业技术进步最基本的含义。二是农业投入要素按新的比例组合进行配置生产，这是农业技术进步的扩展。三是应用于农业生产中的新知识、新技术以及使资源合理有效配置的手段必须带来长期稳定的经济、生态与社会效益，这是农业技术进步的根本。

农业技术进步不仅包括硬技术的改进、技术效率的提高、投入要素质量的提高，还包括管理技术、决策技术、经营技术等软技术的进步。熊彼特的"创新"、索洛的"索洛剩余"、肯德里克的"全要素生产率"、丹尼森的"知识进步"等都属于技术进步的范畴。因此，农业技术进步可以界定为一个不断创造新知识，改造、革新、开发新技术的过程；一个不断把新知识、新技术推广应用到农业生产实践中去的过程；一个应用先进的物质设备和资源进行合理有效配置的手段；一个把新知识、新技术和生产要素转变成农产品的长期增值，不断提高农业生产的经济、生态、社会效益的过程。

二、农业技术进步类型

根据技术进步产生的原因、部门及假设的不同，通常可以将农业技术进步划分为内生性与外生性技术进步，种植业、林业、养殖业等技术进步，中性与非中性技术进步3种类型。经济学中一般按技术进步的原因及假设进行划分。

(一)内生性与外生性技术进步

经济学意义上的技术进步源于知识状态的科技水平不断提高，对新科技的开发和实际利用能力的增强。而这些方面的进展最终取决于人们在研究和开发方面的努力程度(投入的人力、物力)和生产者对新技术的态度。如果一个行业的技术进步取决于行业内部生产者的决策行为或努力程度，我们便称这种技术进步是内生的。反之，若一个行业的技术进步的推动力来自行业的外部，则称其是外生的。一般而言，工业技术进步大多是内生的，或是以内生为主的，而农业技术进步则主要是外生的或以外生为主的。产生这种差别的主要原因在于，工业领域的研发投入能够从最终产品中得到相应的回报。然而，作为基础产业的农业具有很强的外部性，农业科技进步将使社会食品供应丰富及价格下降。因此，农业的研发投入具有较高的社会效益，所以农业科技进步的动力也理应来自政府及社会的支持与努力，而并非农业内部。

(二)中性与非中性技术进步

判断技术进步是"中性"还是"非中性"的标准就在于技术进步是否会影响给定经济变量之间的函数关系，如果发生技术进步以后，给定的经济变量之间的函数关系没有因此而改变，那么技术进步就是"中性"的，反之，则是"非中性"的。

1. 中性技术进步

所谓中性技术进步是指劳动-资本组合在技术进步前后的最佳比例保持不变。即在农业技术进步之后生产一定的经济产品或取得一定经济收入所占用的资本和劳动的最佳组合，与农业技术进步以前生产同量产品、获得同样收入所占用的资本与劳动的比例相同。有所不同的是，技术进步后的资本和劳动都按比例得到了节约，两种要素间的平衡保持不变，从而保证经济的稳定增长。

中性技术进步分为3种类型：即"产出增长型"技术进步——希克斯中性、"劳动增长型"技术进步——哈罗德中性、"资本增长型"技术进步——索洛中性。

(1) 希克斯中性假设

在资本-劳动比(K/L)不变的条件下，当技术发生了变化，而并没有使劳动与资本的边际替代率(dK/dL)发生变化，那么就称发生了中性技术进步。图4-1反映了希克斯中性技术进步。如果技术进步属于希克斯中性，生产函数就由 $Y=F(K, L, t)$ 演变为以下特殊形式。

$$Y=A(t)F(K, L) \tag{4-1}$$

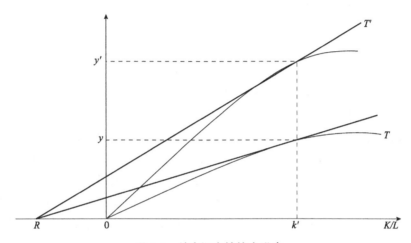

图 4-1 希克斯中性技术进步

其中：T、T'分别指技术从T变化为T'时的生产函数曲线，R为生产函数曲线T与T'曲线切线与横轴的交点。

显然，$A(t)$是由于技术进步的作用而产生的。希克斯中性表明，这种形式的技术进步使得资本和劳动这两种生产要素的效率同步得到提高，也即劳动的边际产量(dY/dL)和资本的边际产量(dY/dK)之比保持不变，而使产出得到增长，因而称为"产出增长型"技术进步。通过度量公式(4-1)中的$A(t)$可测算技术进步对经济增长的影响大小。

(2) 哈罗德中性假设

哈罗德中性定义为：资本的边际产量不变，并假定它等于利润率ρ。如果K/L之比不变，那么技术进步会正常地提高资本的边际产量。为了保持资本的边际产量不变，K/L之比就必须提高。技术进步以后，使资本-产出比保持不变的K/L水平也同样会使ρ保持不变。这种技术进步就是哈罗德意义上的中性技术进步(图4-2)。哈罗德中性技术进步在数学表达上，其生产函数就由$Y=F(K, L, t)$演变为以下特殊形式：

$$Y=F[K, A(t)L] \tag{4-2}$$

在哈罗德中性条件下，无论K/L处于何种水平之上，只要它保持不变，产出就会以相同的速度增加，这个速度就提供了衡量技术进步的标准。从服从哈罗德中性技术进步的特殊生产函数$Y=F[K, A(t)L]$上可以看出，如果技术进步属于哈罗德中性，那么这种技术进步的作用主要是使得劳动的效率得到提高，技术进步以后L数量的劳动能够做相当于以前$A(t)$倍的工作。所以，这类技术进步称为"劳动增长型"技术进步。

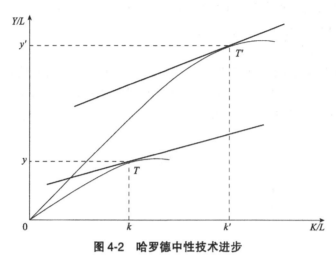

图 4-2 哈罗德中性技术进步

其中：T、T'分别指技术从 T 变化为 T' 时的生产函数曲线。

(3) 索洛中性假设

索洛中性技术进步是与哈罗德中性相反的对称概念。索洛中性定义为：劳动的边际产出是一个常数，并假定它等于工资率 ω，如果 K/L 保持不变，那么技术进步会正常地提高劳动的边际产量。为了保持劳动的边际产量不变，K/L 就必须降低，技术进步以后，使劳动-产出比保持不变的 K/L 水平也同样使 ω 保持不变，这种技术进步就是索洛意义上的中性技术进步(图 4-3)。索洛中性技术进步在数学表达上，其生产函数具有以下特殊形式：

$$Y=F[A(t)K, L] \tag{4-3}$$

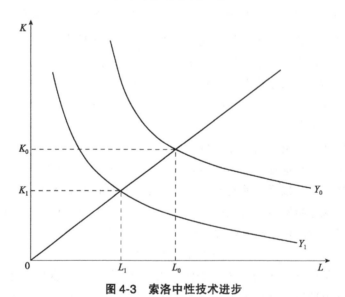

图 4-3 索洛中性技术进步

从这一函数我们可以看出，如果技术进步属于索洛中性，那么这种技术进步的作用主要是使资本的效率得到提高，技术进步以后 K 数量的资本能够做相当于以前 $A(t)$ 倍的工作。所以，这类技术进步称为"资本增长型"技术进步。

2. 非中性技术进步

根据中性技术进步的含义，非中性技术进步是指资本—劳动组合在技术进步前后的最佳比例发生改变。非中性技术进步可分为 3 种类型：劳动节约型技术进步、资本节约型技术进步与土地节约型技术进步。

(1) 劳动节约型技术进步

劳动节约型技术进步是指在资本-劳动的最佳组合中，技术进步使得资本的边际生产率 MPK 提高，从而使得劳动代替资本的投入减少。若投入的市场价格保持不变，那么，寻求利润最大化的生产者就要使得投入的相对价格与新的投入替代率相同。这时资本与劳动的比例显然是提高了。这种技术进步就是劳动节约型技术进步或资本密集型技术进步。如生产中引入了先进的技术设备，可以节约大量的劳动，但资本可能节约的很少，甚至增加，或者劳动的节约大于资本的节约。

图 4-4 表明，技术进步前后，生产函数曲线发生了位移，等成本线的斜率也发生了变化。同是生产 Q 单位的产出，生产曲线从 Y_0 移到了 Y_1，$Y_0 = Y_1 = Q$，但 $K_1 \geq K_0$，$L_1 < L_0$ 或 $K_1 \leq K_0$，$L_1 < L_0$，$L_1 / K_1 < L_0 / K_0$。表明在劳动节约型技术进步中，资本边际生产率和劳动边际生产率是不一致的，劳动的节约大于资本的节约，即：

$$\frac{\partial (MRTS_{LK})}{\partial T} < 0 \tag{4-4}$$

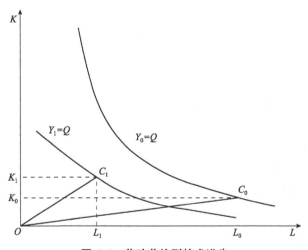

图 4-4　劳动节约型技术进步

(2) 资本节约型技术进步

资本节约型技术进步是指在资本-劳动的最佳组合中，技术进步使得劳动的边际生产率 MPL 提高，从而使得劳动代替资本的投入增加。若投入的市场价格保持不变，那么，寻求利润最大化的生产者就要使得投入的相对价格与新的投入替代率相同。这时资本与劳动的比例显然是降低了。这种降低可能是因为技术进步节约了资本投入，而劳动投入仍然保持不变，或者技术进步既节约了资本，也节约了劳动，但资本节约的份额大于劳动节约的份额。因而，这种技术进步是资本节约型技术进步。

图 4-5 表明，技术进步前后，生产函数曲线发生了位移，等成本线的斜率也发生了变

化。同是生产 Q 单位的产出,生产曲线从 Y_0 移到了 Y_1,$Y_0 = Y_1 = Q$,但 $K_1 < K_0$,$L_1 \leqslant L_0$,$L_1/K_1 > L_0/K_0$ 或 $K_1 < K_0$,$L_1 > L_0$。表明在资本节约型技术进步中,资本边际生产率和劳动边际生产率是不一致的,资本的节约大于劳动的节约,即:

$$\frac{\partial(MRTS_{LK})}{\partial T} > 0 \tag{4-5}$$

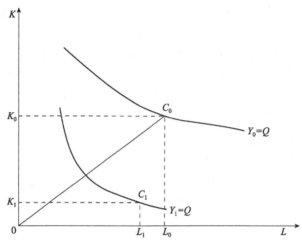

图 4-5 资本节约型技术进步

(3) 土地节约型技术进步

土地节约型技术进步是指土地与资本、劳动配合生产同样多的农产品中,土地投入的份额相对减少,劳动和资本的投入相对不变。或者技术进步既节约了土地,又节约了劳动和资本,但土地节约的幅度大于劳动和资本节约的幅度。这实际上就是通过提高土地生产率,使得土地的边际生产率大于劳动和资金的边际生产率,以减少对土地的占用。从根本上讲,技术进步必须与更多的资金或劳动相结合,才能放大土地资源的生产力和经济供应量。因此,这种技术进步也可以称为资本密集型或劳动密集型技术进步。如日本的土地资源短缺,劳动力资源丰富,土地是增产的主要制约因素。因而日本一向以"多劳多肥"的农业著称于世,其农业现代化走的是以节约土地为特点的生物科技进步的道路,成为土地生产率最高的国家之一。

三、农业技术进步特征

农业技术进步对农业生产发展和农业经济增长具有重大的推动作用,它在特定环境条件下进行,受到经济体制与经济发展水平、教育、农业科技政策等诸多因素的影响,具有鲜明的特征。

(一)渐进性

农业技术进步是一个动态的循序渐进的发展过程。在农业科技基本原理不变的情况下,通过无数小的改进、若干次试验、示范、总结,可使农业科技本身不断完善并带来经济效益的提高,如施肥技术、饲养技术等,这属于农业技术进步中的技术演进,但它往往比重大的科技变革所产生的作用还要大。任何科技进步都是在一定历史阶段上的创新,使得农业技术进步表现出明显的阶段性。但就整体而言，农业技术进步是一个由简单到复杂，由低级到高级的发展过程，而且周期不断缩短，速度不断加快。因此渐进性的特点要求我们在技术相对稳定的阶段内，研究确定农业的适度投入，在充分发挥传统农业科技功能的基础上，不断加快新科技成果植入农业生产的速度、广度和深度。

(二)外部性

由于农业生产对经济、社会的影响具有多功能性，农业技术的采用具有简单的传递性和易扩散性，所以农业技术进步不仅对农业生产发挥作用，也会对生态环境、人们的休闲等方面发挥作用，形成显著的正外部性。同时众多的农业科技利用难以保密，大多数农民不需要进行大量投资就可以获得较为先进的技术，如小麦品种的采用等，农业技术的公益性决定了农业技术进步的外部性。

(三)综合性

农业技术进步受到多种因素的影响，在农业生产过程中，任何技术的应用和实施都需要相应的自然条件、社会经济条件和技术条件的配合，农村经济运行机制、多种科技的综合配套与有效供应及其他相关投入因素的支撑才能充分发挥技术的生产力职能，促进经济的增长。同时，某项科技的进步可以向其他领域推广和渗透扩散，促进其他产业技术的发展，逐步形成新的农业科技体系，推动产业结构调整与协调发展。

(四)选择性

农业生产的对象是有生命的植物和动物，对自然条件和社会经济条件的依赖程度很大。而不同的地域生产条件差异甚大，农业生产过程具有明显的季节性、作业时空的分散性、生产的周期性。因此，农业技术在广阔的地域空间内对自然环境高度依赖，农业技术本身又要求与此相适应的自然和经济社会条件，不可能像工业技术那样按照精确设计的图纸进行，更不可能在不同的地域和时间内找到万能的通用性技术，同一新技术在不同的条件下应用也会产生不同的结果。农业技术进步的选择性要求适应自然资源和经济、社会、技术条件，适应特定农业生产过程的基本特点。

(五)飞跃性

农业技术进步通过无数大小不等的技术改进使技术不断完善，当渐进式技术进步发展到一定阶段后必将出现技术革命，形成技术进步长河中的一次又一次飞跃，即出现飞跃式技术进步。每一次飞跃都为新的渐进性技术进步提供基础。这种过程也可称为农业技术进步的阶段性。总的来说，农业技术进步总是朝着资源丰裕的方向进行，总是用较为丰裕的资源替代稀缺性资源，总是朝着可改变资源约束的方向进行变革，总是朝着技术密集的方向演进。

第二节 农业技术进步测定方法

根据经济增长理论，在促进经济增长的诸因素中，通过生产函数把技术进步的作用单独地分离出来，并给予定量的估价，这种方法称为"余值法"。扣除投入变化引起经济增长那部分作用后余下的部分，就是技术进步的作用。1957年Solow第一次将技术进步问题引入生产函数并进行实证分析，此后各国经济学家对技术进步测定模型的开发与改进做了大量研究，经济增长与技术进步的理论与实证得到迅速发展，农业增长与技术进步的理论得以广泛应用。

在明确了农业技术进步测定的理论之后，通过理论推导和经验总结构造出可实际应用的数学模型是测定农业技术进步的一个关键步骤。农业技术进步作用大小测定的方法有多种，常用的几种方法有平均生产函数模型、增长速度方程、全要素生产率及边界生产函数等。

一、平均生产函数模型

20 世纪 20 年代末，美国数学家柯布(C. W. Cobb)和经济学家道格拉斯(P. H. Dauglas)提出了生产函数，并利用 1899—1922 年的生产数据资料，导出著名的柯布-道格拉斯生产函数模型(简称 C-D 生产函数)：

$$Y = AK^{\alpha}L^{\beta} \tag{4-6}$$

式中　A——常数项；

　　　K——资本投入；

　　　L——劳动投入；

　　　α、β——资本投入 K 和劳动投入 L 的生产弹性($\alpha+\beta=1$)。

由于技术水平的提高，A 值在不断变化，C-D 生产函数在 1957 年由 Solow 改进成为含体现型技术进步的生产函数：

$$Y = A(t)K^{\alpha}L^{\beta} \tag{4-7}$$

或

$$Y = A_0 e^{\delta t} K^{\alpha} L^{\beta} \tag{4-8}$$

式中　Y——产品产出；

　　　A_0——转化系数；

　　　K——资金投入；

　　　L——劳动投入；

　　　δ——一定时期内技术进步的年平均变动率(它的经济学含义即靠技术进步使每一年的生产量比上一年增长的百分比)；

　　　t——时间(技术进步为时间的函数，表示在时间进程中技术对总产出的影响程度)。

在农业生产函数中，由于土地成为基本的农业生产资料，所以农业生产函数通常表现为：

$$Y = A_0 e^{\delta t} x_1^{b_1} x_2^{b_2} x_3^{b_3} \tag{4-9}$$

式中　x_1、x_2、x_3——土地、劳动、资金 3 种投入要素；

　　　b_1、b_2、b_3——土地、劳动、资金相应的生产弹性。

由于农业生产中，规模报酬递增、递减和不变都可能存在，所以，生产函数中各要素的弹性系数之和 $\sum b_i$ 可以等于 1、大于 1 或小于 1。

如果农业产出年增长速度为 Y'，则技术进步对农业产出增长的贡献率为：

$$TP = (\delta/Y') \times 100\% \tag{4-10}$$

平均生产函数模型是实际中比较常用的测算农业技术进步贡献率的模型。该模型参数一般通过最小二乘法估算,适合于利用时序数据计算年度跨度较长的估测问题。如果年度较短,则误差较大,可靠性不高。另外,模型变量选择不能太多,根据经验分析,变量选择过多,不仅取值困难,且与实际离差较大,统计检验难以通过。

二、增长速度方程

增长速度方程是从各经济变量相对变化的角度来研究产出增长与技术进步之间的关系。它是描述投入要素增长速度、产出增长速度与技术进步速度之间关系的数学模型,其可以通过对生产函数求全微分得到。假设 Y 代表产出,K 和 L 分别代表资本和劳动的投入,则总量生产函数可表示为:

$$Y = F(K, L, t) \tag{4-11}$$

式(4-11)中时间变量 t 表示技术变化,如果生产函数中技术变化保持边际替代率不变,而仅仅增加或减少由给定的投入要素所能获得的产出,那么这样的技术变化被称为希克斯中性。这种情况下,生产函数一般形式可以写成特殊形式:

$$Y = A(t) F(K, L) \tag{4-12}$$

将其左右两边同时对时间 t 求全微分:

$$\frac{dY}{dt} = \frac{dA}{dt} F(K, L) + A(t) \left(\frac{\partial F}{\partial K} \cdot \frac{dK}{dt} + \frac{\partial F}{\partial L} \cdot \frac{dL}{dt} \right) \tag{4-13}$$

上式两边同时除以 Y,可得:

$$\frac{\frac{dY}{dt}}{Y} = \frac{\frac{dA}{dt}}{A} + \frac{K}{F} \cdot \frac{\partial F}{\partial K} \cdot \frac{\frac{dK}{dt}}{K} + \frac{L}{F} \cdot \frac{\partial F}{\partial L} \cdot \frac{\frac{dL}{dt}}{L} \tag{4-14}$$

定义:$\dfrac{\frac{dY}{dt}}{Y} = \gamma$,$\dfrac{\frac{dA}{dt}}{A} = \delta$,$\dfrac{K}{F} \cdot \dfrac{\partial F}{\partial K} = \alpha$,$\dfrac{L}{F} \cdot \dfrac{\partial F}{\partial L} = \beta$

则

$$\gamma = \delta + \alpha \cdot \frac{\frac{dK}{dt}}{K} + \beta \cdot \frac{\frac{dL}{dt}}{L} \tag{4-15}$$

令

$$\frac{\frac{dK}{dt}}{K} = k, \quad \frac{\frac{dL}{dt}}{L} = l$$

则公式(4-15)可写为:

$$\gamma = \delta + \alpha k + \beta l \tag{4-16}$$

或者

$$\delta = \gamma - \alpha k - \beta l \tag{4-17}$$

式(4-17)中 γ、k、l 分别表示产出增长率、资本增长率、劳动增长率。

增长速度方程表明,产出量的年增长率可以分解为3个部分,其中 δ 表示依靠技术进步可以实现的产出增长率,αk 和 βl 分别表述资本和劳动投入增长所能实现的产出增长率。也就是说,技术进步增长率是产出增长率扣除资本和劳动投入的增长率得到的产出增长率以后剩下的余值。

采用增长速度方程测定技术进步的贡献时,难点在于如何确定资本和劳动的产出弹性 α、β 的合理值。一般可根据经验判断法、成本份额比例法来进行确定。

三、全要素生产率

全要素生产率(Total Factor Productivity,TFP)是与单要素生产率(Single Factor Productivity,SFP),如劳动生产率、土地生产率等相对应的一个概念,它衡量的是生产决策单元在其生产过程中加权后单位总投入的总产量的生产率指标,即总产量与全部要素投入量之比,其分母一般用各要素投入的加权平均表示。以 K 和 L 两要素为例,加权后的综合要素投入可以表述为 $X=L^\alpha K^\beta$ 或其他形式。其中 α 和 β 分别为正规化后 L 和 L 对产出 Y 的生产弹性,满足 $\alpha+\beta=1$。TFP 可表示为:

$$TFP = Y/X = Y/(L^\alpha K^\beta) \tag{4-18}$$

对上式两端取对数后求全微分得到:

$$\frac{dTFP}{TFP}=\frac{dY}{Y}-\frac{dX}{X}=\frac{dY}{Y}-\alpha\frac{dL}{L}-\beta\frac{dK}{K} \tag{4-19}$$

从上式可以看出,TFP 增长是指产出增长超出加权要素投入增长的部分,反映的是要素投入所不能解释的那部分产出的增长,描述了产出增长中扣除投入增长后的"剩余"部分,这与"索洛余值"的思想是一致的,符合增长速度方程的定义。但索洛余值法建立在新古典假设即完全竞争、规模收益不变和希克斯中性的技术基础上,约束条件过强。

理论意义上的技术进步主要是指生产函数的向外平移或者生产可能性边界的向外扩张。基于索洛余值法计算的技术进步率及其贡献率涵盖了更为丰富的内容,该方法也是核算 TFP 增长的一种重要方法。理论意义上的技术进步只是 TFP 增长或索洛余值的一部分,主要依赖于对技术进步与技术效率的区分和生产前沿方法的应用。

四、边界生产函数

边界生产函数描述一定的投入要素组合与最大产出之间的关系。而通常人们用实际产出量作为样本数据估计生产函数,反映的只是一定投入要素组合与平均产出量之间的关系。而实际产出量必然小于或等于最大产出量。所以,在实际应用中,所有实际产出量都只能在边界生产函数的下方或边界上,不可能在其上方。因此,一个实际产出量与边界的差别便于衡量某一时期的技术效率水平,分离出技术进步对产出贡献的份额。边界生产函数是由 Aigner 和 Chu 两位学者在 1968 年提出的。目前边界生产函数分为确定性边界生产函数和随机边界生产函数两类。

(1)确定性边界生产函数模型

此类生产函数模型是把影响农业产出量的不可控因素(如气候、政策变动、统计误差和方程测定误差等)和可控因素不加区分,全部归入一个单测的误差项中,作为非效益性的反映。该模型形式为:

$$Y=f(X,t)e^{-u} \quad (u\geq 0) \tag{4-20}$$

式中　X——投入要素;

$f(X, t)e^{-u}$——确定性生产边界，$0 \leq e^{-u} \leq 1$ 反映了农业生产过程中的非效率。式中 u 若能够给出一个明确的统计分布，则称为确定性统计边界生产函数；如能给出一个明确的含参量的数学表达式，则称为确定性参数边界生产函数。

(2) 随机边界生产函数

随机边界生产函数则把误差分为两部分，即含观测误差等不可控因素冲击的噪声误差和标明与随机边界差别的真正体现生产非效率的单测误差，模型形式为：

$$Y = f(X, t)e^{v-u} = [f(X, t)e^{v}]e^{-u} \tag{4-21}$$

式中　　v——随机扰动项，代表生产过程中的非可控因素，它可以为正也可以为负和零；

　　　　u——效率差($u \geq 0$)，表示实际产量与在已有投入水平下最佳利用技术后所能达到的最大产量的误差。

边界生产函数估计有多种。如确定性参数边界生产函数一般用线性规划和二次规划进行估计；确定性统计边界生产函数用修正最小二乘法进行估计。

第三节　农业技术进步测定实例

20世纪90年代以来，我国围绕农业科技进步贡献率测算开展相关系列研究，截至目前应用最多的仍是索洛余值法。该方法模型所需要数据比较容易收集，计算结果便于相互比较和引申，内涵基本反映了科技水平综合提升状况。农业农村部科技司于1997年发布《关于规范农业科技进步贡献率测算方法的通知》，将增长速度方程（索洛余值法）作为全国农业农村部门农业科技进步贡献率计算的统一使用方法。

一、农业投入产出变量选择

(一) 产出量——**农业总产值**(Y)

选取《2021年湖北统计年鉴》中"农林牧渔业总产值"指标，用1990年不变价计算，剔除物价因素的影响，即基年的农业总产值用当年价，计算年的农业总产值则用与基年的可比价格计算（用产值指数推算得出）。

(二) 投入量

(1) 农业劳动投入(L)

选择"第一产业从业人员数量"，包括种植业、畜牧业、林业、渔业和农林牧渔服务业。

(2) 农业物质投入(K)

如果统计年鉴中有"农林牧渔业中间消耗"指标，直接用该数字表示农业物质投入的具体参考值；若没有该数据，采用"农林牧渔业总产值"减去"农林牧渔业增加值"计算。考虑到农业生产实际中间消耗的价格指数与农业产出的价格指数是同方向变动，对"中间消耗"这个变量按下列公式作适当的调整：

$$\frac{按1990年不变价格计算的当年农林牧渔业总产值}{按当年价格计算的农林牧渔业总产值} \times 按当年价格计算的农林牧渔业中间消耗$$

$$\tag{4-22}$$

(3) 土地面积(N)

鉴于《湖北统计年鉴》中该指标 2017 年前后统计口径不一致，前后数据波动较大，具体采用"农作物播种面积"表示，指实际播种或移植有农作物的面积，凡是实际种植有农作物的面积，不论种植在耕地上还是种植在非耕地上，均包括在农作物播种面积中(《2021年湖北统计年鉴》)。

(4) 时间变量(t)

该变量取值分别为 $t_{1990=1}$，$t_{1991=2}$，…，$t_{2020=31}$。

二、数据获取与模型估计

按照农业农村部农业技术进步贡献率测算方法，以湖北 1990—2020 年实际统计数据为依据，使用 Eviews、Excel 等统计软件，运用柯布—道格拉斯(C-D)农业生产函数进行 OLS 估计模拟，测算出农业各投入要素的弹性值，并以此为系数测算湖北省 2020 年农业技术进步贡献率。各投入产出变量的取值见表 4-1 所列。

表 4-1 1990 年不变价的湖北省 1990—2020 年农业投入产出

年份 t	农业总产值 Y(亿元)	农业物质投入 K(亿元)	农业劳动投入 L(万人)	土地面积 N(万 hm²)
1990	402.23	115.79	1859.80	736.11
1991	405.05	125.94	1897.40	742.39
1992	435.42	132.71	1869.00	718.38
1993	501.17	154.78	1818.80	712.55
1994	786.84	275.39	1760.50	718.14
1995	988.51	349.21	1697.00	743.17
1996	1140.74	424.41	1677.10	757.90
1997	1243.63	475.74	1663.20	773.92
1998	1222.49	474.33	1612.50	769.60
1999	1126.04	431.28	1612.60	778.87
2000	1125.59	441.49	1625.10	758.41
2001	1172.75	461.61	1639.00	748.90
2002	1203.24	469.02	1652.60	728.16
2003	1341.97	533.41	1661.50	715.32
2004	1695.32	664.33	1672.90	722.51
2005	1775.51	694.32	1687.30	739.13
2006	1870.85	712.70	1694.70	710.06
2007	1943.81	777.73	1697.00	699.37
2008	2064.33	814.93	1707.91	713.29
2009	2175.80	867.20	1702.30	733.02
2010	2273.71	880.26	1565.83	738.03

(续)

年份 t	农业总产值 Y(亿元)	农业物质投入 K(亿元)	农业劳动投入 L(万人)	土地面积 N(万 hm²)
2011	2373.76	919.14	1547.86	745.79
2012	2506.69	998.49	1510.44	768.78
2013	2647.06	1059.07	1458.59	773.48
2014	2795.30	1127.42	1374.29	779.48
2015	2946.24	1190.18	1304.21	798.63
2016	3090.61	1231.22	1246.66	790.85
2017	3245.14	1291.46	1196.22	795.61
2018	3355.47	1337.37	1147.05	795.29
2019	3471.90	1386.22	1107.24	781.59
2020	3497.59	1410.29	897.00	797.44

根据湖北省统计年鉴 1990—2020 年相关数据，利用统计软件对投入要素的产出弹性系数进行分析。采用经济计量模型软件 Eviews8.0 对各指标进行单位根、平稳性检验及协整检验，利用最小二乘法对其进行参数估计。运用产出投入相关数据算出产出和投入的增长率。将产出和投入要素的增长率及要素投入弹性值代入增长速度方程，得出农业技术进步贡献率。经计算，湖北省 2020 年农业技术进步贡献率为 62.7%，见表 4-2 所列。

表 4-2　2020 年湖北省农业投入要素增长率和农业技术进步率

农业基本要素	增长率	计算公式与模型	农业科技进步贡献率
农业总产值	0.74%	农业科技进步贡献率 $=\dfrac{\Delta Y/Y-\alpha\Delta K/K-\beta\Delta L/L-\gamma\Delta N/N}{\Delta Y/Y}$	62.7%
农业物质投入	1.74%		
农业劳动投入	-18.99%	$Y_i = A_i + \alpha K_i + \gamma N_i + \delta t$	
土地面积	2.03%		

三、农业技术进步贡献率分析

(一)农业技术进步贡献率"十三五"超 60%，但仍有提升空间

1990 年以来，湖北农业生产总值稳步增长，从 1990 年的 403.64 亿元升至 2020 年的 3497.59 亿元，比基年增长 8 倍多。从图 4-6 可以看出，1990 年以来湖北农业技术进步贡献率增长较快，已从"八五"时期的年均 44.65% 上升至"十三五"期间的年均 60.72%，2020 年农业科技进步贡献率突破 62%。2020 年全社会受疫情影响，湖北省农业产值增长率和其他各要素增长率都产生了较大波动，但在此情况下湖北省农业产值依然保持了稳步增长，农业技术进步贡献率更是得到大幅度提高，说明农业科技的推广和应用在此次严峻的社会生产环境中发挥了关键作用。

尽管 2020 年湖北农业科技进步贡献率高于国内平均水平 60.7%，但与相对发达的北京市(75%)、上海市(79.09%)、广东省(70.20%)、江苏省(70%)、山东省(65%)等相比

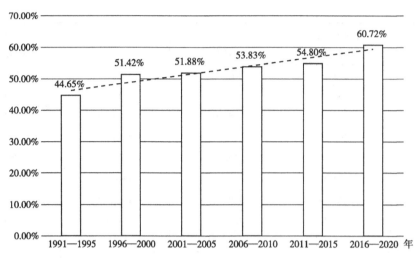

图 4-6 1990 年以来湖北农业技术进步贡献率变化

仍有较大差距(表 4-3),湖北农业科技资源禀赋优势并未显现。同期,发达国家农业技术进步贡献率平均达到 90%,其中以色列高达 95% 以上。湖北农业技术进步贡献率仍有较大的提升空间,农业科技创新驱动效能有待进一步提升。

表 4-3 湖北与全国部分地区农业技术进步率比较

地区	农业技术进步贡献率	湖北农业技术进步率相比差值
上海	79.09%	-16.39%
北京	75%	-12.3%
广东	70.20%	-7.50%
江苏	70%	-7.30%
黑龙江	68.30%	-5.60%
天津	68%	-5.30%
浙江	65.15%	-2.45%
山东	65%	-2.30%
安徽	65%	-2.30%
宁夏	61%	1.70%
重庆	60.20%	2.50%
江西	60%	2.70%
吉林	59.40%	3.30%
福建	58%	4.70%
甘肃	57%	5.70%
西藏	55.90%	6.80%
广西	51%	11.70%

(二)农业物质投入贡献显著,但边际报酬呈下降趋势

1991—2020 年,湖北农业物质投入年均增长率为 9.47%,成为拉动农业增长的强有力基础。"十三五"期间湖北农业物质投入贡献率保持在 60% 左右的水平,在农业技术进步贡献率稳定增长条件下,农业物质投入贡献率总体趋低,表明物质投入的边际报酬已经呈现递减之势,物质投入对加快农业发展的效率开始下降。今后农业生产中如果只是盲目依靠物质投入数量增加,农业生产要素的投入产出率可能会相应降低。只重视增加投入数量,忽视投入质量,将会阻碍农业发展。提升物质投入的使用效率是未来加快提升湖北省农业有效产出的努力方向。

教书育人案例四

鲁班发明锯的故事

今天木工师傅们用的手工工具,如锯、钻、刨子等,据传说都是春秋时期鲁国的巧匠——鲁班发明的。而每一件工具的发明,都是鲁班在生产实践中,经过反复试验研究出来的。

就以锯的发明来说吧。有一次,国王命令鲁班在 15 天内伐出 300 根梁柱,用来修一座大宫殿。于是,鲁班带着徒弟们上山了。他们起早贪黑,挥起斧头一连砍了 10 天,一个个累的筋疲力尽,结果只砍了 100 多棵大树。

这时,砖瓦石料都已备齐,国王选定动工的黄道吉日也快到期了。如果动工时木料准备不齐是要处死刑的。怎么办呢?晚上,鲁班躺在床上翻来覆去地睡不着。他爬起来,深一脚浅一脚地向山上走去。抬头望望,启明星向他眨着眼睛,天快亮了。

突然,鲁班觉得手被什么东西划了一下,抬手一看,长满老茧的手划出一道口子,渗出了血珠。他仔细地在周围观察,原来是丝茅草划的。鲁班很惊奇,他摘了一片草叶,仔细端详着,发现草叶边缘长着许多锋利的细齿。一转身,他又看见一只大蝗虫正张着两个大板牙,快速地吃着草叶。鲁班捉了只蝗虫一看,发现它的大板牙上也有利齿。看看丝茅草的叶子,再看看蝗虫的大板牙,他突然豁然开朗。他用毛竹做了一条竹片,上面刻了很多像丝茅草叶和蝗虫板牙那样的锯齿。用它去拉树,只几下树皮就破了,再一用力,树干划出了一道深沟。可是时间一长,竹片上的锯齿不是钝了,就是断了。这时,鲁班想起了铁。他飞快跑下山去,请铁匠按照自己做的竹片,打了一个带锯齿的铁条,用它去拉树。真是快极了!

这铁条,就是锯的祖先。有了它,鲁班和徒弟们只用了 13 天,就伐了 300 根梁柱。

鲁班造锯的故事启发我们,从古至今,人类都一直想拥有一把让自己轻松省力的工具,所以一直在探索、一直在研究、一直在创造,想要制造出这样一把"神器"。然而到现在,我们还没有完全发明出来。因为,做任何事情都不是一蹴而就的,都需要付出无数的努力和心血,用无数的时间堆积,靠专注才能获得成功。设想一下,如果鲁班没有长期用手和斧子做试验,没有细心观察和勤于思考,怎么可能造出锯子呢?成功,不仅需要努力,还需要有梦想、有毅力、有恒心,更需要有正确的方法。我们不仅要向古代的伟人学习,也要培养独立思考、刻苦钻研、勇于探索的进取精神。

本章小结

农业技术进步不仅包括"硬技术"的改进，还包含管理技术、决策技术、经营技术等软技术的进步。农业技术进步的内涵分为3个层次：一是农业新知识新技术的出现并投入使用。二是农业投入要素按新的比例组合进行配置生产。三是应用于农业生产中的新知识、新技术以及使资源合理有效配置的手段必须带来长期稳定的经济、生态与社会效益；根据技术进步产生的原因及假设的不同，通常可以将农业技术进步划分为内生性与外生性技术进步，中性与非中性技术进步。如果一个行业的技术进步取决于行业内部生产者的决策行为或努力程度，我们便称为这种技术进步是内生的。反之，若一个行业的技术进步的推动力来自行业的外部，则称其是外生的。中性技术进步分为3种类型：希克斯中性、哈罗德中性与索洛中性；非中性技术进步可分为劳动节约型技术进步、资本节约型技术进步与土地节约型技术进步。农业技术进步对农业生产发展具有重大的推动作用，具有鲜明的渐进性、选择性、综合性、外部性、飞跃性特征。

根据经济增长理论，通过生产函数把技术进步的作用单独地分离出来，并给予定量的估价，这种方法称为"余值法"。扣除投入变化引起经济增长那部分作用后余下的部分，就是技术进步的作用。1957年Solow第一次将技术进步问题引入生产函数并进行实证分析，经济增长与农业技术进步测定的理论与实证得到迅速发展。在明确了农业技术进步测定的理论之后，通过理论推导和经验总结构造出可实际应用的数学模型是测定农业技术进步的一个关键步骤。农业技术进步作用大小测定的方法有多种，常用的几种方法有平均生产函数模型、增长速度方程、全要素生产率指数及边界生产函数4类方法。

思考与练习

1. 简述技术进步的含义。
2. 简述广义与狭义的技术进步。
3. 简述农业技术进步的内涵。
4. 简述农业技术进步的特征。
5. 简述中性技术进步有哪些假设。
6. 简述非中性技术进步的类型。
7. 简述农业技术进步的测定模型。
8. 简述不同类型的农业技术进步测定方法的优缺点。

第五章 农业技术创新

农业技术创新是确保国家粮食安全的基础支撑，是突破资源环境约束的必然选择，是实现农民增收的重要途径，是加快现代农业建设的决定力量。因此，本章将详细介绍农业技术创新相关的重要理论与实践案例。

第一节 技术创新概述

一、技术创新概念

英语里"创新"这个词起源于拉丁语"innovare"，意思是更新、制造新事物或改变。美籍奥地利人、当代西方著名经济学家约瑟夫·阿洛伊斯·熊彼特在其1912年出版的著作《经济发展理论》中首次提出创新的概念，他认为创新就是建立一种新的生产函数，把一种从来没有过的关于生产要素和生产条件的"新组合"引入生产体系。熊彼特将创新概括为以下5种内容：①引入新的产品或提高产品的质量；②采用新的生产方法、新的工艺过程；③开辟新的市场；④开拓并利用新的原材料或半制成品的新供给来源；⑤采用新的组织形式。

熊彼特的创新理论提出之后，受到同时期的"凯恩斯革命"的理论影响，并没有得到广泛的重视。直到20世纪50年代，由于科学技术迅速发展，技术变革对人类社会和经济发展产生了极大的影响，人们开始重新认识技术创新对社会和经济发展的巨大作用，并对技术创新的规律进行了广泛而深入的研究。迄今为止，国内外很多学者和组织给出了技术创新的不同定义，但仍未形成统一的定义，以下为几个广泛使用的定义：

英国学者克里斯托夫·弗里曼在1982年发表的《工业创新经济学》中指出，技术创新是指新产品、新过程、新系统和新服务的首次商业性转化。

美国学者曼斯菲尔德认为，一项发明，当它被首次应用时，可以称为技术创新，技术创新是一种新产品或工艺被首次引进市场或被社会所使用。

中国学者傅家骥认为，技术创新是企业家抓住市场的潜在盈利机会，以获取商业利益为目标，重新组织生产条件和要素，建立起效能更强、效率更高和费用更低的生产经营系统，从而推动新产品、新的生产(工艺)方法、开辟新的市场、获得新的原材料或半成品供给来源或建立企业的新的组织，它是包括科技、组织、商业和金融等一系列活动的综合过程。

美国国家科学基金会将技术创新界定为：技术创新是将新的或改进的产品、过程或服务引进市场，并明确地将模仿和不需要引进新技术知识的改进作为最低层次上的两类创新划入技术创新的范畴。

经济合作与发展组织于1992年出版的《技术创新调查手册》(即《奥斯陆手册》)对技术

创新作了如下定义：技术创新指新产品和新工艺，以及产品和工艺的显著的技术变化。如果创新在市场上实现了(指产品创新)，或者在生产过程中得到了应用(指工艺创新)，那么创新就完成了。因此，创新包括科学、技术、组织、金融和商业的一系列活动。

中共中央、国务院1999年发布的《关于加强技术创新，发展高科技，实现产业化的决定》中提出，技术创新是指企业应用创新的知识和新技术、新工艺、采用新的生产方式和经营管理模式，提高产品质量，开发生产新的产品，提供新的服务，占据市场并实现市场价值。

从技术创新的定义可以看出，技术创新是一个从新产品或新工艺设想的产生到市场应用的完整过程，它包括新设想产生、研究、开发、商业化生产与扩散等一系列活动。

二、技术创新分类

技术创新可以从不同角度进行分类。按技术创新内容可以分为产品创新、工艺(流程)创新和服务创新；按照技术创新程度可以分为渐进性创新和突破性创新。

(一)按技术创新内容分类

1. 产品创新

产品创新是指产品技术上所出现的具有新价值的发展和变化，包括新产品的开发和现有产品的改进，进一步满足消费者需求或开辟新的市场。产品创新的目的是提高产品设计与性能的独特性。产品创新又可分为元器件创新、架构创新和复杂产品系统创新3类。如果创新导致一个或多个元器件发生变化，但是并不严重影响整个系统的结构，这样的创新称为元器件创新。如果创新导致整个系统结构或者组件之间作用方式的变化，就称为构架创新。复杂产品系统创新指的是研发投入大、技术含量高、单件或小批量定制生产的大型产品、系统或基础设施，如大型电信通信系统、航空航天系统、电力网络控制系统等。

2. 工艺(流程)创新

工艺创新则是指研究和运用新的生产技术、操作程序、方式方法和规则体系等，以提高产品质量、降低生产成本、提高生产效率、降低消耗与改善工作环境等。产品创新与工艺创新经常是交替出现的。新工艺可能使新产品的生产能够实现，新产品的推出也可以使新工艺的开发得以实现。另外，一个企业的已种产品创新对于另外一个企业来说可能是一种工艺创新。

3. 服务创新

服务创新是为了提高服务质量和创新市场价值而发生的服务要素变化，对服务进行有目的、有组织的改变的动态过程。服务创新可以分为5种类型：服务产品创新、服务流程创新、服务管理创新、服务技术创新、服务模式创新。

(二)按技术创新程度分类

1. 渐进性创新

渐进性创新是指在原有的技术轨迹下，对产品、工艺(流程)、服务等进行的程度较小的、连续的改进和提升。渐进性创新对现有技术的改变相对较小，能充分发挥已有技术的潜能，并经常能强化现有技术优势，投资风险较低。但是，对于技术发展推动能力和产业结构调整能力相对较弱。

2. 突破性创新

突破性创新是指有根本性重大技术变化的创新。具有显著的技术颠覆性、非连续性和产业关联带动作用等特征。突破性创新常伴有一系列的产品创新、工艺（流程）创新以及组织创新，甚至导致产业结构的变革，是推动产业转型升级的重要驱动力。许多突破性大创新需要与它相关的若干小创新辅助才能发挥作用，小创新的渐进积累效果常常促使创新发生连锁反应，导致大的突破性创新出现。

三、技术创新战略

技术创新战略是指一个国家或企业对其技术创新活动所做出的总体谋划。技术创新战略在相当长时间对一个国家或企业的技术创新有着全局的、重大的影响，正确的技术创新战略关系到国民经济发展的持续性，决定着企业的生存和壮大。

通常，技术创新战略分为自主创新战略、模仿创新战略和合作创新战略3种类型：

(1) 自主创新战略

指以自主创新为基本目标的创新战略，是通过自身的努力和探索产生技术突破，并在此基础上依靠自身的能力推动创新的后续环节，完成技术的商品化，达到预期目标的创新活动。自主创新基本上都是率先创新。

(2) 模仿创新战略

指通过学习率先创新者的创新思路和创新行为，吸取率先者成功的经验和失败教训，引进购买或破译率先者的核心技术，并在此基础上进行完善、开发和商业化的一种技术创新策略。

(3) 合作创新战略

一种联合创新行为，通常以合作伙伴的共同利益为基础，以资源共享或优势互补为前提，有明确的合作目标、合作期限和合作规则，合作各方在技术创新的全过程或某些中间环节共同投入、共同参与、共享成果、共担风险。

第二节 技术创新基本理论

一、熊彼特创新理论

《经济发展理论》一书是约瑟夫·阿洛伊斯·熊彼特早期成名之作。熊彼特在这本著作里首先提出的"创新理论"，当时曾轰动西方经济学界，并且一直享有盛名。此书最先以德文发表于1912年，修订再版于1926年，逾数年又重印了德文第三版。1934年，以德文修订本为依据的英译本，由美国哈佛大学出版社出版，被列为"哈佛经济丛书"第46卷。

熊彼特创新理论的特点可以归纳为以下6点：

(1) 创新是生产过程中内生的

熊彼特说："我们所指的'发展'只是经济生活中并非从外部强加于它的，而是从内部自行发生的变化。"尽管投入的资本和劳动力数量的变化能够导致经济生活的变化，但这并不是唯一的经济变化；还有另一种经济变化，是从体系内部发生的，就是"创新"。

(2) 创新是一种"革命性"变化

"革命"的对象是原来的产品、原来的组织和原来的企业。熊彼特曾做过这样一个形象的比喻：你不管把多大数量的驿路马车或邮车连续相加，也决不能得到一条铁路。而恰恰就是这种革命性变化的发生，才是我们要涉及的问题。这就充分强调创新的突发性和间断性的特点，主张对经济发展进行"动态"性分析研究。

(3) 创新同时意味着毁灭

一般说来，"新组合并不一定要由控制创新过程所代替的生产或商业过程的同一批人去执行"。在竞争性的经济生活中，新组合意味着对旧组织通过竞争而加以消灭。如在完全竞争状态下的创新和毁灭往往发生在两个不同的经济实体之间；而随着经济的发展、经济实体的扩大，创新更多地转化为一种经济实体内部的自我革命。

(4) 创新必须能够创造出新价值

熊彼特认为，先有发明，后有创新；发明是新工具或新方法的发现，而创新是新工具或新方法的应用。"只要发明还没有得到实际上的应用，那么它在经济上就是不起作用的"。熊彼特强调创新是新工具或新方法的应用，必须产出新的经济价值，这对于创新理论的研究具有重要的意义。

(5) 创新是经济发展的本质规定

熊彼特把经济区分为"增长"与"发展"两种情况。经济增长，如果是由人口和资本的增长所导致的，并不能称作发展。发展是经济流转过程的自发的和间断的变化，是对均衡的干扰，熊彼特将发展定义为执行新的组合。

(6) 创新的主体是企业家

熊彼特把"新组合"的实现称之为"企业"，以实现这种"新组合"为职业的人是"企业家"。企业家的核心职能不是经营或管理，而看其是否能够执行这种"新组合"。每个企业家只有当其实现了某种"新组合"时才是一个名副其实的企业家，否则就只能算是一个经营者或经理。

二、诱导性技术创新理论

希克斯在《工资理论》一书中首先引入了诱导性技术进步的概念，他把技术创新区分为"节约劳动"的技术创新(使资本边际产出的增加大于劳动)、"节约资本"的技术创新(使劳动边际产出的增加大于资本)和"中性"技术创新(同比例地增加劳动和资本的边际产出)。20世纪70年代，在诱导性技术进步的基础上，速水佑次郎和弗农·拉坦在《农业发展的国际分析》中提出诱导性农业技术创新理论，即农业生产资源禀赋条件决定农业技术变迁的路径，生产诱导能够促进农业技术创新的产生，而农业生产要素价格的变动是农业生产诱导的原因，不同类型的农业技术要素产生于农业生产要素价格的变动诱导。在市场机制作用条件下，农民将受要素价格变化的影响和诱导，首先寻求的是那些能够替代日益稀缺的生产要素的技术选择。农业技术的供给者主要依靠市场价格响应农民的技术需求，进而促使研发技术产生变革。具备发育的市场是进行诱导性创新的必要前提，农业技术研发和推广应用的责任必须由政府来承担,政府要有专门针对科学家和科技管理人员的激励机制。

三、技术推动理论

熊彼特认为,"一般是生产者发动经济的变化,而消费者只是在必要时受到生产者的启发;消费者好像被教导需要新的东西",即生产方式的改变引导消费者相应需求的变化。技术推动理论认为研究发现和技术发明是技术创新的主要动力。技术创新过程起始于基础研究,经设计、生产和销售这一线性过程最终将新技术引入市场。技术推动了创新,创新带动了市场需求,市场是创新成果的被动接受者。这类技术创新往往起源于根本性的技术推动,并形成一个新的产业。如计算机、互联网的诞生催生了信息时代的各种生活和工作方式。

四、市场拉动理论

英国学者弗里曼和苏特认为"热情的科学发明家或工程师如果忽略了潜在市场的特殊要求或与市场相联系的产品的成本,可能会成为失败的创新者"。20世纪60年代,梅耶和马奎斯提出"需求(市场)拉动"模型。需求拉动论认为技术创新源自市场需求,即市场需求信息是技术创新活动的出发点。市场需求对产品和技术提出了明确的要求,再经过研究开发、生产出适合这一需求的适销产品。

技术推动理论和市场拉动理论分别将技术创新起始的动因归于研究开发和市场需求。现实中技术和市场并非截然对立的,更为常见的是技术和市场相互作用,共同引发了技术创新过程。没有技术的进步就不会出现全新的产品,原有的产品也失去改进的技术基础。市场需求为技术创新指明了方向,只有符合市场需求的技术创新才能实现大规模产业化。技术推动和市场拉动在产品生命周期及创新过程的不同阶段发挥不同的作用。市场拉动的创新通常是对现有技术、产品和工艺的改进和完善,是渐进性创新;而技术推动的创新通常是新的技术、产品和工艺的突破性创新。

五、政策激励理论

技术创新政策就是一国政府为了影响或者改变技术创新的速度、方向和规模而采取的一系列公共政策的总称。新古典经济学家在技术创新政策的研究中认为政府干预技术创新的合理性主要是因为在技术创新过程中存在着市场失灵,由政府出面来对于技术创新的方向、规模以及速度进行干预,从而使之朝社会收益最大化的方向发展,并平衡社会收益率与私人收益率之间的差距。

技术创新政策的内涵包括:第一,技术创新政策属于公共政策,目的是促进技术创新,提升技术创新能力和效率,进而增强技术创新能力,最终推动产业升级和经济可持续发展。第二,技术创新政策是政策体系。经济合作与发展组织提出技术创新政策的目的是把技术、政策和政府其他政策,特别是经济、社会和产业政策,包括能源、教育和人力资源形成一个整体。第三,技术创新政策作用于技术创新的各个不同的阶段,影响着技术创新的整个过程。

第三节 知识产权保护与技术创新

一、知识产权保护与技术创新关系

知识产权保护一般是指人类智力劳动产生的智力劳动成果所有权。它是依照各国法律赋予符合条件的著作者、发明者或成果拥有者在一定期限内享有的独占权利。党的十一届三中全会以后，我国知识产权工作逐步走上正规化轨道。党的十八大以来，党中央把知识产权保护工作摆在更加突出的位置，出台了《深入实施国家知识产权战略行动计划（2014—2020年）》《国务院关于新形势下加快知识产权强国建设的若干意见》《"十三五"国家知识产权保护和运用规划》等系列决策部署。我国法律体系中知识产权主要包括专利权、商标权、版权（著作权）、原产地名称（地理标志）、植物新品种、商业秘密等。1980年6月3日，中国加入世界知识产权组织（WIPO），正式成为该组织第90个成员国，这是中国知识产权国际合作与交流一个重要的里程碑。

知识产权制度为技术创新活动提供了一种内在动力源，推动了技术创新活动的发展和实现。技术创新本身具有较高的风险性，如果创新者进行较高的创新投入后不能从创新活动中获得一定的预期收益，创新热情就会受到打击。知识产权制度则通过法律规则建立了技术创新活动领域的社会经济秩序，降低了技术创新活动中的不确定性，保障了创新者的权益。同时，知识产权制度通过其对专有权利的确认机制，避免重复性劳动，减少重复性创造性活动的概率，促使人们在现有成果的基础上不断创新，有利于优化配置技术创新资源，提高技术创新效率，加快技术创新进程。

但是，知识产权作为一种垄断权利，在保护发明者利益，有可能阻碍整体技术的创新。知识产权的垄断性和专有性导致其他人不能自由运用这种知识产品，造成技术和信息的浪费，抑制人们对这项技术的再开发和升级换代。对创新者而言，垄断权使其不用担心目前的知识产品被竞争对手模仿，可以持续性地获得收益，这样就丧失了持续的创新动力，产生创新惰性。知识产权制度本身也是一种利益平衡机制，产权人利益和公共利益之间的平衡是知识产权制度永恒的主题。

二、专利与技术创新

专利权是指国家根据发明人或设计人的申请，以向社会公开发明创造的内容，以及发明创造对社会具有符合法律规定的利益为前提，根据法定程序在一定期限内授予发明人或设计人的一种排他性权利。英国是欧洲工业革命的发源地，也是世界上实行专利制度最早的国家。1624年，英国颁布了堪称现代专利法鼻祖的《垄断法》。美国也是世界上专利制度建立较早的国家之一，1790年颁布的美国第一部《专利法》是世界上自有专利制度以来的最系统、最全面的专利法。正如美国总统林肯预言的那样："专利制度就是给天才之火添加利益之油。"《中华人民共和国专利法》由我国第六届全国人民代表大会常务委员会第四次会议于1984年3月12日通过，自1985年4月1日起施行。

专利制度最初就是为了推动、保护和传播技术创新这一过程而制定的。专利制度能够实现对技术创新激励作用的关键在于它是关于产权界定的制度。专利权是私人财产权，也是人们对其发明创造享有的独占权。对这种产权进行界定使得技术创新的个人收益率能够大大提高，从而有效地激励了技术创新。

随着专利侵权诉讼的增加，专利保护面临着激励创新和克服垄断的两难选择，专利保护对技术创新的作用效果取决于专利的创新激励与垄断力量的权衡。当社会处于市场孕育发展时期，法律的保护重点应放在权利人利益这一边，帮助权利人尽快占据市场垄断地位，并使之不断稳固，以激发潜在的创新能力。当社会发展到市场成熟阶段，法律就会适当限制垄断权利的扩张，注重维护社会公共利益，以保持社会恒久的创新能力。

另外，专利数据是学术界最常用的技术创新衡量指标。现有的技术创新衡量方法大体可以分为两类：一是基于创新投入的衡量，如研发投入总额或强度、研发机构和研发人员数量等；二是基于创新产出的衡量，如新产品产值或开发数量、科技论文发表量以及专利申请量或授权量等。

三、植物新品种保护与技术创新

植物新品种保护是指国家审批机关按照相关的法律、法规，依据一定的程序授予植物新品种培育者利用新品种所专有的权利。植物新品种的本质就是授予育种者对其新品种享有排他权。

作为中国种业领域最重要知识产权保护制度的《中华人民共和国植物新品种保护条例》，由中华人民共和国国务院令第213号公布，自1997年10月1日施行。2022年11月，《中华人民共和国植物新品种保护条例》在进行了25年以来的首次全面修订后，已经开始向社会公开征求意见。

《国际植物新品种保护公约》(UPOV)是保护育种者权益的重要国际协定，旨在通过协调各成员国之间在植物新品种保护方面的政策、法律和技术，确保各成员国以一整套清晰、明确的原则为基础，对符合新颖性、特异性、一致性和稳定性要求的植物新品种的育种者授予知识产权，保护其合法权益。中国于1999年正式加入《国际植物新品种保护公约》，成为其第39个成员。

农作物育种作为农业科技创新重要的组成部分，对于保障粮食安全和农业可持续发展意义重大。植物新品种保护对农业技术创新的作用表现为：第一，对植物新品种进行有效的保护，有利于调动育种积极性，增加优良品种的数量。植物新品种保护授予品种权人在一定时期内生产、销售和使用授权品种繁殖材料的排他的独占权，品种权人通过品种权转让或自己实施品种权，从中得到相应的经济回报，为继续从事育种创新提供资金保障，从而调动育种投资者和育种者的积极性。第二，植物新品种保护有利于促进科技成果产业化。植物新品种保护制度为农业科研单位营造了一个良好的法制环境，为育种科研面向市场参与竞争找到了切入点，植物新品种权成为科企合作的桥梁和纽带，加速种业科技成果转移转化和产业化。第三，植物新品种保护制度有利于推动国际农业科技创新交流与合作。植物新品种保护制度为国际间的交流和合作营造公平、公正、开放的营商环境，有利于深化育种者之间的国际合作交流，参与新品种保护国际事务，形成优良品种双向选择的机制。

四、地理标志保护与技术创新

地理标志是重要的知识产权，是促进区域特色经济发展的有效载体，是推进乡村振兴的有力支撑，是推动外贸外交的重要领域，是保护和传承传统优秀文化的鲜活载体，也是企业参与市场竞争的重要资源。

地理标志保护产品是指产自特定地域，所具有的质量、声誉或其他特性本质上取决于该产地的自然因素和人文因素，经审核批准以地理名称进行命名的产品。地理标志保护产品包括：①来自本地区的种植、养殖产品。②原材料全部来自本地区或部分来自其他地区，并在本地区按照特定工艺生产和加工的产品。《地理标志产品保护规定》经2005年5月16日国家质量监督检验检疫总局局务会议审议通过，自2005年7月15日起施行。截至2022年10月，中国累计批准地理标志产品2495个，核准地理标志作为集体商标、证明商标注册7013件。

地理标志保护有助于推动地理标志产业技术创新。为了保护和加强当地农产品的特色与声誉，当地政府会围绕地理标志产业链种源、种植、流通、贮藏、深加工等技术难题，开展关键核心技术攻关，加强技术研发及专利布局。通过新技术的渗透和新业态的融合，不断提升农产品的地域独特性，而且从农产品种植研发到加工再到销售的整个过程中的费用大幅下降，效率大大提高，单位价值得到提升，减少了农户的时间和现金成本，从而实现农民增收效应。

第四节　农业技术创新过程演进

一、农业技术创新概念

陈会英和周衍平认为，农业技术创新是指农业科技成果（如新产品、新设计、新工艺）在农业生产实践中首次应用成功。

白献晓和薛喜梅认为，农业技术创新是指将农业技术发明应用到农业经济活动中所引发的农业生产要素的重新组合，包括新技术的研究开发、试验推广、生产应用和扩散等一系列涉及科技、组织、商业和金融活动等相互关联的综合过程。

夏恩君和顾焕章认为，农业技术创新是一个从新的农产品或生产方法的设想的产生，到普遍推广应用的完整过程，它包括从新思想的产生、研究、开发、商业化生产到扩散的一系列活动。

周曙东认为，农业技术创新是指新的农业科技成果（新产品、新工艺）从产生到应用到农业生产实践中的过程，它包括新思想的产生、研究开发、商业化生产到扩散等一系列复杂的创造过程。

顾海英认为，农业技术创新是包含着几个相互依存、相互融合的基本过程。即农业技术创新是一个不断构思发明新的农产品，新的农艺和新的农具设备，进行农业新技术的研究与开发或实验发展的过程是一个不断把农业新构思、新技术推广应用到农业生产实践中去的过程也是一个引进、消化、吸收、模仿、改良、扩散农业新技术，重新组合原有农业技术的过程也是一个应用先进的物质设备和应用资源合理有效配置的手段，通过市场把农业新构想、新技术和原有生产要素投入物转变成新的农艺和新的农产品的长期增殖，不断提高农业生产、社会经济、生态效益的过程。

基于不同学者关于农业技术创新的认识，本书将农业技术创新定义为参与农业技术创新过程的一系列创新主体，基于农业科技创新基础和农业科技创新环境，通过协同互动创造新知识，发明新品种、新技术，并将其应用推广到农业生产实践中，从而实现经济效益、社会效益与生态效益协调统一的全过程。

农业技术创新概念包括4层含义：

(1) 农业技术创新活动由多元农业技术创新主体共同完成

农业技术创新主体包括政府、涉农企业、农业高校、农业科研机构、农业中介服务机构与农民等。多元农业技术创新主体彼此联系、相互作用，通过开展协同创新共同完成农业技术创新活动，创新主体间的协调性影响了农业技术创新水平。

(2) 农业技术创新要基于国家或地区特定的技术创新基础和技术创新环境

技术创新基础是支撑技术创新活动的公共平台，不仅反映了一个国家或地区的经济与社会发展基础和水平，还体现了对农业技术创新发展的重视程度、投入和贡献。技术创新环境是国家或地区通过合适的制度安排，在社会文化氛围、农业政策设计、法规框架制定等方面为农业技术创新活动提供的发展环境，主要包括资源环境、政治环境、经济环境、文化环境、科技环境和生态环境等。

(3) 农业技术创新过程包括研发、转化、推广、应用以及效益实现等主要阶段

农业科学研究与技术开发环节产出科技创新成果，这是科技创新的源泉。农业科技创新成果只有走出实验室，经过转化和推广应用到田间地头，真正转化为成熟的产品与先进的模式，才能真正提高农业发展质量和农业综合效益。

(4) 农业技术创新的最终目标是实现经济效益、社会效益与生态效益的协调统一

农业技术创新不能仅着眼于经济效益而忽视社会效益和生态效益，农业技术创新不能以牺牲环境、消费能源为代价，而是要体现"生态、低碳、循环经济"等理念，要用长远的战略眼光来进行技术创新。

二、农业技术创新特征

与工业部门不同，农业生产对象是有生命的植物和动物，农业技术产生于自然再生产与经济再生产相统一的农业生产，农业技术是以生物资源的利用、控制和改造为中心，因此农业技术与其他行业的技术相比具有很大特殊性，主要表现为：

(一) 公共产品特性

农业基础设施建设、生态环境保护、减灾防灾工程等农业技术成果的供给过程均需要大量的资本、人员等要素的投入，且其收益不具独占性，在成果消费上呈现出非竞争性（当一个人利用这种知识时，其他人利用这种知识的机会不会减少）与非排他性（无法排除

任何人利用其获利的可能)。上述农业技术成果的外溢性较强,容易产生"免费搭便车"的问题。农业技术的公共产品属性决定了农业技术的研究与推广离不开各级政府的财政支持和补贴。

(二)区域性与季节性

农业生产活动在时空上具有明显的区域性和季节性,不同地区的农业生产条件及其形成的社会经济背景均存在一定的差异。与此同时,随着区域经济发展水平的变化以及农业生产条件的改变,农业生产活动也会产生变化,呈现出不同的时序演进特征。因此,无论从农业技术的需求产生背景、研究开发条件,抑或是从其成果的应用与推广的过程来看,农业技术必须基于当地的区域资源情况、生态环境条件,并符合当地社会经济发展的阶段特征,即农业技术创新活动具备空间上的区域性。在农业生产活动中,植物、畜禽和水产的生长发育均具有一定的周期与季节规律,并且农业技术基础研究与应用研究的展开需结合农业生物的属性,因此,农业技术亦具有一定的季节性。综上所述,基于农业科技材料的生物属性,农业科技不仅需要考虑当地的气候、地形、土壤、水文和生物等生态环境,还需要考虑当地的科技创新体制、市场发育、产业政策等社会经济因素。

(三)过程复杂且周期长

农业科技参与主体众多的特征决定科技创新过程复杂程度较高、难度较大;农业科技涵盖了农业生产的产前、产中与产后等多个领域,即农业生产活动的整个价值链都可能存在并形成相应的科技成果;加之农业科技的区域性特点共同导致了农业科技创新过程呈现出较为复杂的属性。农业科技也呈现出明显的时滞性,具体表现为:农业新技术由研究开发到推广应用的整个过程,以及对比研究现存技术与新技术的应用效果受自然条件和农作物生长周期的影响,因此对比参照的过程相对于其他部门来说所花费的时间更长;政府部门对于农业科技成果的认可以及如何在行业中树立标准、建立科技成果应用的配套环境、引导科技成果广泛投入应用均要经过较长的时间;农业新科技的需求和应用受到农民素质约束和农户经营规模制约。农民较低的文化素质和农户小规模分散经营均会限制农业科技成果的应用效果;农业科技的投资收益本身具有一定的滞后性,当年的农业科技投资收益一般需要滞后若干年后才会得到回报。

(四)不确定性和风险性

农业技术创新过程包含研究探索过程、农业知识转移过程以及创新者与应用者之间的相互作用的过程,并与生物特性、自然条件多样性等紧密相连,致使农业技术创新较其他领域创新隐藏着更多的不确定因素。不确定性具体表现在:农业技术人员对各生产要素变数的把握需要艰难的观察和探索,对创新的发展方向及其最终可能形成的结果存在不确定性;对大自然各种条件的约束下生产要素的重新构架组合是否受到冲击或破坏无可预测;对农业技术成果能否通过市场需求即农民的检验,完全地反映市场的需求存在不确定性;对农业技术成果推广过程中区域农业资源禀赋和农民素质等因素的差异导致成果转化的效果也有很大的不确定性。农业技术还存在一定的风险性,其主要风险来源于时滞风险、自然风险、制度风险、经济风险、市场风险、政策风险以及新技术本身真实性引致的技术成果的"柠檬市场"的风险等方面。

三、农业技术创新动力与模式

农业技术创新的动力主要来自技术推动、市场拉动和技术推动-市场拉动综合作用。农业技术推动是指由农业技术发展的推动作用而产生农业技术创新。农业需求拉动是指市场需求的拉动作用而产生农业技术创新。农业技术推动-市场拉动综合作用是指由农业技术发展的推动和市场需求的拉动共同作用而产生农业技术创新。

根据农业技术创新的动力来源,农业技术创新模式划分为技术推动型创新模式、需求拉动型创新模式和技术推动-市场拉动综合作用型创新模式。

在农业技术推动型创新模式中,农业研究发现和技术发明是农业技术创新的主要动力。农业技术创新过程起始于基础研究,经设计、生产和销售这一线性过程将新技术逐步引入市场。

在农业需求拉动型创新模式中,技术创新源自市场需求,即市场需求信息是技术创新活动的出发点,再经过研究开发、生产过程创造出适合市场需求的适销产品。

农业技术推动-市场拉动综合作用型创新模式强调技术和市场对于农业技术创新过程的共同作用。技术推动和市场拉动在技术创新过程中发挥不同的作用即技术推动作用通常会创造新的农业技术、产品和工艺;市场拉动作用通常会促进现有技术、产品和工艺的改进和完善。

四、农业技术创新过程

基于上述对农业技术创新概念、特征、动力与模式的界定来看,农业技术创新是包括农业技术研发、转化、推广、应用以及效益实现的复杂过程,具有明显的阶段性。

农业技术研发是指涉农企业、农业高校和农业科研机构等农业研发部门为获得农业新品种、新技术而从事的有计划的调查、分析和实验活动。

农业技术成果转化是指为提高农业生产力水平而对科学研究与技术开发所产生的具有实用价值的科技成果所进行的后续试验、开发、应用、推广直至形成新产品、新工艺、新材料,发展新产业等活动。

农业技术推广是指通过试验、示范、培训、指导以及咨询服务等,把应用于种植业、林业、畜牧业、渔业的科技成果和实用技术普及应用于农业生产的产前、产中、产后全过程的活动。我国农业技术推广体系包括国家、省、市、县、乡等,县乡两级的农业技术推广部门是推广体系的主体,直接面向农民并为农民服务。

农业技术应用是将农业技术创新成果付诸于农业生产经营实践。农业技术渗透于生产力三要素的物化形式,使诸要素的综合效能得到有效发挥,促进农业生产力持续发展。农业技术与劳动者有机融合,促使农业劳动者的智力、知识和技能水平提高,从而减轻劳动强度,提高劳动效率。农业技术创新成果物化为劳动资料,不断推动劳动资料的改造、完善,使劳动手段更加现代化。农业技术发展使劳动对象发生根本性的变化,提高了农业劳动对象的效能和效用。

农业技术效益实现包括经济效益、社会效益与生态效益的协调统一。通过流通消费环节,实现农产品到商品的转化,获取农产品的附加值,进而增加农民收入,提升农村居民生活水平,促进农村经济发展。通过推广应用绿色、低碳、生态、环保、循环农业技术,更好地实现农业绿色发展和可持续发展。

第五节 农业绿色技术创新

一、绿色技术创新内涵

投资驱动下高能耗的传统增长模式引发了资源危机与环境恶化,绿色可持续发展成为当今世界的主旋律,绿色技术创新应在经济转型中起到引领作用。

绿色技术概念首先由布朗(E. Brawn)和威尔德(D. Wield)于1994年提出,他们认为绿色技术是减少环境污染、降低能源及原材料消耗的技术、工艺或产品的总称。绿色技术是指降低消耗、减少污染、改善生态,促进生态文明建设、实现人与自然和谐共生的新兴技术,包括节能环保、清洁生产、清洁能源、生态保护与修复、城乡绿色基础设施、生态农业等领域,涵盖产品设计、生产、消费、回收利用等环节的技术。

绿色技术创新把技术创新与生态系统融合起来,也称为生态技术创新,属于技术创新的一种。一般把以保护环境为目标的管理创新和技术创新统称为绿色技术创新。绿色技术创新突破了传统技术创新"高投入、高消耗"的发展模式框架,有利于节约资源、保护环境,因此,日益成为绿色发展的重要动力,成为打好污染防治攻坚战、推进生态文明建设、推动高质量发展的重要支撑。

绿色技术创新政策主要包括两大类:第一类是与环境规制相关的政策,这类政策通常包括命令控制型、市场激励型与自愿规制型3种,市场激励型政策具体可分为数量激励型与价格激励型;第二类是与技术创新相关的政策,如促进企业进行技术研发的税收优惠与减免、研发补贴、专利保护及技术改造与推广等创新激励政策。

二、农业绿色技术创新概念

党的十八大以来,党中央、国务院高度重视绿色发展。习近平总书记多次强调,绿水青山就是金山银山。推进农业绿色发展是农业发展观的一场深刻革命,对农业技术创新提出了更高更新的要求。围绕提高农业质量效益竞争力,破解当前农业资源趋紧、环境问题突出、生态系统退化等重大瓶颈问题,实现农业生产生活生态协调统一、永续发展,形成节约资源和保护环境的空间格局、产业结构、生产方式、生活方式,迫切需要强化创新驱动发展,转变技术创新方向,优化技术资源布局,改革技术组织方式,构建支撑农业绿色发展的技术体系。

农业绿色技术创新是指在农业生产经营中,采用新的高效、清洁、安全的绿色科学知识和技术手段及相应的绿色经营管理方式,实现持续增长的生产率、持续提高的农业生态环境以及持续利用的农业自然资源,实现农业的高产、优质、高效、低耗,保持人、环境、自然与经济的和谐统一,把农业发展建立在自然环境良性循环的基础之上,从而实现农业可持续发展的过程。

农业绿色技术创新更加注重资源节约，改变农业高投入、高消耗、资源透支、过度开发的发展方式，提高土地产出率、资源利用率、劳动生产率，实现农业节本增效、节约增收。农业绿色技术创新更加注重环境友好，大力推广绿色生产技术，加快农业环境突出问题治理，重显农业绿色的本色。农业绿色技术创新更加注重生态保育，加快推进生态农业建设，培育可持续、可循环的发展模式，将农业建设成为美丽中国的生态支撑。农业绿色技术创新更加注重产品质量，增加优质、安全、特色农产品供给，促进农产品供给由主要满足"量"的需求向更加注重"质"的需求转变。

三、农业绿色技术创新类型

农业绿色技术可大致分为绿色农产品生产与加工技术、农业资源保护和利用技术、农业废弃物循环利用技术3种主要类型。按照农业绿色技术类型的分类来划分，农业绿色技术创新包含绿色农产品生产与加工技术创新、农业资源保护和利用技术创新和农业废弃物循环利用技术创新。

绿色农产品生产与加工技术创新主要包括有机肥技术、生物固氮技术、绿色除草技术、病虫害绿色防治技术、绿色饲料添加剂技术、兽用安全疫苗和低毒兽药技术、农产品低碳减污智能化加工贮运技术、食品安全与质量检测技术等农业技术创新。

农业资源保护和利用技术创新包括农业面源污染防治技术、土壤改良技术、水生态环境修复技术、节水灌溉技术、精准施肥技术、精准投喂技术、节能低耗智能化农业装备生产技术等农业技术创新。

农业废弃物循环利用技术创新主要指"种、养、加"相结合的资源循环利用技术，包括养殖粪污绿色处理和循环利用技术、秸秆资源化利用技术、可降解农用薄膜生产技术、池塘绿色生态循环养殖技术等农业技术创新。

四、农业绿色技术创新与农业生态效率

生态效率的概念集成了经济与生态双向效率的理念，用来测度由于发生某种变动之后所引起的经济价值变动与变动导致的环境影响之间的关系。农业生态效率是生态效率在农业领域的具体应用，是以农业资源的可持续利用为核心，着力实现资源节约与污染物排放减量为目标，是一种满足人类对于农产品需求的基础上评价农业生产和经济综合绩效的综合性指标，包含农业投入产出和生态投入产出两个方面。学者在评价农业生态效率时，常将土地、劳动力、机械动力、灌溉、化肥、农药、农膜、能源等作为农业要素投入指标，农业总产值作为期望产出指标，农业面源污染排放和农业碳排放作为非期望产出指标。

农业绿色技术创新是提升农业生态效率的根本动力。提高农产品的科技含量和产出成效，利用技术创新来优化要素投入，改善农业生态环境，都将提高农业生态效率。

同时，农业生态效率作为一种衡量指标的测算可以很好地在农业生产、资源消耗、环境保护之间实现协调发展，对促进农业绿色可持续发展层面具有重要作用，同时作为一种

衡量指标,可以有效推动农业绿色技术创新。农业生态效率反映着绿色农业发展的着力点和质量。

创新创业教育案例五

兴业:"低碳农业"实现经济生态双赢

兴业县是广西生猪主产地之一,现有规模养猪场、养猪户5000多户,全年出栏肉猪60多万头。为减少养猪业对生态环境的影响,该县加强环保型畜牧养殖业管理,积极推行无公害畜牧养殖,引导规模养猪场、养猪户以建设沼气池为突破口的方式推进无公害化养殖,推广健康、生态养殖方式,发展畜牧产品。同时,大力实施"沼气进农家"工程,把沼气池建设作为民办实事项惠民工程来抓,深入推广生态庭院建设。目前全县建立了23 000座沼气池。如今,在该县广大农村都流传着建设沼气池的顺口溜:"早建赢、迟建亏、不建支出实不低!"沼气不仅改变了农民传统的生产生活方式,而且延长了产业链,实现了增长方式的转变,促进了生态农业建设。现在,该县形成了"猪—沼—果""猪—沼—菜""猪—沼—渔"等多项综合利用循环模式。该县葵阳镇农民吴点文通过土地流转承包坡地500亩搞立体种养,采用"养殖(猪+鸡)+沼气+沼肥+果树"模式,种植黄金橘、贡柑、砂糖橘、荔枝、鸡心黄皮等,年出栏肉猪5000头,肉鸡80 000羽;种出来的贡柑、黄金橘等水果肉嫩鲜甜,受到了消费者青睐,供不应求,既节约了成本,又增加了收入,实现了经济效益和生态效益的双丰收。

大力发展免耕种植业,秸秆还田是兴业县发展"低碳农业"的又一亮点。农民梁大伯说:"以前,秋收结束后一把火就烧掉的稻草,现在可值钱了,随着村中的免耕马铃薯面积不断扩大,需大量的稻草覆盖,我们不但不烧还要购买稻草才够用。"由于马铃薯免耕技术具有薯块大、表面光滑,色泽光亮,收获不用挖薯的优点,即:摆一摆,盖一盖,捡一捡就可以实现农民增产增收,所以很受农民朋友青睐。目前,该县在大平山镇南村、阳村、三联、高良等村建立"稻薯双免技术"万亩高产示范田,全县发展冬种马铃薯10万多亩。仅食用菌、免耕马铃薯每年消化稻草秸秆约占该县超26万亩晚稻产生秸秆的12%左右。

本章小结

技术创新是一个从新产品或新工艺设想的产生到市场应用的完整过程,包括新设想产生、研究、开发、商业化生产与扩散等一系列活动。按技术创新内容可以划分为产品创新、工艺(流程)创新和服务创新;按照技术创新程度可以划分为渐进性创新和突破性创新。技术创新战略通常被划分为自主创新战略、模仿创新战略和合作创新战略。

知识产权保护对于技术创新活动具有双向作用:知识产权保护制度为技术创新活动提供了一种内在动力源,推动了技术创新活动的发展和实现;知识产权作为一种垄断权利,在于保护发明者利益,但有可能阻碍整体技术创新。

农业技术创新是参与农业技术创新过程的一系列创新主体,基于农业科技创新基础和农业科技创新环境,通过协同互动创造新知识,发明新品种、新技术,并将其应用推广到农业生产实践中，从而实现经济效益、社会效益与生态效益协调统一的全过程。农业技术创新具有公共产品特性、区域性与季节性、过程复杂且周期长、不确定性和风险性等特征。

农业绿色技术创新是指在农业生产经营中，采用新的高效、清洁、安全的绿色科学知识和技术手段及相应的绿色经营管理方式，实现持续增长的生产率、持续提高的农业生态环境以及持续利用的农业自然资源，实现农业的高产、优质、高效、低耗，保持人、环境、自然与经济的和谐统一，把农业发展建立在自然环境良性循环的基础之上，从而实现农业可持续发展的过程。通常包括绿色农产品生产与加工技术创新、农业资源保护和利用技术创新及农业废弃物循环利用技术创新3种类型。

思考与练习

1. 试从技术创新的内容角度和程度角度论述技术创新的分类。
2. 简述知识产权保护与技术创新的关系。
3. 简述农业技术创新的概念及特征。
4. 简述农业技术创新的过程。
5. 简述农业绿色技术创新的概念与类型。
6. 选择一家你所熟悉的农业企业，试从技术创新的内容角度和程度角度对其进行分析，并为其提出创新发展方案。

第六章 农业技术采用与技术扩散

第一节 农业技术组织

一、发达国家农业技术组织

(一)美国的农业技术组织

1776年以后,美国随着农业开发和农业资本主义经济的日渐发达,特别是西部开发运动对农业教育、农业科学试验和农业推广的需求日益迫切,因而相继通过立法程序,建立农业教育、科研、推广相结合的合作推广体系,使美国的农业推广迅速兴起。1862年7月2日,美国总统林肯签署了《莫里尔法》(Morrill Act of 1862),亦称《赠地学院法》。该法案规定:拍卖各州一定面积的联邦公有土地来筹集资金,用于每州至少成立一所开设农业和机械课程的州立学院。这个法案促进了农业教育的普及。1877年,美国国会通过《哈奇法》(Hatch Act of 1877)。该法规定:为了获取和传播农业信息,促进农业科学研究,由联邦政府和州政府拨款,建立州农业试验站。试验站为农业科研机构,属美国农业部、州和州立大学农学院共同领导,以农学院为主。农学院的教师在同农民的接触中了解到农民对技术和信息的渴求,促使1890年美国大学成立了推广教育协会。

1892年,芝加哥、威斯康星大学开始组织大学推广项目。到1907年,39个州的42所学院都参加了农业推广活动。1884年,南伯(Knapp S. A.)担任依华州农学院院长,后任美国农业部部长,强调通过亲自实践来学习,通过示范教育,让农民根据自己农场的条件进行耕种。1903年他亲自在得克萨斯州创建合作示范农场,推广良种和新技术,后来被美国人称为美国农业推广之父。巴特裴尔德(Butterfield K. L.)曾任马萨诸塞州农学院院长,主张由农学院搞农业推广后被美国农学院协会委任为推广委员会主席。该委员会举办农民学校,巡回教学,出版刊物,举办展览。他坚持将农业推广作为学院工作的一部分,把推广同教学、科研置于同等地位。1914年5月8日,威尔逊总统签署了《史密斯利弗法》(Smith-Lever Act)即《合作推广法》。该法案规定,由联邦政府拨经费,同时州、县拨款,资助各州、县建立合作推广服务体系。推广服务工作由美国农业部和农学院合作领导,以农学院为主。这一法案的执行,奠定了延续至今的美国赠地学院教学、科研、推广三位一体合作推广体系的基础。

(二)日本公务员与农协并行的农业推广组织

20世纪60年代中期以后,日本农业迅速发展,农民的经营范围和规模不断扩大,兼业农户剧增,农村形成了农产品主产地。面对农村形势的新变化,日本政府于60年代中期及时对农业推广组织和活动体制进行了调整,并进行了制度改革,把农业技术推广员分为区域农业改良员和专门改良普及员两种，分别负责市町村区域的推广工作和专项技术的推广工作，实行功能分担方式，并把普及所由原来的 1586 个调整合并为 630 个（平均每 5 个市町村设 1 个普及所），农业技术普及人员 14 万多人（1970 年）。但是，随着科学技术的进步，农业生产技术迅速提高，农业经营范围在不断扩大，尤其是新、高技术在农业生产上的直接应用，农民对农业技术推广指导的要求越来越高，功能分担方式的农业推广活动已逐渐不能适应其发展，因此从 1980 年起将功能分担方式改为区域分担方式，由各类改良普及员共同组成指导队，就振兴地区农业实施指导。在人员方面，自 1968 年开始实行国家公务员制定额管理。

在日本还有一套民间农业推广组织，这就是日本农业协同组合。日本农业协同组合是依据 1947 年公布的《农业协同组合法》（简称《农协法》）而成立的自主性的农民组织，负责对农民的生产和生活进行一般性的技术指导。在《农协法》第十条中特别指出，农协要办理营农指导事业，即与农业技术、农村文化、农民生活和改善经营有关的教育活动。因此，农协的营农指导和政府农业普及活动工作方向相差不大，主要差别是事业主体不同，指导员的工作特点和方法不同。按照农协的业务内容和规模的不同，生产指导活动的组织机构分为专门性指导机构和综合性指导机构。专门性指导机构是按照农业生产具体内容，针对某一部门单独设置一种机构方式来开展农业生产指导活动的，多见于经营规模较大，经济实力较强的综合农协。综合性指导机构，不具体区分各生产部门的活动内容，只设一个统一的指导机构，通过在组织内部对各技术人员的分工来开展技术指导活动。由此可见，日本的农业推广活动，是通过政府的农业改良普及事业和农协来开展的。

（三）英国发展咨询式的农业推广组织

第二次世界大战以后，英国的缺粮情况仍相当严重，政府继续执行战时对农业的扶持和保护政策，把全国近 80% 的土地面积用于农业生产，鼓励发展粮食生产和缩减谷物及农副产品的进口额。为了更有效地指导全国农业推广工作，英国政府于 1946 年在英格兰和威尔士建立了全国农业咨询局（National Agricul-tural Advisory Service, NAAS），直属英国农渔食品部领导，下设农业土地、兽医调查和奶业 3 个处，主要任务是向农民和农场主提供有关农业生产、科学技术和农业教育方面的免费咨询，并在全国主要农业地区建立了 13 个畜牧实验站和 9 个园艺实验场。除了在中央一级设有农业咨询局外，英国政府还根据 1947 年《英格兰和威尔士的农业法》，以及 1948 年《英格兰农业法》，在地区和部设立了农业咨询推广机构，并派驻高级农业咨询官，配备土壤化学、昆虫学、植物病理学、畜牧学、农业机械和农场管理等方面的专家。这些机构的主要职责是作为政府部门中的代表，协助郡农业委员会发展农业生产，制定农业法规和部门计划，使农业技术标准不断完善。例如，检查和发放种畜许可证，依照牛奶法检查奶牛场卫生状况和奶品卫生检验，监督和鉴定农作物、牧草、蔬菜（包括果树和根茎类作物）种子及其销售，动植物检疫等。英国的农业咨询局在 1965 年时已拥有 2075 名经过专门训练的专业咨询推广人员。到 20 世纪 70 年代初，由于队伍的壮大，英国农业生产的产值比第二次世界大战结束时增加了 66%，这说明发展咨询式的农业推广工作对战后英国农业的发展起了巨大的推动作用。

（四）法国农业发展式的农业推广组织

在法国，农业推广活动被称为农业发展工作，发展其意不仅包括了某一技术，某一经验，而且还包括某一地区，某一农场，某一系统产品、技术的开发传播生产能力的全面提高与发展。1879年6月16日法国议会通过修改后的《教育法》，决定在全国范围内进行农业教育。1884年农业公会得到政府承认，1900年农业互助会、1901年农业协会也相继得到合法地位。1912年成立农业服务局，该局的任务：一是负责教育，二是充当农业顾问，三是作为公共部门参与政府的农业决策。农业服务局领导下的教育机构与农业行业公会、农业互助合作和信贷机构共同组成了法国第一个面向农民和农业的推广组织。1919年成立了省农会，其任务是通过农业推广部门、农民协会帮助农民改进生产方法，并为此设立了一些专门部门，如农业研究院、农村工程处以及兽医和植保专门机构，并取得了较好的成绩。同年还成立了省和大区农业公司，这是私人机构，他们也向农民传播、推广农业生产技术。

第二次世界大战以后，法国农业推广工作大规模开展起来。1946年开始，推广第一次正式列入了国家预算，地区技术研究中心从1954年90个增加到1959年的679个。1954年政府增加了对农会的资助，并支持农会成立了一个农业推广的机构——农益发展处，负责在农村地区进行农业推广，并在1957年成立了全国农业推广进步委员会，在省一级设立农业局。在法国，传播推广农业科技知识和农业技术信息的任务由农学家、农艺师、农村工程、水利和森林工程师负责。在20世纪70年代末至80年代初还建立了全国试验和示范网，并确定了6个优先部门：谷物、水果和蔬菜、养牛、养羊、养猪、农田水利。由于这些试验示范网的建立促使基础科研、应用技术和教育部门的力量协调起来。法国在1959—1962年先后颁布了《农业指导法》和《农业指导补充法》，1966年颁布了《关于农业发展规划经费和实施的第66-744号法令》，该法令正式决定将推广改为发展，加强农业行业组织对发展的作用。第二次世界大战后通过这些立法活动大大推进了法国农业发展组织的建立，促进了法国农业的迅猛发展，为奠定法国农业大国地位打下了基础。

(五)德国综合咨询式的农业推广组织

在德国，人们把农业推广定义为一种咨询活动，其目标是帮助农民使其能够改变自己的行为以解决或缓和其面临的问题，手段是沟通，关系是自愿合作或合伙(即没有强制、操纵或控制)。如果人们真正能够为目标团体着想，了解他们的问题，同他们进行成功的沟通，那么就会找出适当的且能为目标团体所接受的解决问题的方案。农民采纳建议后，问题就能得以解决或缓和，这是德国的农业推广理念。

德国农业推广咨询组织由德国的农业行政领导机构领导和管理，分四级管理：一是联邦政府的农业营养部；二是州政府的农业营养部；三是地区农业局，与之平行的机构是农村发展研究所、畜牧教学科研实验站；四是县农业局。各个层次的任务大体相同，主要是农业行政管理、成人训练、职业教育和农业推广咨询。官方咨询机构主要设置在州政府，由州政府农业营养部执行咨询任务。

德国的咨询工作除从行政上进行农业推广咨询外，还有许多民间性的组织。①农民协会，德国的农民协会具有不同地域，不同层次的特点，它不仅代表了职业阶层的政治利益，也为会员的事业服务。农协创办有农业周刊，负责信息传递，农协还为会员和非会员解答关于法律、税收、保险等问题，承担社会咨询任务。②联合体咨询，是官方咨询的必要补充，主要指各农业联合体的内部咨询。联合体咨询作为生产者联合会、生产控制团体、育种协会等的咨询。肉食生产中的生猪育肥控制团体、仔猪生产团体、动物育种协会以及蔬菜果树栽培等方面的生产者联合会也在其工作范围内进行系列咨询活动，咨询工作经费来自被咨询人员的捐赠和国家补助。③合作社咨询，除市场情况以外，农村信贷物资合作社也提供农产品收获、销售及资金信贷等方面的咨询。④教学单位与科研机构的咨询，科研机构如农业发展研究所和畜牧教学科研试验站的任务主要是对科研成果应用进行研究和试验，并培训科技人员，教学研究单位有大学、专科学校的农业推广咨询机构等，主要任务则是从事关于农业推广理论与方法的研究，一般不直接对农业企业、家庭农场、农场主和农业工人进行农业推广咨询。

(六) 丹麦咨询服务式的农业推广组织

丹麦是一个农业十分发达的国家，丹麦的农业推广活动被称为农业咨询服务。丹麦的农业咨询服务工作，是从 19 世纪 70 年代开始的。开始时，绝大部分的咨询专家是专业性的，由国家雇用。但不久，国家就采取了只是给予一部分财政资助的办法，把雇用的咨询专家和管理咨询服务机构的工作交给了农场主联合会和家庭农场主协会两个农民组织。现在，大部分的咨询专家由这两个农民组织雇用，国家只为咨询专家及助理员支付 70% 的工资和差旅费。咨询专家根据官方制定的规章制度，开展农业咨询服务工作。

地区农民组织雇用的咨询专家，根据当地农业生产需要从事各个不同的专业领域咨询服务，有一般性的咨询专家，也有单一专业的咨询专家。随着时间的推移，各个不同的专业咨询服务逐步发展起来，并逐步取得立足地位。乳牛业、畜牧业、种植业、农业会计专业、家庭经济，还有如园艺、果品、皮毛生产以及其他小项专业咨询项目逐渐成立，对丹麦的农业发展起到巨大推动作用。1971 年，丹麦农场主联合会和丹麦家庭农场协会共同建立了丹麦农业咨询中心，作为丹麦全国农业咨询工作的总部及主要业务部门。至今，虽然各种专业有所变动，但咨询服务组织、各种机构及服务内容仍保留下来，并不断得到丰富和加强。

综上，通过对不同发达国家农业技术组织及机构性质、职责等对比分析，发现虽然各个国家国情不同，但是，农业技术组织有几个共同的特点：一是各国政府都把农业推广当作一项公益事业；二是众多的民间成分参与农业推广活动；三是学校及科研单位都积极参与。

二、我国农业技术组织历史变迁

从世界各国农业技术组织发展的历史看，农业技术组织性质和范围，随着时间、空间的变化而变化。在不同的历史时期、不同的地域范围、不同的生产水平下，各国需根据自己的国情，因地制宜地选择不同的推广方法。了解和掌握我国的农业技术组织发展轨迹，才能更好地创新，以达到农业推广应用效果的最大实现。

中国农业技术组织的发展经历了曲折的过程，追溯其历史变迁轨迹，按照新中国成立这一历史事件划分，分为新中国成立前农业技术组织的历史变迁和新中国成立后农业技术组织的历史变迁两大重要时期。

(一) 新中国成立前农业技术组织的历史变迁

我国具有悠久的农业文化。早在数千年前，就有了原始的农牧业生产，逐步发展形成传统农业，同时也出现了农业推广活动。

1. 原始农业的教稼组织

我国原始农业阶段的教稼相传开创于神农时代，兴起于尧舜时代的后稷"教民稼穑，树艺五谷"，逐步形成行政推广体制。周王朝时就有了官办的督导农业组织和官员，以教育、督导与行政管理、诏令相结合的教稼方式渐趋稳定。

2. 西汉时期的劝农组织

秦、汉时期从中央到地方设立劝农官制度，特别是西汉时期，我国已诞生了农村试验示范基地的雏形。西汉著名劝农官赵过通过总结民间经验，改进农具，将"新田器"和"代田法"在"离宫"原地进行配套试验，建立示范样板，令各地郡守派遣所属各级长官和有经验的老农参观、学习，并要求分别在公田和私田进行示范推广，首创了我国试验、示范、培训、推广相结合的跳跃式传播范例。

3. 唐宋时期的农业技术传播与养发体制

唐宋时期是我国古代农业生产和社会经济繁荣时期，注重农业生产技术推广。唐代武则天执政时，召集地方农业官员和学者到京城长安编写农书并分发各地，开创了政府用文字材料向全国传播农业知识、推广农业技术的先河。宋代农业推广甚有成效，宋太宗淳化年间取得农业大丰收，公元11世纪初宋真宗实行养发政策，"推广淳化之制，而常平、惠民仓遍天下矣"。这是"推广"一词用于农业活动的最早记载。

4. 明朝的农业技术与作物引进制度

明朝宰相徐光启撰写了《农政全书》，书中总结了我国农业生产的经验，还介绍了西方农业科学技术知识。公元1594年，明代商人陈振龙从菲律宾引进甘薯，在福建试种成功后推荐给福建总督金学曾。金亲自撰文宣传，下令全省推广种植甘薯，帮助福建民众度过一次特大灾年，后经一百多年传播，终于使甘薯在我国各地推广种植。

5. 清康熙时期的多点试验体制

清康熙时期，我国的农业试验示范已形成了一定的科学程序。1715年，清圣祖康熙将亲手选育的御稻良种赐给苏州织造李煦，令其在江南试种双季稻。李煦在苏州亲自选择试验示范田，主持试种，并发送给两江总督等六官员进行多点试验。他将早熟御稻良种双季种植，以当地稻种单季种植做对照，就试验示范面积、插秧期、收获期、产量等进行详细记录，并逐年向康熙报告。这项工作历时8年，创造出试验、示范、繁殖、推广整套科学程序。到1909年清政府制定了《推广农林简章22条》，规定设农事学堂、农村讲习所、农事试验场等。

6. 中华民国时期的农业推广示范区和农业推广辅导区制度

辛亥革命后，1912年设立农林部，建立20多所试验农场，开展农业技术示范工作。1929年国民党政府公布了《农业推广规程》，并设立直辖试验区；1931年国民党中央农业推广委员会与金陵大学合办了乌江农业推广试验区；1945年国民党设立了首都农业推广示范区，并按行政区域和自然条件，设立了农业推广辅导区，每区包括10余个县。

(二)新中国成立后农业技术组织的历史变迁

新中国成立后农业技术组织的历史变迁路径，根据其历史发展形态划分为形成期、低谷期、恢复发展期和调整重构期4个阶段。

1. 农业技术组织的形成期

20世纪50年代，可以称为农业技术组织的形成期。这一时期，我国农业生产的基本特征是粮食供给严重短缺，粮食单产低，作物有效种植面积小，农业发展的首要目标是实现粮食增产增收，缓解供求矛盾。此时，农业技术组织的构建也主要以此目标展开。到20世纪50年代末，初步形成了中央省、县、乡四级以技术推广、植物保护和良种繁育为主要功能的农业技术组织。

2. 农业技术组织的低谷期

20世纪60年代到70年代，这一时期可称为农业技术组织的低谷期。中国农业技术组织先后遭受两次大的冲击，第一次冲击是在"三年自然灾害"期间，一些地方农业技术人员被下放回乡，农业技术组织名存实亡；第二次冲击是在"文化大革命"期间，极"左"思潮对中国农技推广工作造成了很大破坏，大部分地方的农业技术组织工作陷于停滞，严重地阻碍了我国农业技术组织的成长与发展。

3. 农业技术组织的恢复发展期

20世纪80年代到90年代中期，这一时期可称为农业技术组织的恢复发展期。中国农技推广事业适应农业和农村经济发展的需要，加快改革和建设步伐，实现了恢复发展。从体制上看，建立了"五级一员一户"的新型农业技术组织及农技推广体系，实现了推广工作的专业化（政事分设）和综合化（整体化）。从组织机构机制上看，逐步形成了国家扶持与自我发展相结合的运行机制，事业单位国家办，兴办实体自己干；从推广方式上看，逐步形成了以"技术示范+行政干预"为主导的方式，即在技术示范和培训的基础上，依靠各级（主要是基层）政府的组织、发动和支持，引导、推动广大农户采纳农业新技术，这种推广方式极大地促进了我国农业技术组织的恢复与发展。

4. 农业技术组织的调整重构期

20世纪90年代中期至今，可成为农业技术组织的调整重构期。这一时期中国的经济体制改革进入攻坚阶段，农业和农村经济结构战略性调整在探索中艰难前行。改革和调整的深化，使得农业管理体制中的深层次，结构性矛盾逐渐凸显。这一时期，在各项改革尤其是政府机构改革的推进过程中，农技推广事业面临的挑战日益显化，农业技术组织的调整与重构成为农技推广的主要任务。各级农业技术组织和人员数量在这一时期呈现下降趋势，而乡镇级农业技术组织的数量下降最快。

第二节　农业技术选择与采用

一、农业技术选择

技术选择是技术应用的重要组成部分。农业技术选择是否科学合理关系到农业技术创新能否高效运作于现行农业发展过程，一个国家或地区，采取何种农业技术进步路线，不能主观臆定，必须依据相关原则做出科学合理的选择。否则，将影响农业增长的能力和农业发展的进程。

(一)农业技术选择的含义

农业技术从不同的角度来看,可以划分为若干不同类型。按投入要素中技术占用资源状况划分,可将农业技术分为下列3类:①资金密集型技术,这是一种资金占用与消耗较多的技术,其技术装备程度较高,具有劳动生产率高、产出高、竞争力强等优点,但同时也有资金占用多、周转较慢、投资回收期长等缺点;②劳动密集型技术,这是一种劳动占用与消耗较多的技术,其技术装备程度较低,具有容纳劳动力多的特点;③技术密集型与知识密集型技术,一般指高新技术,其特点是技术装备复杂,投资费用高,需要从业人员具备高知识、高技术水平的特点。按技术的节约与替代对象划分,农业技术可以划分为资金节约型与资金替代型、劳动节约与劳动替代型、土地节约与土地替代型3种类型。

随着技术不断进步,技术与经济相互渗透,可以是几种技术类型同时存在,于是选择什么样的技术才是最有利的,这就是农业技术选择的问题。因此,农业技术选择就是指某地区、某企业或者农户综合考虑各种客观因素,选择最适合的技术的过程。

(二)农业技术选择的原则

在农业经济发展中,技术选择受很多因素影响。因此,农业技术选择不是无原则无目的,而是要按一定原则进行的,应因地制宜,根据不同地区的实际情况来选择农业技术。

(1)坚持农业技术经济评价的标准

即技术先进、经济合理、生产可行,综合评价最优。技术先进是进行技术选择的基础,通过选择先进的技术去替代原有的落后技术,实现技术进步。经济合理是技术选择的核心,技术选择要符合农业科技进步的主要经济目标和要求。生产可行是技术选择的前提,若无生产上的可能,技术再好也没用。

(2)坚持对社会有益,资源节约的原则

对社会有益是技术选择的要求,对现代技术的评价不仅要看它的生产效率,还要关注其一系列的社会效益的指标,技术选择必须要对社会有益。资源节约是进行技术选择的条件,由于资源的稀缺性,技术选择时要遵循资源节约这个原则。

(3)坚持生态平衡,致力于环境改善

近年来,全球气候不断恶化,不仅严重影响农业、林业、畜牧业的发展,也严重影响农产品加工业等工业部门的发展,因此,环境改善也是进行技术选择所必需的条件,技术选择应该有利于恢复或重建生态平衡。

二、农业技术采用过程与一般特征

农民对农业技术的采用是一个过程,是指农民群众从获得农业技术信息到最终采用的心理、行为变化过程。

(一)农业技术采用过程

农业推广学家从心理学和行为学的角度分析得知,农民采用农业创新的过程大致可分为5个阶段。

1. 认识阶段

农民从各种途径获得信息,与本身的生产发展和生活需要相联系,从总体上初步了解某项农业技术。

2. 兴趣阶段

农民在初步认识到某项技术可能会给他带来一定好处的时候，其行为就会发展到感兴趣。这时，农民对此项技术的方法和效果，表现出极大的关心和浓厚的兴趣，开始出现学习行为；并初步考虑采用的规模、投资的程度及承受风险的能力，初步做出是否试用的打算。

3. 评价阶段

农民根据以往资料对该项技术的各种效果进行较为全面的评价。农民在邻居、朋友或推广人员的协助下进行评价，最后决定是否采用。

4. 试用阶段

农民为了减少投资风险，防止盲目应用，并估计效益高低等。在正式采用之前要先进行小规模的采用即试用，为今后大规模采用做准备。

5. 采用阶段

通过试用评价得出是否采用的决策，如果该项技术较为理想，农民便根据自己的财力、物力等状况，决定采用的规模，正式实施技术。

以上采用过程的阶段划分是研究者们根据观察结果人为地划分的，也有的学者采用三段、四段或其他形式来划分。

(二)农业技术采用的一般特征

1. 农业技术采用的经济有利性

农户作为具有理性的经济人，其技术采用决策首先表现在技术能否给自己带来收益。一般而言，先进的农业技术一旦被农户应用于生产，大都能降低农业生产成本或劳动强度，并给农户带来农作物产量的增加和收入的提高。但在生产实践中，农户是否采纳新技术不仅取决于农业技术的经济有利性，有时还要受制于技术使用的难易程度、技术使用的追加投资等相关因素。例如，"苹果化学疏花成果"曾多次获奖，在获农业部科技进步二等奖时已推广了一定面积。但在获奖后的数年里推广速度并不快，原因是化学疏花剂浓度控制较难。如果浓度小，则疏花疏果效果就差；而浓度稍大，则又可能出现药害，造成减产。

2. 农业技术采用的风险性

农业技术的采用是一种选择活动，在可能得到收益的同时，必然也存在着各种风险。农业生产的特殊性使得农民不仅经常要面对各种不利的自然条件，还要遭受各种社会和经济的不确定性导致的风险，这就使农业成了一个典型的风险行业。造成风险的原因如下：

①农民自身知识水平和科技素质低下可能导致难以正确使用农业新技术，从而在使用过程中造成人为因素方面的风险。

②农业新技术的采用往往同资金、劳动力、物质等生产要素的投入密切相关，随着这些生产要素投入的增加，农户使用新技术的风险就加大。

③在市场经济条件下，生产的投入和产出都面临市场价格的不确定性，使得农户技术采用的风险增加。

④目前我国农户采用的技术多属常规技术，不同区域间无论从农业生产结构、品种结构还是从技术水平和内容上都有很强的相似性，从而导致了一方面技术资源过度竞争，另

一方面农产品低水平、低档次的结构性过剩,造成了"合成谬误"现象,于是加大了农户采用新技术的风险。

3. 农业技术采用的周期性

农户采用一项新技术并进行了一定时间的生产后,当又出现了另一种更新的技术供给时,农户就会对该技术进行尝试,如果效果比原有技术更好,农户就会放弃原有新技术而采用更新的技术。例如,农户们原来采用矮秆水稻良种,当出现了杂交水稻良种之后,因其具有显著的增产潜力,农户就会纷纷使用杂交水稻良种以求更多的生产收成。这个过程说明,农户采用新技术从接受、成长到成熟一直到放弃,继而再采用更新技术的过程具有一定的周期性,采用一项新技术的周期与该技术的增产、增收潜能以及新技术的供给时间有关。

4. 农业技术采用是一个学习的过程

采用一项新技术不是一次性的完全采用,而是一个逐步学习的过程。在这个过程中,需要农户通过接触、了解、比较、思维、注意等心理活动的形式来完成。为了帮助自己认识和了解新技术,农户会主动查找有关信息来提高自己采用新技术的决策能力和水平,如主动和邻里沟通交流、向农业技术推广部门咨询、接受培训和教育、购买技术书籍等。过去对某种知识的了解是现在采用新技术水平的依据,而对于未来新技术采用的决策又取决于过去和现在所积累的对新技术的了解,这个过程就是学习的过程。

5. 农业技术采用的市场诱导性

在市场经济条件下,农户的自身利益往往依赖于市场来实现,这就不可避免地决定了农户技术选择具有市场诱导性的特点。一方面,为了追求利益最大化的目标,农民在目标函数和约束条件一定时总是会选择最优技术方案;另一方面,农业生产要素的供求也受市场的支配。在市场生产要素价格的诱导下,理性农民总是选择成本最低的技术。面对要素价格的差异性变化,农户会选择和采用可以对昂贵要素实施有效替代的农业技术。

三、农业技术采用行为与决策模型

(一)农户技术采用的静态决策

农户技术采用决策是指农户根据自己的生产需求以及所掌握的信息,对所能获得的技术进行定性(是否采用)和定量(采用时间长短或规模大小)的选择过程。根据舒尔茨的"理性小农"假设,农户采用新技术的目标是为了在生产中实现效用的最大化,也就是生产者目标(如利润或产量等)函数的最大化,因此,我们可以假设农户技术采用决策的过程就是农户比较采用和未采用新技术的生产函数是否达到收益最大化的过程。由于农户的生产函数是由要素投入、技术采用决策以及其他影响因素决定的。因此,我们可以将上述观点用式(6-1)表达并加以分析。

$$\pi_i = p \cdot q(X) \cdot g(Z) - \sum r_j x_j \tag{6-1}$$

式中 π_i——第 i 个农户(假设农户为生产技术采用的基本单位)对某种技术的期望利润;

$q(X)$——农户采用新技术以后的生产函数;

X——生产要素投入量;

$g(Z)$——影响农户采用技术决策的转换变量;

Z——具体的影响因素；

p——农产品价格；

r_j——第 j 种投入要素的价格；

x_j——第 j 种投入要素的投入量。

如果一种新技术采用后的经济收益很高且农户对新技术的所有特性、产品的生产潜力和期望价格等有充分的了解，则 $g(Z)$ 为 1，式(6-1)就演化为一般的投入产出函数。在这种情况下，新技术被完全采用。与之对应，如果某一种新技术完全不被用户了解且技术本身的风险很大，则 $g(Z)$ 为 0，农户也就不会采用新技术。但在现实中，影响农户决策的转换变量 $g(Z)$ 值往往分布在 0~1 之间，也就是说农户不能完全掌握技术的所有特性，也不能规避技术的所有风险。由此可见，农户采用新技术的静态决策理论就是研究转换变量的变动规律以及 Z 都包括哪些因素，它们的作用强度如何。需要说明的是，$g(Z)$ 作为 $q(X) \cdot g(Z)$ 交叉项中的一部分，是因为农户采用新技术中的大多数风险都同产量或生产函数有关。Z 可以简单地理解为一种广义的信息知识经验，这些因素同客观上的其他变量（如气候、环境、市场及价格等）一起构成技术采用的限制因素。以式(6-1)为目标函数，对其最大化进行求解，可得出某一时期的农户最佳决策变量值。

(二)农户技术采用的动态模型

以上所讨论的是静态的农户技术采用理论模型，也就是农户技术采用的决策不受时间因素的影响。然而，更接近现实的技术采用过程往往是动态的。因此，这里进一步讨论引入时间因素的农户技术决策模型，如式(6-2)所示。

$$\text{Max}\pi_{it} = \widehat{p_t} \cdot q(X_i) \cdot g(Z_{t-1}, Z^*) - \sum \widehat{r_{jt}} \cdot x_{jt} \tag{6-2}$$

式中 $\widehat{p_t}$, $\widehat{r_t}$——在 t 时期农产品产出和投入的预期价格；

Z_{t-1}——上一时间农户采用技术时所拥有的各种信息、经验以及其他影响因素；

Z^*——农户在上一时间采用技术过程上所掌握的信息和经验，具体包括新技术的实际风险程度、实际投入产出关系、实际收入、利润等；

$g(Z_{t-1}, Z^*)$——上一时间影响农户采用技术决策的转换变量；

x_{jt}——在 t 时期第 j 种投入要素的投入量；

$\widehat{r_{jt}}$——在 t 时期第 j 种投入要素的预期投入量。

式(6-2)表明农户在前一时期采用技术所拥有的信息和经验能够影响其下一时期的技术采用决策，这些信息和经验不但提高了 $g(\cdots)$ 值，同时也改变了 p 和 r 的期望值。由于农户采用新技术的决策不断地受到前期行为的影响，最终形成了新技术采用的周期性，并使新技术波浪式地向外不断地扩散。

四、农业技术采用的影响因素

由于农业是利用太阳能，依靠生物的生长发育来获取产品的社会物质部门。其根本特点是经济再生产和自然再生产交织在一起，因此，影响农业技术采用的因素有很多，概括起来不外乎内因和外因两种。内因主要包括农民价值观、性格特点、经营能力、知识水平等因素。外因则主要有技术供给、技术价格、信贷条件、自然资源、商品市场价格、商品运销条件、政策、科研、推广和教育等因素。具体来说，影响农业技术采用的因素主要有以下几方面。

(一)农业生产生物生长发育的特点

农业生产的长周期影响着农民采用技术的周期，如当年已种植单季稻的农民只能在一年以后才有可能改种双季稻。

(二)自然环境和社会环境

各地的自然环境、经济条件和发展水平相差很大，各种农业技术有一定的地区适应性，如高产优质的籼稻只能在南方推广，双季稻的栽培技术不可能适用于北方稻区。农业技术采用要受到当地经济状况、各部门发展水平以及自然环境的制约。经济状况好的地区，自然环境好的地区，农业技术采用就多；反之采用就少。

(三)各种风险和不确定性因素

农业生产因自然环境的变化有许多不确定的因素，导致技术采用也受影响。不确定性因素主要是指生产者(技术采用者)对某种技术所能产生的效益和成本所表现的一种不可测性。自然风险是指客观存在着的并与新技术采用相关的各种风险，它包括气候、病虫害等对新技术采用的影响。另外，还有相关的投入供给能力和市场风险等对新技术采用也会产生一定的影响。

(四)农民对农业技术的偏好

如果作为技术应用者的主体即农民自身对技术的偏好不强，就会出现对农业技术的有效需求不足。

(五)农民受教育的程度

农业科技成果的采用面对的是千家万户的农民，农民极端分散，素质差距大。若农民的素质高，农业技术采用就会多；若地区农民的整体素质高，技术扩散也快。

(六)政府行为

在我国，经济体制和政策因素对农民技术应用行为的变迁具有特殊的影响。在计划经济体制下，由于国家实行强制性的指令性计划指标，农业技术应用决策的主体只能由国家来承担，农户则处于被动执行的地位。在市场经济条件下农户可根据市场上的各种经济信号主动做出种种技术决策，农户既可以接受政府倡议推广的技术，也可根据生产实际拒绝采用。国家只能在尊重农民自主决策权的基础上进行必要的宏观指导和干预。有时行政命令太多，而农民还没有理解新技术的优势，就强行推广一些被行政和技术官员认为的先进技术，会带来事与愿违的后果，一旦失败将严重影响农户采用新技术的信心。另外技术服务体系的完善程度也影响农业技术的采用。

第三节 农业技术扩散与推广

一、农业技术扩散定义与方式

(一)农业技术扩散的定义

"扩散"一词来源于物理学，它是指由于物质团微元的热运动而产生的物质迁移现象。关于技术扩散内涵的理解，一直以来存在着两种观点。一是罗吉斯等人的扩散传播说，认为扩散是创新在一定时间内，通过某种渠道，在社会系统成员中进行传播的过程。二是梅特卡夫等人的扩散替代说，认为创新扩散过程是新技术对老技术的替代过程，因为"在创新扩散的任何研究中，我们关心的是新技术形式与经济相结合而使经济结构发生变化的过程"。

在考察我国农业技术供给与需求特点的基础上，吸收传播说和替代说的合理内容，认为农业技术扩散是指一项农业技术在一定时间内，通过某种渠道，在社会经济系统中进行传播、适应的过程，一般是由最初少数人采用到后来大多数人普遍采用的过程，同时农业技术由产生到被接受要经历一个由众多主体参与的在时间和空间上变异的复杂过程。

(二) 农业技术扩散与创新的区别

1. 技术创新是新的科技成果的首次商业化过程

技术创新所转化的是没有实现商业利润的科技成果。如果某科技成果已为某企业所采用并实现了商业利润，则其他企业的再次采用只能称为技术扩散。

2. 技术扩散是技术创新取得社会经济效益的源泉

技术创新一经出现就会在社会上产生巨大的示范作用，那些未获得潜在的超常规利润的生产单位，便会纷纷渴望分享其利润，从而形成巨大的模仿高潮。模仿之所以能实现是因为任何技术包括复杂的技术，总是可以被学习的。模仿者可以通过反求工程，去模仿创新者的产品，也可以通过合法购买创新者的专利技术或专有技术模仿。模仿同创新相比，具有省力气、投资少、风险小、进入快等优点。因此，世界上几乎没有一种产品是不被别人模仿的，同时也没有一个生产单位(包括研究开发实力极其雄厚的企业)不模仿别人的产品。模仿者之所以能分享到创新者的利益，是由于任何一种新产品上市，其生产规模总是有限的，短期内不可能满足所有用户的需求，这就为模仿者提供了市场机会。高明的模仿者甚至还可能后来居上，形成后发优势，比创新者占领更大的市场份额。如电视机和录像机是美国企业首创的，而日本的索尼和松下公司通过模仿，掌握了这些创新产品技术，并对原有产品进行改善，使性能和成本更优于原有创新者的产品，最后这两家公司成为世界上规模最大、质量最优的电视机和录像机的供应商。这给人们一种印象即日本是一个由模仿而发展起来的国家，它具有较强的消化、吸收能力。事实正是这样，日本的企业通过自主技术与外来技术的巧妙结合，能在模仿的基础上再改进，从而在模仿和创新之间架起一座桥梁。因此，日本人敢于自豪地讲，一号机模仿(引进)，二号机国产化，三号机出口。

农业技术扩散不是指一个具体的农民如何一步步采用新技术，而是指农业技术被人们普遍采用的过程，它是由众多的个人采用新技术决定的结果，通常指在较大区域中群体农民对技术应用的行为总和，是总括意义上的技术运动。

(三) 农业技术扩散方式

在农业历史发展的不同阶段，由于生产力水平、社会及经济技术条件，特别是扩散手段的不同，使农业技术的扩散表现为多种方式，大体上可归纳为4种方式。

1. 传习式扩散方式(世袭式)

传习式扩散方式主要采取口授身教、家传户习的方式，由父传子、子传孙、子子孙孙代代相传，使技术逐渐扩散到一个家族，一群村落，如图6-1(a)所示。这种扩散方式在原始农业社会阶段最为普遍,由于生产力水平低下,科学文化落后,所以主要采用此种方式。由于是代代连续不断往下传,故又称"世袭式"。这种方式,经扩散后技术几乎没有发生变化或只有微小的变化。

2. 接力式扩散方式

在技术保密或技术锁定的条件下,农业技术的扩散有严格的选择性与范围。一般由师父严格挑选徒弟,师父—徒弟—徒孙的方式往下传,如同接力赛一般,如图6-1(b)所示。虽然也是代代相传,但呈单线状,称为"单线式"。在传统农业社会,一些技术秘方采用此种方式扩散。

3. 波浪式扩散方式

这种扩散方式由科技成果中心呈波浪式向四周辐射、扩散,一层一层向周围扩展。一石激起千层浪,以点带面,点燃一盏灯,照亮一大片。

这种扩散方式的特点是:距中心越近的地方,越容易也越早地获得创新,近水楼台先得月;而距中心越远的地方,则越不容易得到或很晚才得到创新成果,远水不解近渴。如图6-1(c)所示。

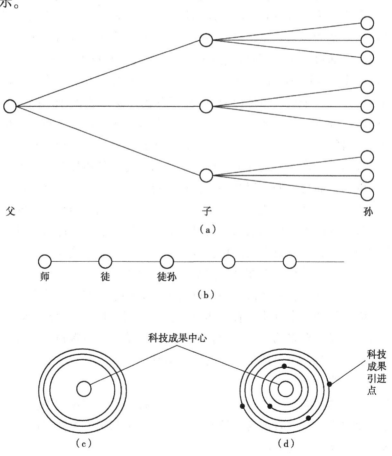

图6-1 农业技术的4种扩散方式
(a)传习式扩散方式 (b)接力式扩散方式 (c)波浪式扩散方式 (d)跳跃式扩散方式

4. 跳跃式扩散方式

技术的转移与扩散常常呈跳跃式发展，即科技成果中心一旦有新的成果和技术，不一定总是按常规顺序向四周一层一层地扩散，而是打破了时间上的先后顺序和地域上的远近界限，直接在同一时间内引进到不同地区，如图 6-1(d)所示。

在市场经济条件下，竞争激烈，信息灵通，交通便利，扩散手段先进，现代化程度的不断提高，这种方式将得到广泛的应用。这种扩散方式，可以使技术发生飞跃变化，所以又称为飞跃式。

二、农业技术的扩散过程

(一)农业技术扩散过程

农业技术的扩散过程是指在一个农业社会系统内(或叫社区，如一个村、一个乡)人与人之间创新采用行为的扩散，即由个别少数人的采用，发展到多数人的广泛采用的过程。

(1)驱动力

发展生产、改善生活的强烈要求(信息灵、文化素质高、思维敏捷、富于创新精神)。

(2)阻力

传统观念的舆论压力、旁观者的冷嘲热讽、失败引起的危机，需要付出大量的劳动和心血。

当驱动力大于阻力时，创新就会扩散开来。

专家研究表明，典型的创新扩散过程具有明显的规律可循，一般要经历 4 个阶段：①突破阶段；②紧要阶段(关键阶段)；③跟随阶段(自我推动阶段)；④从众阶段(浪峰减退阶段)(图 6-2)。

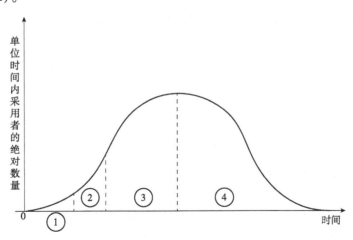

图 6-2 创新扩散过程的 4 个阶段

1. 突破阶段

创新先驱者付出大量心血，背负舆论压力，克服重重阻力，来进行各种试验、评价工作。他们一旦试验成功，以令人信服的成果证明创新可以在当地应用而且效果明显的时候，就实现了"突破"，突破阶段是创新扩散的必不可少的第一步。

2. 紧要阶段

紧要阶段是创新能否进一步扩散的关键阶段。这时人们都在等待创新的试用结果，如果确实能产生良好的效益，则这项创新就会得到更多的人认可，引起人们更高的重视，扩散就会以较快的速度进行。

早期采用者也有较强的改革意识，也非常乐意接受新技术，只不过不愿意"冒险"，但对先驱者的行动颇感兴趣，经常观察、寻找机会了解创新试验的进展情况，一旦信服，他们会很快决策，紧随先驱者而积极应用创新。

3. 跟随阶段（自我推动阶段）

当创新的效果明显时，除了先驱者和早期采用者继续应用外，被称为"早期多数"的这部分农民认为创新有利可图也会积极主动采用。

这些人刚开始可能不理解创新，一旦发现创新的成功，他们会以极大的热情主动采用，所以又叫自我推动阶段。

4. 从众阶段

当创新先驱者、早期采用者、早期多数和后期多数纷纷采用创新时，创新的扩散就会形成一股势不可挡的潮流，个人几乎不需要什么驱动力，而被生活所在的群体所推动、被动地"随波逐流"，使得创新在整个社会系统中广泛普及。

后期多数+落后者＝从众者

在农业创新扩散过程的速率曲线上，此阶段的扩散速率呈不断减小的趋势，故又称为浪峰减退阶段。

（二）农业技术扩散的运行机制

农业技术创新扩散运行的总过程遵循着信息交流的基本模式，并由下列 3 个子过程构成：供给子过程、交流子过程、采用子过程，如图 6-3 所示。

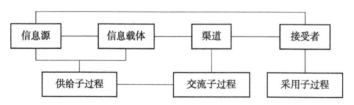

图 6-3　技术创新扩散的运行过程

图 6-3 的上半部分即为通常所说的信息扩散模式（又称 S-M-C-R），这里，S 表示传播者或信息源（sender），M 表示信息或信息载体（message），C 表示渠道或途径（channel），R 表示接受者（receiver）。在技术创新扩散中，不管是创新观念、创新技术还是创新实施技术，总是通过一定的信息载体，从信息扩散开始传播，而且信息扩散总是伴随着技术创新扩散的全过程。

(1) 供给子过程

技术扩散的供给者既包括一些科研单位、大专院校，也包括一些其他形式的技术提供者。科研教育单位作为技术信息提供方，是农村科技进步的源泉，也是技术的传播者和提高农民素质的主力军，为保证我国农业和农村经济持续快速、健康发展发挥着重要作用。

推广人员是农业开发过程中重要的技术传授者,他们将获得的技术进行加工利用,变为可以转换成生产力的商品,进行传播。供给子过程又可分为若干步骤:技术成果产生后,首先从因地制宜的原则出发进行项目筛选,然后进行试验,包括小试和大试,再进行示范,在示范成功的基础上引起采用欲望,拉动了新技术的需求。

(2)交流子过程

交流子过程是在扩散过程中,供给子过程和采用子过程双方发生交流活动的过程,交流的主要内容是新技术信息。交流子过程是技术扩散运行过程的中心环节,可以起到承上启下的作用,交流的主要内容是新技术信息技术供给方或采用方的主动信息扩散和吸收努力,是技术扩散赖以实现的基本要素。

(3)采用子过程

农业技术的采用除技术的最终使用者农户外,还包括作为技术中介的农业推广组织,在模式中农户作为农用技术的最终采用方和受益者,是我们主要的研究对象。技术采用过程是一个心理过程,主要包括4个步骤:收集知识(认知)、说服(态度的形成和变化)、决策(采用或拒绝)、完成。然而,这4个步骤也不是必须进行的,一些步骤也可能省略或者与其他步骤合并在一起。

三、农业技术扩散时空理论

(一)S形曲线理论

在经济学领域,Kuznets(1930)对美国、英国、法国、比利时、奥地利等国50年间的生产水平与经济增长情况做了调查,他考察了这些国家60种工农业产品和35种工农业主要产品价格变动的时间序列,首次提出技术变革可能服从一条S形曲线,这一曲线模式为后来的扩散模型的研究提供了一个可借鉴的理论基础,而真正的S形扩散模型首先由Mansfield在1961年提出,后继学者又继承和发展了这一模型,如Ffoyd模型Sharif-Kabir模型、Skiadas模型、NUL模型、CRMi模型、Kameshu模型、Havrda-Charrat模型等。根据技术扩散的速度可将扩散过程划分为3个阶段:第一阶段,技术扩散初始发展阶段,表现为农业技术扩散缓慢增长趋势;第二阶段,技术扩散的快速增长阶段,区内农业技术迅猛向周围地区扩散,接受新技术的人数和采用技术的耕地面积呈指数增长趋势;第三阶段,技术扩散的稳步推进阶段,科技内向外辐射能力保持在一定水平上,农业技术的扩散影响力保持稳定(图6-4)。

虽然该模型具有较好的模型分析性质,但是该理论也存在一些缺陷:该模型的拐点只出现在累积技术采用者数小于潜在技术采用者总数的1/2处;该模型假设技术扩散后技术采用者总数在整个扩散期内是保持不变;该模型假定创新的特点是不随时间变化的;该模型没有考虑市场策略对新技术扩散的影响。

(二)空间扩散理论

扩散是由极化中心向外围的移动过程,即扩散源地在日益发展的同时,还继续向外部扩散,从一个地区传播到另一个地区,由核心向四周扩展。农业技术在空间扩散可以归纳为3种形式,即渐进式扩散、等级式扩散和跳跃式扩散。

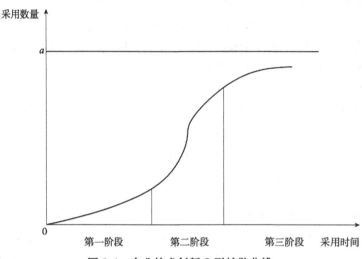

图 6-4 农业技术创新 S 形扩散曲线

1. 渐进式扩散

渐进式扩散是从创新源向周围地区传播，扩散呈现空间上的连续性。在技术创新扩散时，一般是近距离区域先会接受技术，而随着空间距离的增大，其辐射强度会逐渐减小，直至消失。渐进式扩散在微观层面中较为常见，由于农业科技园作为扩散源与周围区域距离较近，农户有更多的机会来接触新技术，再加上周围相似的地理环境与文化习俗，技术扩散起来更加便捷。

2. 等级式扩散

等级式扩散是技术按照中心地等级体系由上而下地进行，一般遵循先到技术扩散等级高的地区，后到技术等级低地区的次序。农业科技园区中创新源的技术按照中心地等级体系由上而下进行，在空间上存在等级性，此类扩散的决定因素不在于距离的远近，而在于地区在扩散体系的等级和地位，正是这种等级差距推动了技术的远距离等级扩散。

3. 跳跃式扩散

跳跃式扩散是技术从创新源地区向空间上不相邻的地区扩散，在空间上表现为"跃迁性"。跳跃式扩散是在扩散过程中，选择创新地理空间上的不相邻区域进行扩散，此类扩散从一块空间扩散到另一空间，在空间上不连续。

四、农业技术扩散速率与决定因素

技术扩散速度是用来衡量技术传播快慢的指标，反映技术成果在群体上被人们接受利用的时间长短，为了更准确地给出技术扩散的速度概念，先引入"扩散度"的概念，扩散度是反映技术扩散的程度，即某项技术在空间的分布状况，式(6-3)。

$$\text{扩散度} = \frac{\text{实际扩散规模}}{\text{应扩散规模}} \times 100\% \tag{6-3}$$

这里，"应扩散规模"是指在"适宜扩散规模"中剔除同类成果所占的规模，所以前者一般要小于后者。由扩散度概念，可将技术扩散速度分解为以下两种。

第一种是用来衡量单项技术在空间范围扩散快慢的速度概念,它反映在一个较大区域中,从技术已经被使用并向周围渗透、侵占、传播的快慢指标,称为横向扩散速度(transverse speed, TS),式(6-4)。

$$横向扩散速度 = \frac{扩散度增量}{时间增量} \tag{6-4}$$

第二种是用来衡量单项技术从其产生到已被实际应用这个过程时间长短快慢的指标,它反映某项技术从成果发源地,经过各种阶段,通过一系列传输过程。到被某一地区的农民实际采用所经历时间的长短快慢,称为纵向转化速度(vertical speed, VS),式(6-5)。

$$纵向转化速度 = \frac{1}{科研成果产生到已被实际应用的时间(年)} \tag{6-5}$$

这里的"已被实际应用"一般说来应该根据不同的技术和不同的地区来定。也可按照科技部的统计口径来定:"凡一项农业技术成果的扩散度等于或超过20%,则判定该项技术成果'已经被实际应用'。"对于某项技术在特定区域的扩散,纵向转化速度为一常数,而随着技术的不同或研究区域不同,则纵向转化速度也随之发生变化,横向扩散速度对于某项技术在某一地区的扩散来说,随着时间的变化,其速度随之变化。

总之,这两种扩散速度从不同侧面反映了总的技术扩散速度,两者交织在一起反映技术扩散的快慢。

五、农业技术推广

农业技术推广是一种有目的、有组织的活动,农业技术扩散是农业技术推广的结果,其可通过农业技术推广来实现,而农业技术推广是农业技术扩散的加速器。在乡村振兴战略背景下,农业技术推广工作越发重要,其作为促进农业生产技术进步的关键,在提高农业发展水平,加快农业现代化建设方面起着重要作用。

(一)农业推广的概念

农业推广是人类进入农业社会就有的一种社会活动。不同国家,因其政治、经济、社会、历史、资源等条件的不同,对于农业推广这一概念有着不同的理解。称谓也各异如日本称之为"农业改良普及",英国称之为"农业推广咨询",法国称之为"农业发展",美国称之为"农业推广教育",许多发展中国家称之为"开发推广及农村发展"。

我国农业推广源远流长,最早发源于原始时期,而有关农业推广活动的确切记载,最早的是在11世纪初,我国古代农业推广被称为"教稼""劝农"和"课桑"。国外使用"推广"一词,最早见于1866年英国剑桥大学和牛津大学的"大学推广"。后来,"农业推广"一词在美国得到广泛使用,1914年美国通过《合作推广法》,使农业推广法制化。我国现在使用的"农业推广"一词,是在20世纪初引入西方国家农业推广概念后开始的,从此"农业推广"取代了沿用几千年的"教稼""劝农"和"课桑",从世界农业推广史来看,推广的古义是随着时间空间的变化而变化的,不同时期农业推广的内涵有所不同。

1. 狭义的农业推广

狭义的农业推广是指单纯性农业生产技术的推广应用。它以农业生产服务为主要内容,以技术传递、技术指导、成果示范为主要方法,其目标是使农民掌握农业生产知识和技术,实现增产增收。目前,发展中国家的农业推广多为此含义,我国长期以来沿用的农业技术推广概念也基本属于此范畴。1993 年 7 月通过的《中华人民共和国农业技术推广法》第二条规定,农业技术推广是指通过试验、示范、培训、指导以及咨询服务等,把农业技术普及应用于农业生产产前、产中、产后全过程的活动。

2. 广义的农业推广

农业推广不仅包括单纯的技术改良,更强调推广是个"教育过程",通过组织、教育和沟通等手段和方法,影响、引导农民,增长其知识,提高其技能,改变其态度,增强其自我决策能力,使农民自愿改变行为,最终加速农业发展和农村社会进步。

3. 现代农业推广

现代农业推广是将有用的信息传递给人们(传播方面),而且帮助这些人获得必要的知识、技能和观念来有效地利用这些信息和技术(教育方面)的一种不断发展的过程,推广过程的目标是使人们能够运用这些技能、知识和信息去改善他们的生活。现代农业推广的新解释,反映了在知识技术更新加快信息传播日益重要的现代化社会里,农业推广的含义不再仅仅是提供教育,而且也是个不断提供信息的动态过程。现代农业推广的出现和发展,也是农业实现现代化、商品化和企业化,农民文化素质和知识技术水平普遍提高的结果和需求。

(二)我国农业推广概况

自改革开放以来,我国农业发展不断克服耕地少、资金少、人口数量巨大的发展瓶颈而成功地实现稳定增长,主要或根本上讲是依靠现代农业技术进步。现代农业技术进步已经成为我国农业生产要素中最具活力的因素。但同发达国家相比,我国农业科技进步贡献率仍偏低,"十三五"时期,我国农业高新技术加快发展,农业科技进步贡献率突破60%,我国农业科技整体实力进入世界前列。因此对农业推广的要求也更为迫切,只有通过推广体系改革,促进农业科技的有效推广,才能加快高新技术在农业上的应用,推动农业产业升级和生产高速增长,加快发展农业生产力。

随着经济全球化趋势的不断蔓延,我国农业经济发展也不可避免地卷入到全球化竞争中,从而导致我国农业经济发生了两个根本的转变:首先在体制上,已经由计划经济转向了市场经济;其次在生产力水平上,我国已经由传统农业向现代农业转变。这两个根本的转变决定了新时期必须建立新的农业技术推广体系。新的农业推广体系必须满足几个要求:一是根据市场经济特点,找准农业技术推广的原动力;二是农业技术推广必须是多元化、多层次的;三是中国农业现代化必须走产业化道路,与之相适应,农业技术推广体系必须按现代农业的组织体系和运行机制去发展,要由行业推广向产业推广发展我国农业技术推广体系建设进展明显,初步形成了从中央到省、地、县、乡多层次、多功能的农业技术推广体系,为农业科技成果转化、促进农业和农村经济发展做出新的贡献。从发展规模上看,据统计,农业农村部所属种植业、畜牧兽医、水产、农机化、经营管理 5 个系统到 2019 年初,全国县乡两级共有推广机构 17.3 万个,其中乡级机构 15.1 万个;县乡两级共有农技人员 103 万人,乡级人员 69.4 万人;平均每个乡镇设推广机构 3.7 个,职工 17 人。

从承担的主要职能上看，目前农技推广机构的职能包括4个方面：一是法律法规授权或行政机关委托的执法和行政管理，如动植物检疫、畜禽水产品检验农机监理、农民负担管理等。二是纯公益性工作，如动植物病虫害监测、预报、组织防治，无偿对农民的培训、咨询，新技术的引进、试验示范推广对农药、动物药品使用安全进行监测和预报，参与当地农技推广计划的制定及实施，对灾情、苗情、地力进行监测和报告等。三是带有中介性的工作，如农产品和农用产品的质量检测，为农民提供产销信息，对农民进行职业技能鉴定等。四是经营性服务，如农用物资的经营，农产品的贮、运、销，特色优质产品生产及品种的供应等。

(三) 新时期我国农业技术推广面临的困境

1. 推广方式滞后，无法达到推广目的

农业技术推广工作并不是将先进高效的技术推广给农民即可，而是需要保证农民真正掌握农业技术与农业知识，能够在实际农业生产活动中切实应用农业技术知识开展种植工作，以此来实现推广目的，提高农民专业水平。在此要求下，推广人员需要根据推广内容以及农民实际需求采取有针对性的推广方法，以保证推广质量与效率，但目前大部分推广人员仍采取单一的讲授法，由专业人员为其讲授农业技术知识，且以口述与指导手册为主。在该种农业技术推广方式下，无法保证农民对技术的掌握，不仅导致农民无法及时消化相关知识，还会致使农民对农业技术培训产生抵抗心理，积极性下降，从而在今后农业技术推广活动中，农民的参与性下滑。可见，要想提高新时期农业技术推广成效，必须创新推广工作形式。

2. 农业技术推广体系不够完善

要想切实保证新时期农业技术推广成效，确保各项推广工作有序落地执行，需要有详细的推广工作流程，促使推广工作人员能够根据流程完成相关推广工作，促使各项工作循序渐进。但实际情况是，目前农业技术推广体系不健全，没有详细的规定，导致不能对推广人员的工作流程进行统一化管理，促使各推广人员在实际工作中多根据自己意愿及实践经验开展各项推广工作，导致不同工作人员的农业技术推广效果存在较大差异。其中，工作经验缺失的推广人员，其整体推广效果较差。

3. 缺少专业的农业技术推广人才

新时期有关农业技术的科研成果较多，为加快科研成果转化，需要做好农业技术推广工作，从而让更多农民认识先进的农业技术，提高农业生产效率与质量，保证优质高产种植目标，切实提高农民经济收入。而农业技术的推广需要由专业的工作人员完成，任何一项新的技术，均需要向农民讲解技术原理、作用机制及实际操作，同时还需解决农民提出的相关问题。但现实情况是，我国农业种植范围广泛且分布较散，专业的农业技术推广人员数量较少，现有农业技术推广人员之间存在青黄不接现象，部分人员的专业技术与业务能力较差。

(四) 新时期农业技术推广策略

1. 创新农业技术推广方式

(1) 丰富农业技术培训方式

在新时期农业技术推广过程中，组织农民参加技术培训为主要方式，但为保证培训效果则需要由单一的讲授法向多元培训方法转变。一是可以继续沿用讲授法，邀请相关专家将先进的农业技术知识传授给农民，但在讲授技术的同时，加强与农民之间的互动，鼓励农民质疑，从而与农民进行互动讨论，保证农民对新知识的掌握程度。

(2) 加强实践指导

要想让农民真正掌握新技术与新理念，推广人员需要深入到农民实际生产种植活动中去，指导农民如何使用与操作新技术、新设备等，进而强化农业技术在农业生产中的普及应用。与此同时，还需要根据农民需求制定农业技术推广方案，如若推广人员推广的技术与当地实际需求不符，将浪费农民时间，无法对当地农业发展提供助力。

(3) 创新推广工作方式

随着网络技术高速发展，农业技术推广工作还需要充分借助网络技术优势。如线上线下推广相结合，线下推广即采取农业技术培训方式，搭建微信公众号、短视频号、社群、APP、小程序等线上交流平台，让农民与专家在线上进行农业技术与知识交流。此外，当地政府还可以建立官方 APP 或公众号，在平台上定期发布先进的农业知识以及农业技术，这种宣传方式不仅可以解决农业技术推广人员不足问题，还可以切实节省推广成本，并保证宣传效果。而为让更多的农民能够下载相关 APP 或关注官方公众号，推广人员还需要与当地基层部门合作，引导农民下载相关 APP 或关注官方公众号，并指导农民如何运用。

2. 优化农业技术推广流程，保证推广工作循序渐进

在新时期农业技术推广过程中，为将农业技术应用到农业生产活动中去，需确保农业推广工作有序进行，让农民循序渐进地掌握农业技术与农业理论知识。基于此，需要优化农业技术推广流程，制定详细的推广流程，使推广人员能够在实际推广工作中按标准化流程开展工作，避免出现推广流程衔接不佳的问题，导致农民无法串联相关知识，无法正确理解与运用相关技术。新时期优化农业技术推广工作流程，为推广人员提供有效的推广方法，如在相关推广地区成立技术示范区，组织当地较高素质的农民参与到示范区建设中，以此通过示范区向当地农民切实展示农业技术的应用价值。

3. 提高农业技术推广人员综合能力

新时期农业技术推广工作质量和效果与推广工作人员的综合能力密切相关，因此面对当前农业技术推广过程中面临的工作人员数量不足以及工作人员专业素养不够等实际问题，需提出有效的解决对策，以保证农业技术推广成效。针对新时期农业技术推广工作中专业人员缺失问题。

(1) 积极利用各种社交平台和社群，广泛传播技术推广理念。

(2) 政府、商协会组织等应积极搭建线上线下交流平台，加强政府与农业从业人员的交流。

(3) 在社会以及高校中筛选专业化人才，组建专业队伍，不定期开展专业教育培训，为新时期农业技术推广工作提供专业人才。针对农业技术推广人员专业能力与业务素养薄弱问题，提出以下几点。

①定期组织推广人员进行岗位培训，即使掌握新技术和新理念。

②加强技术推广人员思想教育工作，提高工作人员对农业技术推广工作的重视程度，增强其责任意识切实提高业务能力。

③培训教育后积极开展相应的考核，并将考核结果与推广人员的薪酬挂钩，以此保证推广人员能够全身心投入培训活动中，切实提高自身专业素养。

创新创业教育案例六

农业科技推广的专家大院模式

农业科技专家大院这种农业科技服务模式，经过多年的发展已成为实现科技与农户直接对接的有效形式。而运行机制的创新、利益共同体的建立，已成为农业科技专家大院赖以生存和发展的可靠保证。陕西省农业科技专家大院在运行中按照"政府引导，企业化组织，市场化运作"的原则，不断完善农业科技专家大院的运行机制，积极地探索比较适合自身特点的技术推广模式。目前，陕西全省82个省级农业科技专家大院已形成了"企业主导型""合作组织依托型""示范带动型""多元化复合型"等多种发展模式，将大院专家与龙头企业、农民、农业合作组织、示范基地、市场等通过不同方式有效地整合、共同发展。

一、企业主导型

采用"企业+专家+基地+农户"和"以科技专家为法人代表的科技企业+农户"等运行模式。主要以龙头企业为基础，将专家大院建在企业内，投入以企业为主，企业与农民二者通过市场来进行联系，企业通过建立示范基地对农民进行示范带动，通过技术专家对农民进行技术指导（图6-5）。该模式适宜于经济效益明显、产业化程度较高的产业。

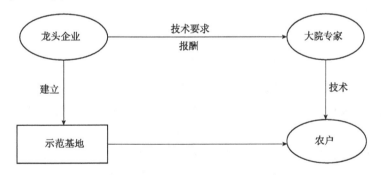

图6-5 "企业主导型"模式

"企业主导型"模式的优势在于：①企业有较高的市场敏感性，农民按照企业的要求和专家指导在自己的土地上生产农产品，可在一定程度上规避市场风险，且可以获得较高的收益。②企业将农业科技专家大院建在企业内，根据自身对原材料产品的技术要求聘请农业专家，进行农业新技术、新品种试验和科技成果转化，对生产基地的农民进行农业科技培训和技术推广，并为农户提供科技服务，有效地实现从专家到企业再到农户的技术对接。商洛市食用菌科技专家大院、凤县花椒科技专家大院、印台区樱桃科技专家大院、太白县中药材科技专家大院等都采用这种运行模式。

商洛市食用菌科技专家大院由企业引进食用菌新品种、示范推广新技术，通过试验、示范、筛选各菌类新品种2~3个，已在生产中推广应用，较原有品种增产10%以上，推广普及率达到80%以上。截至2010年，商洛市食用菌科技专家大院已培训技术骨干100人次，培训菇农3000人次，达到了一户有一名"懂技术的明白人"。在专家大院的辐射带动下，商洛全市食用菌种植规模7260万袋，实现销售收入56 730万元，实现收入39 015万元，菇农人均收入达4000~5000元。

二、合作组织依托型

采用"专家+协会(合作社)+基地+农户"等运行模式。以当地的农民专业协会、合作社等农村专业合作经济组织为依托，由经营大户或生产能人牵头，吸收农民为会员组成农村专业合作组织，按照市场需求，统一开展生产经营。专家大院提供技术和成果，专家大院以合作组织为纽带，为各个会员提供产前、产中、产后全方位服务(图6-6)。该模式适宜于生产单元较小、缺乏龙头企业带动，而在当地又有传统优势的产业。

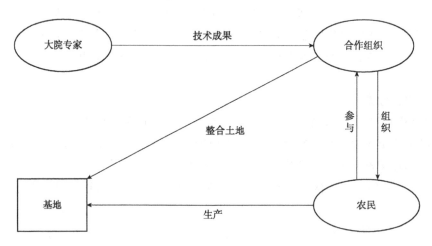

图6-6 "合作组织依托型"模式

合作组织依托型模式的优势：①专家将技术成果在合作组织成员中进行推广示范，并辐射带动其他农户采用新技术、新品种。②单个农户在与企业或其他市场主体的交易过程中都处于弱势地位，合作组织使农民在参与市场竞争的过程中以一个团体的形式出现，共同面对市场上的风险，降低交易成本。陈仓区无公害设施蔬菜科技专家大院、大荔县棉花科技专家大院、商洛市中药材科技专家大院、千阳县蚕桑科技专家大院、汉中市食用菌科技专家大院等都采用这种运行模式。

陈仓区无公害设施蔬菜科技专家大院依托"太公庙绿康蔬菜专业合作社"，把大院专家与农民群众联系起来。帮助蔬菜合作社进行了番茄、黄瓜、西葫芦、韭菜、苦瓜5个主栽蔬菜品种的无公害农产品认证，申领无公害农产品标志，注册"太公苗"牌商标。建立了40亩的标准化示范园，示范推广了4项先进实用新技术。截至2010年，累计培训80多场次，培训4300人次。在专家大院的辐射带动下，全村蔬菜大棚已发展到4006座，蔬菜总收入达到1468万元。辐射带动周边村发展高效设施蔬菜8500多亩。

三、示范带动型

采用"专家+项目+基地(园区)+农户"等运作模式。专家大院大多建在科技项目试验示范基地和科研院所建设的试验站,以政府投资和项目带动为主,主要开展科技成果推广、集成、组装和进行试验、示范等(图6-7)。

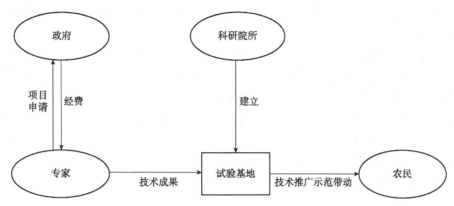

图6-7 "示范带动型"模式

示范带动型模式的优势在于专家大院通过政府投资和项目带动,不以盈利为主要目的,能更好地发挥专家大院的科技成果集成和示范推广作用,且示范带动范围较大,效果明显。大荔县设施蔬菜科技专家大院、礼泉县苹果产业科技专家大院、阎良区蔬菜科技专家大院、陇县畜牧蔬菜科技专家大院等都采用这种运行模式。

大荔县设施蔬菜科技专家大院依托陕西省科学院渭南科技示范基地,创建了田间实验室,组建科研团队和技术推广协作组,主要以解决棚菜生产中的突出问题为重点,开展技术研究、集成、示范和推广。开展了"设施蔬菜重大害虫灾变机理及控制技术研究与示范""温室蔬菜根结线虫不同调控技术对土壤环境效应研究"等多项科研项目的研究,推广了病虫绿色防治、果实类蔬菜套袋、平衡施肥、隔沟交替量化灌水、连作障碍克服和预防措施等新技术,加速科研成果的转移与转化。使区域内技术入户率达90%以上。

四、多元化复合型

该模式专家大院集专家、合作社、实体(公司)、试验示范基地于一体,根据当地实际,将各个参与主体有机组合,将农民和经营企业、合作社(协会)作为服务对象,通过企业化运行,帮助企业并指导农户建立优质生产基地,从中获取企业支付的收益,保证了专家大院有效运转。

资料来源:刘薇.陕西省农业科技专家大院推广模式分析[J].经济研究导刊,2011(19):46-47.

本章小结

通过对不同发达国家农业技术组织及机构性质、职责等对比分析,发现虽然各个国家国情不同,但是,农业技术组织有几个共同的特点:各国政府都把农业推广当作一项公益事业;众多的民间成分参与农业推广活动;学校及科研单位都积极参与。

中国农业技术组织的发展经历了曲折的过程,追溯其历史变迁轨迹,按照新中国成立这一历史事件划分为新中国成立前农业技术组织的历史变迁和新中国成立后农业技术组织的历史变迁两大重要时期。新中国成立后农业技术组织的历史变迁路径，根据其历史发展形态划分为形成期、低谷期、恢复发展期和调整重构期4个阶段。

农业技术选择是否科学合理关系到农业技术创新能否高效运作于现行农业发展过程，一个国家或地区，采取何种农业技术进步路线，不能主观臆定，必须依据相关原则做出科学合理的选择。

农业技术扩散是指一项农业技术在一定时间内，通过某种渠道，在社会经济系统中进行传播、适应的过程，一般是由最初少数人采用到后来大多数人普遍采用的过程，同时农业技术由产生到被接受要经历一个由众多主体参与的在时间和空间上变异的复杂过程。

农业技术推广是一种有目的、有组织的活动，农业技术扩散是农业技术推广的结果，其可通过农业技术推广来实现，而农业技术推广是农业技术扩散的加速器。在乡村振兴战略背景下，农业技术推广工作越发重要，其作为促进农业生产技术进步的关键，在提高农业发展水平，加快农业现代化建设方面起着重要作用。

思考与练习

1. 简述技术扩散与技术创新的关系。
2. 简述技术扩散的基本理论。
3. 试结合实际分析农业技术采用的过程。
4. 简述农业技术创新过程及其行为主体。
5. 简述我国农业技术推广存在的问题。
6. 简述我国农业技术推广改革的发展方向。

第七章 农业技术经济效果评价

第一节 技术经济效果评价基本要素与方法

一、技术经济效果评价基本要素

技术经济效果评价的基本要素包括投资、成本、税金和利润。

(一)投资

投资是为了将来获得收益或避免风险而进行的资金投放活动。在技术经济分析中,投资是指从项目筹建开始到全部建设投产为止,整个过程发生的费用总和。投资主要包括3个方面:固定资产投资、流动资产投资、建设期贷款利息。

1. 固定资产投资

固定资产投资是指用于建设或购置固定资产所投入的资金,如建筑物、机器机械、运输工具等。固定资产一般使用年限在一年以上,单位价值在规定标准以上,并且在使用过程中原有的实物形态保持不变。

2. 流动资产投资

流动资产投资是指项目在投产前预先垫付,在投产后生产经营过程中周转使用的资金,如货币资金、应收及预付款、存货等。流动资产一般指可以在一年或者一年以上的一个生产周期内变现或者耗用的资产。

3. 建设期贷款利息

建设期贷款利息指建设期需要偿还的固定资产贷款利息。

(二)成本

成本是指为了获得一定数量的商品或劳务所支付的费用,或者说是生产一定数量商品或劳务所耗费的生产要素的价值。在决策过程中,不同的成本概念可以提供不同的信息,因此选择合适的成本概念对于决策的正确性和有效性非常重要。具体来说,各项成本的含义如下:

1. 会计成本

会计成本是指在生产和经营过程中发生的各项费用,按照会计核算的原则和方法进行记录和计算。按照我国财务会计制度,总成本费用由生产成本、管理费用、财务费用和销售费用构成。

$$总成本费用=生产成本+管理费用+财务费用+销售费用 \qquad (7-1)$$

生产成本又称制造成本,包括各种直接支出(直接材料、直接工资和其他直接支出)及制造费用。制造费用是指为了组织和管理生产所发生的各项费用,包括生产单位管理人员工资、职工福利费、折旧费、维检费、修理费及其他制造费用(办公费、差旅费、劳动保护费)。

管理费用是指企业行政管理部门为了管理和组织经营活动所发生的各项费用。

财务费用是为了筹集资金而发生的各项费用,包括利息和其他财务费用(汇兑净损失)。

销售费用是为销售产品和提供劳务而发生的各项费用,包括销售部门人员工资、职工福利费、折旧费、修理费及其他销售费用(广告费、办公费、差旅费)。

2. 经营成本

经营成本是指在一定时期内由于生产和销售产品及提供劳务而实际发生的现金支出,是技术经济分析过程中的重要指标。经营成本不包括已计入产品成本费用中,但实际没有发生现金支出的费用,如固定资产折旧费、无形资产摊销费等。另外,维检费、全部投资现金流量分析时的借款利息也应该从总成本费用中扣除。计算公式如下:

$$经营成本 = 总成本费用 - 折旧费 - 摊销费 - 维检费 - 借款利息 \tag{7-2}$$

3. 机会成本

机会成本是指由于将有限资源用于特定用途而放弃的其他各种用途的最高收益。在决策中,机会成本是一个非常重要的考虑因素。决策者在比较不同方案时,除了考虑方案的直接成本和收益外,还需要考虑选择某种方案而放弃其他可行方案所带来的机会成本。

4. 固定成本和变动成本

成本根据与产量的依存关系可以划分为固定成本和变动成本两类。固定成本指在一定产量范围内不随产量变动而变动的费用,如固定资产折旧费和管理费用等。变动成本则是随着产量变动而变动的费用,如直接原材料、直接人工费、直接燃料和动力费以及包装费等。

固定成本在一定时期和一定产量范围内总额是保持不变的,但是,从产品的单位固定成本来看,随着产量的增加,单位产品所分摊的固定成本将会减少。变动成本的总额会随着产量的增减而同向变化,而产品的单位变动成本则不受产量变动的影响。

5. 边际成本

边际成本是指在增加单位产品产量的过程中所增加的总成本。由于边际成本考虑的是单位产量变动,此时固定成本保持不变,因此在考虑边际成本时,固定成本不会对结果产生影响。

6. 经济成本

经济成本是指购买生产要素支付的显性成本和实际上已经投入的自有资源但在形式上没有支付报酬的隐性成本的总和。隐性成本也就是投入使用的自有生产要素的机会成本。

7. 沉没成本

沉没成本是指过去已经支出而现在无法得到补偿的成本,因此对今后的决策不造成任何影响。

(三)税金

税收是国家凭借政治权力参与国民收入分配和再分配的一种形式,具有强制性、无偿性和固定性3个特点。

1. 税金及附加

税金及附加是指项目经营活动发生的消费税、资源税、城市维护建设税、教育费附加及房产税、土地使用税、车船使用税、印花税等相关税费。

2. 增值税

增值税是指以商品(含应税劳务)在流转过程中产生的增值额为征税对象的一种流转税。按照税法规定，增值税作为价外税不包含在税金及附加中，其纳税人为在我国境内销售货物或提供加工、修理、修配劳务以及进口货物的单位和个人。项目评价中需注意按相关法规采用适宜的计税方法。

3. 所得税

所得税是针对项目应税所得额征收的税种。所得税率应按项目评估分析年税法规定的税率确定，目前基本上采取25%的税率。要注意使用有关的所得税优惠政策，并加以说明。此外，所得税的征收额以项目年利润为基础，不属于税金及附加的范畴。

(四) 利润

利润是一定时期内的经营成果，是收入和成本费用的差额。由于收入和成本费用包含的经济内容不同，利润也有不同的含义。

1. 营业收入

项目营业收入是指项目建成投产后在某一期间通过销售各种产品或提供劳务所获得的货币收入，是项目效益的最主要的体现。计算公式为：

$$营业收入 = 产品(或劳务)年销售量 \times 销售单价 \tag{7-3}$$

2. 利润总额

项目利润总额是指项目建成投产后在一定时期内通过生产经营活动所实现的最终财务成果。计算公式为：

$$利润总额 = 营业收入 - 税金及附加 - 总成本费用 \tag{7-4}$$

3. 税后利润

税后利润也称为净利润，是扣除应纳所得税后的实际利润总额。计算公式为：

$$税后利润 = 利润总额 - 所得税 \tag{7-5}$$

二、技术经济效果评价基本方法

技术经济效果评价的基本方法，根据项目未来状态是否确定分为确定性评价方法和不确定性评价方法两类，对同一个技术方案必须同时进行确定性评价和不确定性评价。

(一) 确定性评价方法

确定性评价方法是针对技术项目未来的状态完全确定的情况，或者基于技术项目未来的状态完全确定的假设而提出的一类经济评价方法。按照不同的标准，确定性评价方法又可以做如下分类：

1. 按评价方法的性质分类

按评价方法的性质不同，分为定量分析和定性分析。

定量分析是指对可度量因素的分析方法。在技术方案经济效果评价中考虑的定量分析因素包括资产价值、资本成本、销售额、成本等一系列可以以货币表示的一切费用和收益。

定性分析是指对无法准确度量的重要因素实行的估量分析方法。

2. 按评价方法是否考虑时间因素分类

对定量分析按其是否考虑时间因素，又可分为静态分析和动态分析。

静态分析是不考虑资金的时间因素，即不考虑时间因素对资金价值的影响，而对现金流量分别进行直接汇总来计算分析指标的方法。一般适用于寿命短，且每期现金流量分布均匀的技术方案的评价。

动态分析是在分析项目或方案的经济效益时，对发生在不同时间的现金流量折现后来计算分析指标。一般适用于经济寿命周期长，每期费用和收益的分布差异较大的技术方案的评价。

3. 按评价方法是否考虑融资分类

按评价方法是否考虑融资，分为融资前分析和融资后分析。一般宜先进行融资前分析，在融资前分析结论满足要求的情况下，初步设定融资方案，再进行融资后分析。

4. 按技术方案评价的时间分类

按技术方案评价的时间可分为事前评价、事中评价和事后评价。事前评价是指在技术方案实施前为决策所进行的评价；事中评价亦称跟踪评价，是指在技术方案实施过程中所进行的评价；事后评价亦称后评价，是在技术方案实施完成后，总结评价技术方案决策的正确性，技术方案实施过程中项目管理的有效性等。

(二)不确定性评价方法

由于对技术方案进行分析计算所采用的技术经济数据大都是来自预测和估算，有着一定的前提和规定条件，所以有可能与方案实现后的情况不符，以致影响到技术经济评价的可靠性。为了提高技术经济分析的科学性，减少评价结论的偏差，就需要进一步研究某些技术经济因素的变化对技术方案经济效果的影响，并提出相应对策。

不确定性评价方法就是对技术方案中某些不确定因素对其经济效果的影响程度的综合分析方法。该方法主要包括盈亏平衡分析、敏感性分析和概率分析。其中盈亏平衡分析只用于财务评价，敏感性分析和概率分析可同时用于财务评价和国民经济评价。不确定性分析对于投资额较大，寿命期较长的重大项目来说尤为重要。

盈亏平衡分析是在一定的市场环境、生产能力的条件下，研究拟建项目成本与收益之间平衡关系的方法。敏感性分析是一种常用的不确定分析方法，用来研究和预测不确定因素对技术方案经济效果的影响情况及影响程度。概率分析是使用概率研究和预测不确定因素和风险因素对技术方案经济效果影响的一种定量分析方法。

第二节 农业技术经济效果评价内容与程序

一、农业技术经济效果评价内容

农业技术经济效果评价就是对农业生产中的各种技术和经济因素进行综合的分析和论证，揭示有用效果与劳动耗费之间的内在联系并比较其优劣，寻找或选择具有最佳经济效果的措施或方案的活动。评价的主要内容按经济效果分：农业生产所取得的有用效果分析，农业有用效果与劳动消耗的关系分析，农业有用效果与劳动占用的关系分析；按农业生产建设的现实问题分：单项农业技术措施经济效果的评价，单一作物或生产部门经济效果的评价，一个农业生产单位综合经济效果的评价，区域性农业技术经济效果的评价，农业投资经济效果的评价，农业科学技术成果经济效果的评价等。

(一)农业生产所取得的有用效果分析

农业技术方案、技术措施产出产品的有用效果，可以从使用价值和价值两方面进行评价。从使用价值方面评价是衡量产品满足社会需要的程度，即考察有用性成果；从价值方面评价是计算产品价值给生产单位带来多大的经济收益，即考察收益性成果。从广义上来说，有用效果还包括受益性成果，这类成果难以计量，但社会效用较大。

1. 从使用价值方面评价

从农产品的使用价值方面评价，需要分析以下几方面的关系。

(1)产品种类与量度的关系

农产品种类繁多，每种农产品的使用价值又分为质和量两个方面，使用价值的质是指产品效用的性质，使用价值的量是对产品的某一效用数量的量度。一方面，不同种类产品有不同性质的效用；另一方面，同种产品因质量不同，其单位产品的效用数量也不相同。因此，对农业技术经济效果进行评价时，产品有用效果必须具有同质性，只有同质产品才能进行量的比较。

在有用效果的评价中，一般有以下3种情况。

①不同种类的产品具有不同的效用，不能直接进行量的比较，但可以通过一定的系数折算，把具有不同效用的产品折算为同一度量单位，然后进行量的比较。

②不同的产品具有相同性质的效用，其单位产品的效用数量不同，则需要按照一定的标准折算为同一效用单位才能进行量的比较。如粮食和猪肉都有使人获得能量和营养的效用，这就可以根据经济评价的要求，在一定的条件下用同一营养单位尺度计算它们共同效用的数量。

③只有具有相同性质效用，且单位产品效用数量相同的产品，才能直接进行量的比较。

(2)产品质量与数量的关系

产品质量是指每种农产品内在或外在质地的好坏，它是按一定的规格和标准来确定的。农产品质量高低是影响农产品的使用价值量和价值量的重要因素。产品质量高，使用价值量大(即有用效果大)；产品质量低，使用价值量小(即有用效果小)。

因此，在评价农产品的有用效果时，必须把数量和质量统一起来。不同质量的同种产品需要折合为一定质量标准的产品，才能使单位产品具有相同的效用数量。如育肥猪只计算头数或活重，是不能正确反映有用效果的，还需要从屠宰率以及猪肉品质如肥瘦比等质量指标进行折合比较，才能全面地进行有用效果的评价。

(3)社会需要与农产品品种和种类的关系

农业是为人类提供生活资料的物质生产部门，因此应该从满足社会需要的角度出发，对不同种类农产品使用价值的重要性、社会需求数量及其构成的变化进行分析。

农产品在人们的生活消费需要中，因消费水平和层次的不同，可以区分为：

①作为生活必需资料的农产品，如粮、棉、油、肉等。这类产品既有高度的使用价值，又存在着大量的社会需求。因此，需要大力发展，努力增加农产品的数量，提高农产品的质量，而且在生产过程中必须尽可能地降低劳动消耗，提高经济效益。

②种类繁多的小宗农产品，如小宗土特产品、药材以及风俗习惯需要的产品。这类产品社会需要量不大，但却是社会生活所不可缺少的。因此，在经济评价时需要特别重视使用价值的评价。对于这类农产品在生产上要做到合理安排，保证社会的需要。

③农产品中的作物秸秆等农副产品。这类产品数量大，使用价值也大，但价格低廉。因此，应通过综合利用和深度加工，提高其使用价值量和价值量。

④一些特殊需要的产品，如名贵皮裘、人工珍珠、人参、鹿茸等。这类产品社会需要量不大，但经济效益好，收益大。因此，在合理使用现有资源的条件下，应当促进其发展，以满足市场和社会的需要。

此外，农产品的品种和种类结构，能反映农业生产满足社会需要的程度和范围。社会对农产品的需求结构，随着社会经济的发展不断变化。农产品的品种和种类结构必须适应社会需求，才能提高农业生产的经济效益。

2. 从价值方面评价

农业生产过程是使用价值和价值的形成过程，因此，农产品有用效果的价值评价也是农业技术经济效果评价的重要内容。利用价值指标可以把具有不同使用价值形态的农产品，化为同一货币单位进行比较。但是也应该看到，产品的使用价值与价值既是统一的，又是矛盾的。

统一性主要表现在：同类农产品在相同价格条件下，使用价值和价值是统一的。当价格不能反映按质论价时，其矛盾性主要表现在：①使用价值与价值在数量上存在矛盾。等量的使用价值其价值量不一定相等，或者等量的价值而使用价值量不一定相等。其原因在于农产品的质量不同，导致使用价值量与价值量的矛盾。②使用价值量与价值量在产品结构上存在矛盾。生活必需消费品具有强大的使用价值量，如粮食、生猪等，社会需要量也大，但因受价格因素的影响而经济效益较低；有些土特产品或是供特殊需要的产品，如名贵皮裘、人工珍珠、人参、鹿茸等，社会需要量不大，但价格昂贵。由于价格背离价值，它们的经济效益较大。从生产者角度来说，显然生产那些生产成本低而价格昂贵的产品最为有利；但从社会需要角度来说，生产这种产品多了，生产别的产品数量就会减少。多了过剩，少了供应紧张，这两种情况对生产者或满足社会需要都是不利的。因此，在农业技术经济效果的评价中，应当重视使用价值量和价值量矛盾的分析。

综上所述，在社会主义市场经济的条件下，进行农业技术经济效果的评价，要注意把使用价值和价值方面的评价正确地结合起来，从满足市场和社会需要出发，达到使用价值量与价值量的最佳统一效果。

(二)农业有用效果与劳动消耗的关系分析

任何农业技术方案的实施，都要消耗一定的活劳动和物化劳动，并取得一定数量的生产成果。因此，评价和分析有用效果与劳动消耗的关系，是农业技术经济效果评价的重要内容。

1. 活劳动消耗量、物化劳动消耗量和劳动消耗总量

农业生产中，活劳动的消耗量是指参与生产的劳动者所支出的劳动时间；物化劳动消耗量是指实际消耗的物质资料中所凝结的社会平均劳动量。农业技术方案实施所消耗的劳动总量是活劳动和物化劳动实际消耗量的总和。

活劳动消耗量一般用劳动时间来衡量。但是参与生产的劳动者当中有劳动熟练程度、劳动复杂程度和劳动强度的差异，因此，在计算活劳动消耗时，必须把不同的劳动熟练程度和劳动复杂程度与强度折合为标准时间单位，才具有可比性。这种标准一般只能按当地人们的生产经验来确定。

由于物化劳动在目前的条件下还无法还原为劳动时间单位，所以物化劳动消耗量只能用物质资料的价格来度量其近似值。农业生产需要的物质资料主要来自外部资源和内部资源两方面：①外部资源，从整个农业部门来说，是指工业以及科技服务部门所提供的物质资料；从生产单位来说，是指外购的生产资料。②内部资源，即农业或生产单位内部自产自用的生产资料。外部资源的价值转移应按购入价格计算；内部资源可根据情况，或按外购价格，或按直接生产费用计算。对于中间产品要注意避免重复计算。

要计算劳动消耗总量，必须把活劳动与物化劳动折算为同一计算单位。货币是价值的一般尺度，因此，运用这个尺度来衡量生产单位的实际活劳动消耗量较为方便。但是在经济效果评价中，只有区分必要劳动和剩余劳动所形成的价值，这个尺度才具有意义。在工业生产中，必要劳动的价值形态是以工资加奖金的形式出现的；在农业生产中，由于实行家庭承包经营，不存在工资范畴，如何计算必要劳动的价值是很复杂的问题。因此，在农业技术经济效果评价中，一般是以一定范围的经济自然地理区域内的农民平均消费水平为标准。这种方法在理论上有可取之处，但是超过确定的区域范围，这个标准就没有可比性。由于农业经济结构的复杂性和计算劳动消耗的复杂性，所以在评价劳动消耗量时，最好采用多种尺度进行综合性的判定。

2. 经济效果与活劳动和物化劳动的有机构成的关系

经济效果的大小受劳动成果和劳动消耗的制约。在劳动成果一定的情况下，经济效果与活劳动和物化劳动有机构成的变化有关。分析这种有机构成变化及其发展的规律，是从劳动消耗角度评价经济效果的重要内容。农业生产中，活劳动消耗与物化劳动消耗在劳动消耗总量中比重的变化对经济效果的影响，一般有以下几种情况。

生产单位农产品所消耗的劳动总量节约，是由于活劳动消耗增加、物化劳动消耗减少，或物化劳动消耗增加、活劳动消耗减少，从而减小了两者的差额，取得较好的经济效果。这是由于加强管理提高了劳动者素质或者是由于采用了先进的生产技术。

$$\text{劳动消耗总量}\downarrow = \text{活劳动消耗}\uparrow + \text{物化劳动消耗}\downarrow$$
$$\text{劳动消耗总量}\downarrow = \text{活劳动消耗}\downarrow + \text{物化劳动消耗}\uparrow \quad (7\text{-}6)$$

生产单位农产品所消耗的劳动总量节约，是由于活劳动消耗不变物化劳动消耗减少，或物化劳动消耗不变、活劳动消耗减少，从而提高了经济效果。这是加强管理，严格经济核算，提高劳动者素质的结果。

$$\text{劳动消耗总量}\downarrow = \text{活劳动消耗} + \text{物化劳动消耗}\downarrow$$
$$\text{劳动消耗总量}\downarrow = \text{活劳动消耗}\downarrow + \text{物化劳动消耗} \quad (7\text{-}7)$$

生产单位农产品所消耗的劳动总量节约，是由于物化劳动消耗和活劳动消耗同时减少，提高了经济效果。这是由于采用了某些先进的生物技术，如推广优良品种、实行免耕等。

$$\text{劳动消耗总量}\downarrow = \text{活劳动消耗}\downarrow + \text{物化劳动消耗}\downarrow \tag{7-8}$$

由此可见，单位农产品所消耗的劳动总量的节约，不论是由于节约了活劳动消耗量，还是节约了物化劳动消耗量，都可以提高经济效果。但从合理有效地利用生产资源的角度考虑，两种节约的意义不完全相同。在劳动力缺乏的地区，节约活劳动消耗比节约物化劳动消耗更重要，这类地区的农业生产应以技术密集为主；在劳动力充足的地区，节约物化劳动就比节约活劳动消耗具有更为重要的意义，这类地区农业生产就应以劳动力密集型的技术措施为主。

3. 农业劳动时间和生产时间

在比较农业有用效果与劳动消耗时，还要注意到农业劳动时间和生产时间的差别。由于农产品生产周期中劳动时间与生产时间的不一致性，在考察农产品生产所需要的劳动消耗时，需要考虑到对农业劳动力的占用与劳动时间利用的矛盾统一。农产品在整个生产期间所占用的劳动力人数，往往是按生产过程中所耗费劳动时间的高峰配备的，其余时间劳动力则有剩余。充分利用这些剩余劳动时间，创造更多的财富，这是提高劳动力利用率的有效途径。

(三)农业有用效果与劳动占用的关系分析

农产品的生产不仅需要消耗劳动，而且还要占用劳动。在农业生产过程中，一定数量的劳动占用是保证农业生产顺利进行的物质基础，物化的劳动占用通常表现为资金的占用。从劳动占用的角度考察和评价农业技术经济效果，就是在一定时期内所生产的有用效果与同期劳动占用量的比较。一般说来，生产单位农产品劳动占用量少，经济效果就好。因此，劳动占用也是影响经济效果的重要因素。

由于农业生产的自然特点，劳动时间与生产时间不一致，农业生产的劳动占用相比其他生产部门时间要长，数量要大。农业劳动占用主要表现在以下几个方面。

(1) 农机设备的占用是劳动占用的重要组成部分

因为农业生产的劳动时间与生产时间不一致，不可能使所有的生产设备都处于生产状态，特别是一些专用的农业机械设备更是如此。因此，农业机械的选型配套一定要注意通用性，做到一机多用，减少闲置时间，降低劳动占用量。

(2) 农业生产中的各种物资储备也是劳动占用的重要组成部分

这些储备虽然没有进入生产过程，但它们是保证农业生产顺利进行所必需的。因此，在农业生产中，生产经营单位应在合理的范围内进行储备，以减少劳动占用。

(3) 农业用生产性建筑物如仓库、畜舍、渠道、水井等也是劳动占用

因此合理布局、加速周转、提高利用效率，是减少劳动占用的重要途径。

种公畜和生产母畜(包括种禽)是养殖业部门特有的生产资料，它们的性质不同于一般的固定资产。在畜产品生产中，要使种用或生产用畜禽被占用得经济合理，需要在饲养和生产过程中充分合理地发挥其生产性能，充分利用其生产性能旺盛期。

劳动占用最终表现为资金占用，而资金具有时间价值。在分析和评价劳动占用的经济

效果时，要把占用的时间和占用的数量结合起来。只有这样，才能准确地评价劳动占用的经济效果。

二、农业技术经济评价程序与步骤

一般来说，农业技术经济评价的程序主要包括评价项目的选择、资料的搜集和整理、项目评价和方案选优、评价报告的撰写4个环节。

（一）农业技术经济评价项目的选择

1. 评价项目的分类

农业技术经济评价项目，按其性质可分为指令性、鉴定评议性、咨询服务性和研究选择性项目。

（1）指令性项目

它是指国家或政府部门下达的评价论证任务，一般都是重大的农业技术经济问题，或亟待解决的现实问题和政策问题。这类问题的评价结果，可以为国家制定农业经济政策提供科学的依据。

（2）鉴定评议性项目

它是指对农业研究、试验和推广项目的成果做出综合评价，可以作为有关部门进行奖励和决策的依据。

（3）咨询服务性项目

它是指接受委托对科学技术发展趋势、技术引进、地区农业资源利用和开发提供经济分析和论证。随着科学技术进步和市场经济体制的建立，这类项目将会日益增多，其重要性也会日益增强。

（4）研究选择性项目

它是指根据农业现代化建设和生产经营的需要，设立选择研究项目和评价对象。

2. 评价项目选择的原则

（1）需要性

选择项目时，要考虑到经济发展的需要，优先选择政府和农民最需要解决的技术项目，如当对推广某项新技术的增产潜力和经济效益持观望态度时，就应将该项目作为评价对象。

（2）关键性

一是应优先选择其产品对国计民生有较大影响，且产品的社会需求量较大的项目。对农产品影响较大的技术项目，无论它的影响是正是负，都是关键项目。特别是商品率高而生产成本也高、利润低的项目，应作为评价的对象。二是要选择农业生产中带有关键性技术的项目。关键性技术措施或许正处于实验推广中，具有不少优点，也有需要改进的地方。选择这类项目研究，对当地农业生产具有重大的指导意义。

（3）可行性

选择评价项目时，不仅要考虑实施这一项目的必要性，而且还要考虑实际的自然条件、技术力量和管理水平等是否可行，是否有取得成功的可能。因此，应该选择难易适当的项目。一般来说，力量强、条件好，可以选择一些涉及面广、较为长期性的项目；反之,应选择当前生产经营中的现实问题立项评估。

(4)科学性

在选择评价项目时,还应考虑科学的继承性,充分借鉴前人的研究成果和有关资料,以扩大视野,从中获得有效的启示。同时,必须及时掌握准确的情报信息,要防止研究项目不必要的重复和无效劳动。

3. 评价项目的正确选择

根据上述原则,结合农业生产的实际状况,一般可以从以下几方面选择适当的评价项目。

(1)农业机械化技术经济效果评价

包括农业机械化区划、选择性机械化、机械化系统的最优配置,农业机械在农业生产中的作业方式等的评价。

(2)农田基本建设技术经济效果评价

主要包括水土保持、土壤改良、农田水利建设、灌溉方式等问题的评价。

(3)农业科技成果推广应用的经济效果评价

包括新品种、新的栽培技术、新化肥、新农药等技术经济效果的评价。

(4)农、林、牧、渔等技术经济效果的评价

种植业主要包括土地利用、作物布局、耕作制度等经济效果的评价;林业主要包括林木培育、造林工程、树种结构、用材林、防护林、经济林、薪炭林等的技术经济评价;畜牧业主要包括畜禽结构、饲养方式、饲料资源的开发和利用等经济效果的评价;渔业主要包括鱼苗培育及放养结构、饵料配方、池塘养鱼、网箱养鱼、稻田养鱼等不同饲养方式和捕捞方式的分析。

(5)开发性技术和综合性技术的经济效果评价

包括荒山、荒地、滩涂资源的开发利用,农产品商品基地建设,创汇农业、扶贫项目,产业结构调整,农林能源综合利用和地区性开发等的评价。

(二)资料的搜集和整理

1. 搜集资料的原则和要求

(1)可靠性

可靠性原则是指搜集的资料必须是真实对象或环境所产生的,必须保证资料来源是可靠的,保证所搜集的资料能反映真实的状况。可靠性原则是资料搜集的基础。

(2)完整性

完整性原则是指搜集的资料在内容上必须完整无缺,必须按照一定的标准要求,搜集反映事物全貌的有代表性的资料。完整性原则是资料利用的基础。

(3)准确性

准确性原则是指搜集到的资料与项目评价的关联程度比较高,在评价内容和范围之内,资料具有适用性,是有价值的。关联程度越高,适应性越强,就越准确。准确性原则保证了资料搜集的价值。

(4)时效性

时效性原则是指能及时获取所需的资料,只有能够按照研究计划及时搜集到的资料才有价值。

2. 资料的一般内容

总体来看，农业技术经济资料主要包括文字资料和数据资料两大类，前者主要用于定性分析，后者主要用于定量分析。对于不同的项目，所要搜集资料的内容和重点各不相同。一般来说，主要涉及以下几个方面：

(1)农业生产的基础资料

包括：①自然条件，如气候、地形、土壤等；②社会经济条件，如社会经济发展历史、人口、劳动力、交通运输、工业和城镇基础条件等；③技术装备条件，如农业技术装备、技术水平和劳动素养等。

(2)农业技术经济参数资料

如标准亩折合系数、标准台折合系数、粮油和粮棉折合系数等，以及项目评价过程中需要的其他相关参数。

(3)农业劳动耗费资料

包括：①活劳动消耗，如各个生产环节的用工量，用工总量以及有关活劳动消耗定额等；②物化劳动消耗，如原材料、燃料、动力、辅助材料的耗费，以及厂房、机器设备、技术装备的占用。

(4)农业劳动成果资料

如产量、产品质量、品种、产值、利润，提供劳务的数量、质量和效益等，以及其他有用效果。

(5)评价对象的可行性资料

如对农业技术方案的财务评估，社会对农产品或劳务的需求，社会经济条件、自然和技术条件的适应与保证程度，生产潜力及未来变化等方面的资料。

(6)技术生态效果方面的资料

农业技术、生态效果方面的资料是研究农业技术经济效果不可缺少的组成部分。应根据不同的评价对象、不同的评价目的和要求，分门别类地加以搜集。

(7)文献资料和前人的研究成果

科学研究是有继承性和连续性的，这项资料可以使项目评价建立在已有成果和现实水平的基础之上，使研究结论更加可靠。

(8)其他专用数据和资料

如预测数据，各种技术和设备的性能、规格、标准，各项农业资源，以及价格和其他数据资料等。

3. 资料搜集的方法

农业技术经济资料主要来自两个渠道：一个是间接来源，即资料是由别人通过调查或实验的方法搜集的，使用者只是找到它们并加以利用；另一个是直接来源，即通过自己的调查或实验直接获得的。

(1)间接来源资料

在农业技术经济项目评价时，间接来源资料主要包括已有的统计或会计报表资料、项目文件、国家和地方的发展政策和战略、各种相关的研究和咨询报告等。这类资料的优点是搜集比较容易，采集成本低，并且能很快获得；缺点是有可能存在相关性不够、口径不一致、不准确或过时等问题。

(2) 直接来源资料

①调查法　调查法分为全面性调查和抽样调查两类。如果调查针对总体中的所有个体单位进行，这种调查就是全面性调查；如果调查只是针对总体中的部分个体单位进行，这种调查就是抽样调查。

a. 全面性调查主要用于一些重大的农业生产技术措施或技术改革的技术效果的评价，对经济效果的各个方面的表现和各种影响因素及其作用范围进行全面的调查研究。如要评价兴建大型的农田水利工程、普及推广优良品种、改革农作制度等重大的农业生产技术措施或技术改革的技术经济效果时，都需要进行全面调查，广泛搜集资料，才能进行分析研究。

b. 抽样调查分为概率抽样和非概率抽样。概率抽样即随机抽样，是指遵循随机原则进行的抽样，主要包括简单随机抽样、分层抽样、整群抽样、系统抽样和多阶段抽样等方式。非概率抽样指抽取样本时不是按照随机原则，而是根据研究目的对数据的要求，采用某种方式从总体中抽取部分单位对其实施调查。在进行农业技术经济项目评价的资料搜集时，主要使用的是非概率抽样，下面介绍几种常见的方式。

● 定点调查。这种方法是按照技术经济资料调查的要求，具体到一个生产单位，对其经济活动和生产活动连续进行登记，并建立经济档案制度，详细而系统地搜集资料的一种形式。一般来讲，农业生产单位对于生产过程中所消耗的生产资料和活劳动、资金和生产资源的占用情况及其相关因素，往往缺乏系统的记载，或者不能满足进行经济效果评价的要求，因而需要采用定点调查。其优点是不仅可以积累系统的、完整的资料，而且还可以掌握整个经济活动中各种因素变化的相关关系，便于对各个环节深入分析，使技术经济效果的评价更加符合实际。

● 重点调查。这种方法是在所有采用技术措施的单位中，选择占有一定比重的少数重点单位进行调查。重点调查花费时间少，取得资料快。但由于各地自然条件差异较大，调查时应根据不同类型确定不同重点单位。一般在人力少、时间短的情况下进行调查采用这种方式。运用重点调查可以迅速掌握调查对象的主要情况。

● 典型调查。这种方法是在分析同类现象某些经济效果的一般规律时，选取一些具有一定代表性的典型单位进行深入细致地调查研究。用典型调查取得资料最重要的环节是要选好典型，即所选的典型一定要有代表性，才能使所搜集的资料有用，保证经济效果评价的准确性。但在实际调查中，要找到各项因素和条件都相同的典型几乎是不可能的。因此，一般采用多选典型，使典型平均化的办法，以抵消或减少一些偶然因素的影响。典型调查是一种简便灵活、收效迅速地调查方法。

②实验法　搜集资料的另一种方法是实验，在实验中控制一个或多个变量，在有控制的情况下得到观测结果。农业技术经济实验应是技术实验和经济实验的统一，它便于取得系统科学的数据和资料。因此，实验法是按照事先设计的技术措施和经济目标制定出实验方案，在生产单位进行实地试验。通过实验，取得比较精确和完整的资料和数据，以便对所设计的技术措施方案实行数量分析和经济效果评价。实验法一般适用于下列技术经济问

题的分析研究。

a. 实施重大农业技术改革方案的分析与评价。如农业机械化试点的实施方案，既包括机械适应性实验、机械生产性实验，也包括机械化经济效果实验。经过实验和技术经济效果评价，具有良好的技术经济效果，这个方案才能选用推广。

b. 推广新技术措施的经济试点。每一项新的技术措施从小区实验向大范围推广时都应经过经济试点，以便检验这一措施的经济合理性，并取得实施经验，起到示范作用。

c. 技术性实验的经济分析。如结合施肥实验分析不同施肥种类和不同施肥水平的经济效果，确定施肥的经济最佳点。还有对育肥猪进行实验，取得不同饲料配方和不同饲养水平同体重增长关系的资料，为分析确定育肥猪最佳出栏体重提供依据。

用实验法取得的资料可不受社会经济条件的影响，还可以采取比较周密的措施，排除不同自然因素和其他技术因素的干扰，对劳动消耗和生产成果的计量工作也可以做到计划控制和细心观测，所以得到的资料比较准确可靠。但要注意，用实验法进行小区实验时的劳动消耗与大规模生产时往往会有不同，有的甚至会有较大的差异。大规模生产时，许多作业可以用机械操作，而小区实验时往往只能手工操作。因此，在观测、记录和分析评价时，必须充分注意这些因素的影响。

农业技术经济科学实验的目的在于评价和分析不同技术方案和措施的经济效果水平和相互差异的原因，以便制定有效措施，合理地组织和利用各种生产资源。经过实验法是否能取得准确可靠的数据，在很大程度上取决于实验方法是否科学。因此，在进行实验时要认真做好总体实验设计，选择有代表性的实验基地和实验点，确定农业技术经济资料的统计和分析方法，以及科学地设置评价指标等。在可能条件下，最好在农业技术科学实验中增加经济研究项目，在技术档案中列入经济调查栏目，以节约科学研究的人力、物力，提高科学工作效率。

调查法和实验法各有优缺点，在实际运用时还可以根据需要将两种方法结合并用，相互补充，使取得的资料和数据尽可能地接近实际。

4. 资料的整理

农业技术经济资料的整理，就是对搜集到的大量原始资料，根据技术经济评价的目的要求，进行审核、分类、计算、汇总，使其系统化、条理化，以便为农业技术经济效果评价和对项目、方案进行综合分析提供清晰有用的资料。整理资料既是对原始资料的加工，又是进一步分析研究的基础和前提，是农业技术经济研究的重要环节，它主要包括以下内容：

(1)数据的审核

对于通过调查和实验得到的原始数据，主要从完整性和准确性方面去审核。完整性主要是检查应调查的个体是否有遗漏，调查项目是否填写齐全等；准确性主要是检查数据是否有错误，是否存在异常值等。

对于通过其他渠道取得的二手数据，应着重审核适用性和时效性。适用性是弄清楚数据的来源、口径以及有关的背景资料，以便确定这些数据是否符合分析研究的需要；时效性是检查所取得的数据是否过于滞后，以免失去研究的意义。

此外，对农业技术经济参数必须进行审核和修正。

(2) 数据的分类

原始数据的分类可根据需要进行。按其反映总体特征的性质不同，分为数量指标数据和质量指标数据；按其计量单位的特点，分为实物指标数据和价值指标数据；按其反映的内容，分为技术效果、生态效果和经济效果指标数据等。

(3) 数据的分组

数据分组是整理资料的基本方法。主要是根据农业技术经济问题的性质和分析评价的要求，将原始数据按一定的标志划分为不同的组成类型和水平。通过分组不仅使原始数据条理化，而且还可以显示出因素之间的关系和变动的规律性。

(4) 数据资料的初步计算与汇总

数据资料经过初步分类分组整理后，常常还需要按绝对数、平均数、相对数做进一步计算和整理。然后将各种数据资料汇总成为农业技术经济统计分析表。一般可以通过计算机对数据进行贮存和处理。

(三) 项目评价和方案选优

1. 选优的标准

(1) 生产可行性

生产可行性是指农业技术方案或评价项目在满足一定的约束条件下，能够付诸实施的现实性。农业技术方案和项目的实施，一般都需要满足一系列的约束条件，否则就缺乏实施的客观可能性。一般说来，约束条件可以分为两大类。

①自然环境条件　一项农业技术方案和项目是否可行，首先要受当地自然条件的制约。一般而言，优越的地理位置会对农业技术方案和项目产生巨大的吸引力，并能为方案和项目的实施提供各种配套设施和服务。

②社会经济条件　方案或项目的实施必须满足方案或项目所需要的社会经济条件，社会经济条件对方案或项目实施的约束，主要是指国家的政策法令、经济管理体制、人们的习惯和观念，以及一系列的经济要素，其中包括劳动力、资金、土地、信息、市场和技术装备等。

(2) 经济合理性

经济合理性是指从社会和整体的角度出发，讲求农业技术方案或项目的增产效果和经济效益的合理统一。评价经济合理性，要从基本经济规律出发，将数量和质量、短期利益和长远利益、不同层次和范围的经济效益正确地综合起来考虑。

(3) 技术先进适用性

技术的先进性、适用性是经济合理性的基础。一般地说，先进适用技术应当具备以下条件：①经过多方实验是成功的成熟的技术，在当地的条件下具有明显的适应性和实效性；②可以有效地提高对当地生产资源的综合利用，节约资源并有利于生态平衡；③可以不断提高光能利用率，提高土地生产率，改善农业内部结构；④有利于广开门路和劳动就业；⑤有利于提高经济效益。

(4) 生态协调性

生态协调性是反映农业技术经济项目的生态效应，考察方案的生态合理性。某些农业技术对生态环境的影响往往是隐形的，因此进行生态评价时必须深入、细致和全面。

综上所述，生产可行性、经济合理性、技术先进适用性和生态协调性是一个统一的整体，不能孤立地、片面地强调某一点。但是，在现实的经济活动中，要选择如此理想的最优方案实际上是比较困难的。因此，在实际工作中农业技术方案和项目的选优有两种做法：一是同样效果的方案，选择劳动消耗少，资源利用合理，投资少且回收期短，有利于生态平衡的方案；二是同样的劳动消耗和同样的生态影响，选择经济效果最大的，或者把两者结合起来考虑。

2. 选优的内容

农业技术经济项目评价选优的一般内容主要包括目标分析、技术分析、经济评价、社会评价和综合评价等。

(1) 目标分析

目标分析是对农业技术经济项目预期经济效益的估计和预测。通过目标分析，我们可以了解到实施某项农业技术方案或项目所带来的经济效益和社会效益。

(2) 技术分析

技术分析就是进行技术可行性研究。技术分析的主要内容是评价技术是否满足方案的要求及其实现的程度；是否具备推广应用的技术条件。技术评价的目的在于选择先进适用技术。

(3) 经济评价

经济评价是以经济效益为核心所作的计算和分析，并根据科学的判别标准和经济目标的要求，设置适当的指标，借以考察和分析技术方案或项目的经济合理性，并分析和评价方案实施所具备的社会经济条件。所以，经济评价也就是进行经济可行性研究。

(4) 社会评价

社会评价就是广义的技术可行性和经济可行性研究。其主要内容是进行宏观的经济效益、社会效益和生态效益的考察，借以从整体的和长期的目标上估计方案或项目的实施给社会带来的效益或影响。

(5) 综合评价

综合评价就是根据以上4个方面的评价，结合目标要求和具体条件进行分析判断。一般来说，综合评价需要具备专门的知识和丰富经验的人员，因为他们了解现状和发展趋势，可以做出正确科学的决策。农业技术经济评价一般多属于咨询的性质，为决策者提供科学的依据，因此，综合评价最好提出可供选择的最佳方案、次优方案的评价报告作为建议方案，供决策者选用。

3. 方案的实施

方案选定之后即进入实施阶段，这是将预期的经济效益变为现实经济效益的过程。为了保证选定方案的实施，一般要求做好以下两个方面的工作。

(1) 在方案全面实施以前，要经过试点，逐步推开

试点的好处是：①可以检验方案的要求是否完全符合实际；②可以取得具体的经验，在试点过程中必然会遇到新的问题和矛盾，这些问题和矛盾的解决就是经验，这样可以使

以后的全面实施少走弯路；③可以起到示范的作用，使方案的优越性更加具体形象地展现出来。

(2) 要不断地检验和修正方案

所谓最优方案也是相对的，它不可能完全符合客观实际。农业生产条件在不断变化，人们的认识也在不断发展，这就需要在方案的实施过程中，通过实践来检验方案，不断根据方案实施的新情况去修正和补充原来的方案，使方案在实践中不断充实和提高，并逐渐趋于完善。

第三节 农业技术经济效果评价指标体系

一、农业技术经济效果评价指标体系设置原则

1. 科学性原则

指标体系的设置要科学、有效地反映农业技术的各种效果，即农业生产过程中投入与产出之间的关系，以及某项技术使用后对生态环境、社会贡献的影响程度，包括它们之间客观存在的因果关系。只有同时反映劳动成果与劳动耗费之间关系的指标，才是经济效果衡量指标。

2. 全面性原则

指标体系的设置应尽可能全面，从不同角度、不同层次充分反映农业技术经济效果的复杂内容及其影响因素。它应当能够反映出短期效果和长远效果，微观效果和宏观效果，单项效果和综合效果，技术生态效果和经济效果、社会效果等方面的数量关系。

3. 简便性原则

指标体系的设置应保证指标的选取具有代表性，在不影响全面性的原则下尽量减少指标数量，做到少而精。同时，要注意指标体系的逻辑性，如果把上下层次之间的关系比作隶属关系，那么同一层次各指标之间则是专业分工的关系，它们必须分工明确，各自从不同的侧面表现目标的价值，不设重复指标，不设交叉重叠指标。纵向的层次有序性和同一指标层各指标间的独立性相结合，做到主次分明、结构清晰、层次清楚。

4. 易行性原则

指标体系的设置应保证在整个指标体系中各指标意义明确，能够确切地反映评价内容，而且可以明确地看出同其他指标的内在联系。指标的计算方法简便，所对应的数据具有可得性，采用的计算方法具有可操作性，并且评价的结果有效、可利用。

二、农业技术经济效果评价指标体系构成

研究农业技术经济效果评价指标体系的构成，就是要明确在该指标体系中应该包含哪些指标，各项指标的实质和内容，以及它们的内在联系等，以便对农业技术经济效果进行科学的评价。一般来说，农业技术经济效果评价指标体系包含3类指标，即农业技术经济效果衡量指标、分析指标和目的指标。如图7-1所示。

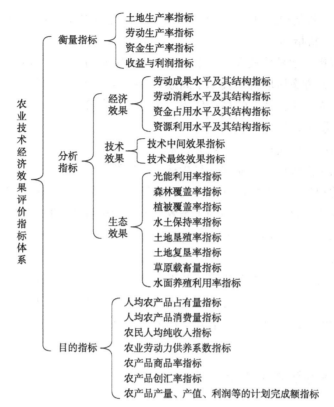

图 7-1 农业技术经济效果评价指标体系

1. 农业技术经济效果衡量指标

这类指标是通过具体数值形式直接反映农业生产中的技术应用,或各项物质技术因素组合在劳动消耗量和劳动占用量同劳动成果之间的比例关系。它反映不同农业技术方案、技术措施应用于农业生产实践后所取得的经济效益,在农业技术经济效果评价指标体系中占主要地位,又称为主体指标。常用的指标有土地生产率、劳动生产率、资金生产率、单位产品成本、收益与利润等。

2. 农业技术经济效果分析指标

这类指标主要是用来分析影响农业技术经济效果的各种因素的作用与经济效果的依存关系是因素分析指标。在指标体系中它一般处于辅助地位,所以又称为辅助指标。这类指标又分为经济效果分析指标、技术效果分析指标和生态效果分析指标3类。

(1)经济效果分析指标

经济效果分析指标就是通过具体数值来反映农业生产活动的经营状况以及影响经济效果的各种经济因素。具体包括水平分析指标和结构分析指标。

①水平分析指标 即用来计算分析各种投入、产出水平以及资金占用和资源利用水平的数值指标。包括劳动成果指标、劳动消耗指标、资金占用与资源利用状况指标。

②结构分析指标 即通过对投入产出和资源的构成比例进行分析,反映经济效果的实现程度以及经济活动合理性程度的数值指标。一般包括作物结构、畜禽结构、利润结构、成本

结构、商品结构、投资结构，以及土地利用结构和劳动力结构等一系列具体分析指标。

(2) 技术效果分析指标

技术效果分析指标就是反映农业技术方案和措施实施与应用的有效性、可靠性和先进程度的数值指标，即方案所取得的技术中间效果和技术终极效果的数量。如作物品种抗逆性、种子发芽率、农药杀虫率、牲畜产仔率、造林成活率等。

(3) 生态效果分析指标

生态效果分析指标就是反映某一农业技术措施、方案、政策对生态环境所产生的效应的数值指标，包括生态效应的性质和数量指标。生态效应反映在经济效益上，表现为两种背离的方向即正的和负的、积极的和消极的、良性的和恶性的，因此，农业技术措施和方案首先在生态上应该是合理的。常用的生态效果分析指标有植被覆盖率，生态环境保护指标，土壤肥力和水土流失指标，自然灾害发生率指标和生态资源动态指标等。

3. 农业技术经济效果目的指标

农业技术经济效果目的指标是用来反映农业技术方案和措施满足人们和社会需要的程度，反映农业生产的目的。这类指标主要有人均农产品占有量，人均收入水平，农产品商品率，人均消费指数，产品创汇率，农业劳动力人均供养人口数，产量、产值、利润等的计划完成率等。

三、农业技术经济效果指标计算

(一) 衡量指标

1. 土地生产率指标

反映了土地的生产能力，一般用一定时期内(多为一年)的单位土地面积产出的产品数量或产值表示，反映土地投入量和产品产出量之间的比例关系。计算公式如下：

$$土地生产率 = \frac{产量或产值}{土地面积} \quad (7\text{-}9)$$

上式中的土地是指各类土地的综合，但也可用于分析耕地、山林、草场、水面等各类用地的生产能力。

为了排除在生产中投入生产资料价值的影响，说明在单位土地面积上新创造的价值，可以计算土地净产率指标，公式如下：

$$土地净产率 = \frac{农产品产值 - 消耗的生产资料价值}{土地面积} \quad (7\text{-}10)$$

此外，还可以计算土地盈利率指标，它反映了在单位土地面积上扣除物化劳动转移部分和补偿必要劳动的劳动报酬之后的经济效果。它表明单位土地面积为社会所作贡献的大小，能综合反映土地资源利用的最终成果。公式如下：

$$土地盈利率 = \frac{农产品价值 - 生产成本}{土地面积} \quad (7\text{-}11)$$

2. 劳动生产率指标

劳动生产率是指劳动者在一定时期内创造的劳动成果与其相适应的劳动消耗量的比

值。劳动生产率水平可以用同一劳动在单位时间内生产某种产品的数量来表示,也可以用生产单位产品所耗费的劳动时间来表示,反映了劳动者的生产效率或能力。由于生产产品既有活劳动消耗又有物化劳动消耗,则计算劳动生产率的完整的公式如下:

$$劳动生产率 = \frac{产品产量或产值}{活劳动消耗 + 物化劳动消耗} \tag{7-12}$$

在实际工作中,由于物化劳动目前还无法转换为活劳动时间(人年、人工时、人工日),因此一般将上述公式简化为:

$$劳动生产率 = \frac{产品产量或产值}{活劳动消耗} \tag{7-13}$$

用活劳动计算的劳动生产率与严格意义上的劳动生产率是有差别的,这种劳动生产率包含了物化劳动转移的价值,因此,存在高估的现象。为了能够确切地反映活劳动为社会所创造的新价值,可以计算劳动净产率,该指标排除了物化劳动转移的价值影响,反映单位活劳动时间所生产的净产品数量。公式如下:

$$劳动净产率 = \frac{产品产值 - 消耗的生产资料价值}{活劳动消耗} \tag{7-14}$$

此外,还可以计算劳动盈利率,该指标是单位活劳动时间所创造的剩余产品数量。它反映活劳动为社会所作的贡献,能够反映在既定的条件下,单位活劳动时间为社会生产的剩余产品数量,是一个综合性较大的农业技术经济效果指标。公式如下:

$$劳动盈利率 = \frac{产品产值 - 生产成本}{活劳动消耗} \tag{7-15}$$

3. 资金生产率

资金生产率是指生产中投入的资金与生产成果的比率。生产资金是劳动消耗和劳动占用的货币表现,具体包括资金消耗和资金占用两个方面。在取得一定成果的前提下,通过劳动消耗和劳动占用节约的大小,借以评价技术经济效果。因此,资金生产率指标主要包括成本生产率指标和资金占用生产率指标两类,二者的主要区别在于,成本生产率指标反映资金消耗方面的节约效果,资金占用生产率指标反映资金运用方面的节约效果。

(1)成本生产率

产品成本指生产单位农产品所消耗的生产资料和劳动报酬,成本生产率指标能够综合反映生产的农产品产量或产值同全部劳动报酬和物化劳动消耗的对比关系。

$$成本产品(或产值)率 = \frac{产量(或产值)}{产品成本} \tag{7-16}$$

$$产品(或产值)成本率 = \frac{产品成本}{产量(或产值)} \tag{7-17}$$

前一个指标通常用每百元成本提供的产品量或产值多少表示,后一个指标通常用每公斤产品或每元产值所花的成本大小表示。这两个指标的关系是成本产品率越高,单位产品成本越低,经济效果越好。这两个指标能够近似地综合反映全部产品(或产值)与全部劳动消耗的比例关系,是综合性较强的经济效果指标。

此外,还可以计算成本利润率,由于利润是补偿全部资金消耗以后为社会创造的价值，因而它能更确切地表示资金消耗的经济效果。公式如下：

$$成本利润率 = \frac{利润总额}{产品成本} \quad (7-18)$$

（2）资金占用生产率

资金占用生产率指标主要包括资金产出率、产品（或产值）资金占用率和资金利润率等。

$$资金产出率 = \frac{产品产量或产值}{资金占用额} \quad (7-19)$$

$$产品（或产值）资金占用率 = \frac{资金占用额}{产品产量（或产值）} \quad (7-20)$$

前一项指标通常以每占用百元资金可生产的产品量或产值表示；后一项指标可用每百公斤产品或每百元产值占用的资金额表示。由于固定资金和流动资金价值转移的特点不同，因而常常将资金占用细分为固定资金和流动资金，分别考察它们的经济效果。

$$资金利润率 = \frac{利润总额}{资金占用额} \quad (7-21)$$

该指标反映了资金占用与利润的比例关系。即每占用百元资金获得的利润越多，表明经济效果越好。资金利润率指标在一定程度上可以间接地综合反映劳动消耗、劳动占用和产出三者之间的关系，因而是考察农业技术经济效果综合性很强的指标。

（二）分析指标

经济效果和技术效果指标需要根据具体的农业技术方案和措施进行设置，具体问题具体分析。这里主要介绍常用的生态效果指标。

1. 光能利用率

光能利用率是衡量一定面积农作物利用光能程度和生产水平的指标，即单位土地面积上一定时间内植物光合作用积累的有机物所含能量与同期照射到该地面上的太阳辐射量的比率。

$$\begin{aligned}
光能利用率 &= \frac{每亩土地上一定时间植物光合作用积累的有机物所含能量(kcal/亩)}{同期照射到该地面上的太阳辐射量(kcal/亩)} \times 100\% \\
&= \frac{植物干物质重量或干重增长量(kg/亩) \times 每千克干物质热量(kcal/kg)}{太阳总辐射量(kcal/亩)} \times 100\% \\
&= \frac{植物干物质重量或干重增长量(kg/亩) \times 4250(kcal/kg)}{太阳辐射能总量(kcal/cm^2) \times 10^4(cm^2/m^2) \times 666.7(m^2/亩)} \times 100\% \quad (7-22)
\end{aligned}$$

2. 森林覆盖率

森林覆盖率是指森林面积占土地总面积的比例，是反映一个国家（或地区）森林资源和林地占有的实际水平的重要指标，一般使用百分比表示。

$$森林覆盖率 = \frac{森林面积}{土地总面积} \times 100\% \quad (7-23)$$

3. 植被覆盖率

植被覆盖率是指森林面积、灌木林面积、农田林网树占地面积以及四旁树木覆盖面积的总和占土地面积的百分比。

$$植被覆盖率=\frac{森林面积+灌木林面积+农田林网树占地面积+四旁树木覆盖面积}{土地总面积}\times100\%$$

(7-24)

4. 水土保持率

水土保持率指区域内水土保持状况良好的面积(非水土流失面积)占该区域面积的比例,是反映水土保持总体状况的宏观管理指标,是水土流失预防治理成效和自然禀赋水土保持功能在空间尺度的综合体现。

$$水土保持率=\frac{水土保持良好的面积}{土地总面积}\times100\%$$

(7-25)

5. 土地垦殖率

土地垦殖率又称土地垦殖系数,指一定区域内耕地面积占土地总面积的比例,是反映土地资源利用程度和结构的重要指标。

$$土地垦殖率=\frac{耕地面积}{土地总面积}\times100\%$$

(7-26)

6. 土地复垦率

土地复垦率是已恢复的土地面积与被破坏土地的面积之比(以百分率表示)。

$$土地复垦率=\frac{已恢复土地面积}{被破坏土地面积}\times100\%$$

(7-27)

7. 草原载畜量

草原载畜量是平均每单位草地牧场面积牧饲的牲畜头数,是反映牧区草原利用程度的常用指标。平均每单位草原面积载畜量过少,会使草原不能得到充分利用;载畜量过多,则会造成过度放牧,使草原退化,既不利于牲畜成长,也不利于畜牧业的持续发展。

$$草原载畜量=\frac{亩或公顷产草量\times可利用率}{牲畜日食草量\times放牧天数}$$

(7-28)

式(7-28)中:亩或公顷产草量以"kg/[亩(hm^2)·年]"表示,牲畜日食草量以"kg/(头·日)"表示,牲畜总头数是各种牲畜(马、牛、羊等)折合标准畜的总头数。我国习惯以羊为标准畜。草地牧场面积包括天然草原面积和人工种植的草场面积,但不包括农区的草山草坡面积。

实际放养畜牧的头数,称草原实际载畜量。实际载畜量超过合理载畜量时,称为超载饲养或饱和饲养。超载饲养会影响牧草正常生长,造成草场退化。

8. 水面养殖利用率

水面养殖利用率指实际养殖面积与可养水面(指内陆水域及浅海、滩涂可供养殖的水面的综合)的比率。

$$水面养殖利用率=\frac{淡(海)水养殖面积}{淡(海)水可养殖面积}\times100\%$$

(7-29)

(三)目的指标

1. 人均农产品占有量(消费量)

人均农产品占有量(消费量)指农产品生产总量(消费总量)与总人口数之比,如人均粮食占有量(消费量)即粮食生产总量(消费总量)除以总人口数。

$$人均农产品占有量(消费量) = \frac{农产品生产总量(消费总量)}{总人口数} \tag{7-30}$$

2. 农民人均纯收入

农民人均纯收入指的是按农村人口平均的"农民纯收入",反映的是一个国家或地区农村居民收入的平均水平。"纯收入"指的是农村居民当年从各个来源渠道得到的总收入,相应地扣除获得收入所发生的费用后的收入总和。

$$农民人均纯收入 = \frac{农村居民家庭总收入-家庭经营费用支出-生产性固定资产折旧-税金和上交承包费用-调查补贴}{农村居民家庭常住人口}$$

$$= 工资性纯收入+家庭经营纯收入+转移性收入+财产性收入 \tag{7-31}$$

3. 农业劳动力供养系数

农业劳动力供养系数是指平均每个农业劳动力需供养多少人,在一定程度上反映了一个国家或地区农业劳动生产率的高低。

$$农业劳动力供养系数 = \frac{总人口数}{农业劳动力数} \tag{7-32}$$

4. 农产品商品率

农产品商品率指农业生产部门或生产单位在一定时期(通常为一年)内提供出售的农产品商品数量占农产品总产量的比重。

$$农产品商品率 = \frac{农产品商品数量}{农产品总产量} \times 100\% \tag{7-33}$$

5. 农产品创汇率

农产品创汇率又可称为农产品外汇增殖率,是指出口农产品创汇额与生产该项产品所需原材料外汇成本支出的比率。

$$农产品创汇率 = \frac{出口农产品外汇收入-出口农产品原材料等外汇成本支出}{出口农产品原材料等外汇成本支出} \times 100\% \tag{7-34}$$

6. 农产品产量、产值、利润等的计划完成率

农产品产量、产值、利润等的计划完成率,是反映农产品社会需求满足程度的指标,不仅能够反映农业生产企业自身经济效益,而且还能反映农业生产的社会经济效益。

$$农产品产量、产值或利润计划完成率 = \frac{实际生产的农产品产量、产值或利润额}{计划生产的农产品产量、产值或利润额} \times 100\% \tag{7-35}$$

第四节 农业技术经济效果评价方法

一、比较分析法

比较分析法是将所搜集到的有关技术和经济方面的数据资料加以整理和分组,根据可比性原则，运用各种技术经济效果指标进行对比分析的一种方法，一般用于农业生产的规模、水平、速度、结构和效益等有关技术经济分析指标的对比和评价，又分为平行比较法、分组比较法、动态比较法、比较优势法和试算比较法。

1. 平行比较法

平行比较法是比较分析法中最基本的方法，它是把反映不同效益的指标并列地列入同一表格进行分析比较。一般多用于多种技术方案在相同条件下有关经济指标的比较，或同一技术方案在不同条件下有关经济指标的比较。

(1)多种技术方案在相同条件下比较

【例7.1】广东雷州对水稻直播化学除草与移栽人工除草的经济效益进行对比分析，即为多种技术方案在相同条件下的比较(表7-1)。

表7-1 水稻直播化学除草与移栽人工除草的经济效益比较

项 目	指 标						
	亩产量(斤)	亩产值(元)	亩成本(元)	亩净产值(元)	亩纯收益(元)	劳动生产率(斤/工日)	每斤成本(元/斤)
直播化学除草	604.5	72.54	47.72	54.81	24.81	15.2	0.077
移栽人工除草	567.0	68.04	55.17	50.07	12.87	12.3	0.097

从表7-1可以看出，水稻直播化学除草比移栽人工除草土地生产率、劳动生产率都高，且亩成本和每斤成本低，经济效益好。因此直播化学除草比移栽人工除草具有较好的经济效益。

【例7.2】大豆有两种种植方式可供选择即垄三种植法和常规种植法。两种种植方法的相关数据见表7-2所列，请比较分析哪种方法更好。

表7-2 大豆不同种植方式的经济效益对比分析表

方 案	每公顷产量(kg)	每公顷收入(元)	每公顷物资费(元)	每公顷人工费(元)	每公顷成本(元)	每公顷净收入(元)	每公顷纯收入(元)	每千克成本(元)	每元效益(元)
垄 三	2610.00	2714.40	707.55	638.25	1345.80	2006.85	1368.60	0.52	3.84
常 规	2055.00	2137.20	621.90	511.50	1133.40	1515.30	1003.80	0.55	3.44
增减率(%)	27.01	27.01	13.77	24.78	18.74	32.44	36.34	-5.45	11.63

由表7-2可以看出，大豆采用垄三种植法这项综合技术方案，技术效果和经济效果都较好。其中，垄三种植的每公顷产量比常规种植高27%，说明该技术效果是先进适用的。由于产量大幅度提高，虽然每公顷成本也在增加，但是成本增加带来了高产出、高效益、土地生产率提高，每公顷纯收入增加了36%，单位产品成本降低了5%；资金生产率提高，每元投资收益提高了12%。显然，大豆生产应该推广这种技术措施。

(2)同一技术方案在不同条件下的比较

【例7.3】3个区域的生猪饲养效益比较，相关指标和数据见表7-3所列。

表 7-3　不同区域生猪饲养经济效益分析表

指　标	近郊区	中郊区	远郊区
平均规模(头)	1210.00	404.25	239.33
活重(kg/头)	200.00	180.43	150.83
销售收入(元/头)	2000.00	1804.30	1508.30
人工费用(元/头)	50.27	23.62	38.93
物质费用(元/头)	200.18	126.23	121.14
饲养费用合计(元/头)	250.45	149.85	160.07
销售成本(元/头)	253.63	165.87	220.07
销售利润(元/头)	51.34	126.20	45.47
销售总利润(元)	62 121.40	51 016.35	10 882.34

由表 7-3 可知，虽然近郊区的平均规模、活重、销售收入都是 3 个区域中最高的，但其各项成本也较高。从单位销售利润上分析，中郊区的利润最高，分别是近郊区的 2.5 倍和远郊区的 3 倍；从销售总利润上分析，近郊区利润最高，中郊区次之。

2. 分组比较法

分组比较法是研究农业技术经济现象之间依存关系的一种常见方法。这种方法是将观察单位(农户、地区、项目)依据一定的标志进行分组，通过分组统计分析，作出经济评价。分组标志的选择可以是质量指标，也可以是数量指标；标志必须按照不同时间、地点和条件来选定。在按数量指标进行分组时，组距必须适当，不宜过大过小，要能反映经济现象的本质特征。

(1) 按数量标志分组

【例 7.4】小麦是江苏扬州的主要粮食作物之一，常年种植面积和产量占粮食的 36% 和 28% 左右，仅次于水稻。现收集了多个试点小麦不同产量水平的经济效益数据，见表 7-4 所列。

表 7-4　小麦不同产量水平效益分析表

编号	产量(kg/hm^2)	产值(元/hm^2)	成本(元/hm^2)	纯效益(元/hm^2)
1	7000 以下	13 275.0	7459	5816.0
2	7000~7500	14 875.5	7515	7360.5
3	7500~8000	15 115.5	7675	7440.5
4	8000 以上	15 693.0	7860	7833.0

由表 7-4 可知，随着小麦产量的增加，每公顷的产值和成本均在上升，而纯收益也在增加。可见，提高单位面积的小麦产量，是提高经济效益的有效途径。

【例 7.5】不同规模条件下蛋鸡的产蛋量和相关经济效益数据见表 7-5 所列。请分析哪种饲养规模更加合适。

表 7-5 蛋鸡饲养专业户不同规模经济效益对比分析表

饲养规模（只）	每只蛋鸡年均产蛋量(kg)	每只蛋鸡年均纯收入(元)	每千克鲜蛋生产成本(元/kg)	每个养鸡用工平均纯收入(元/kg)
100 以下	11.40	8.14	2.10	4.28
100~200	11.70	8.37	1.96	6.76
200~300	11.95	9.38	1.94	8.59
300~400	12.80	10.64	1.90	10.26
400~500	12.40	9.86	1.90	12.32
500 以上	11.55	8.04	1.94	11.78

从表 7-5 可知，从技术效果看，规模 300~400 只时产蛋量最高，从经济效果看，每千克鲜蛋生产成本此时也较低，这时饲养一只蛋鸡年均纯收入为 10.64 元，单位畜禽所创造的价值最高。但是，每个养鸡用工平均纯收入则是 400~500 只时最高，即作为一个养鸡专业户，其家庭总收入此时最高。500 只以上时，因扩大规模所增加的收入已弥补不了每只鸡生产率下降所减少的收入，每个养鸡用工平均纯收入减少了 0.54 元，显然这一规模是不合适的。

（2）按质量标志分组

【例 7.6】现有甲、乙两农户粮食种植的相关数据，请对其经济效益进行对比分析（表 7-6）。

表 7-6 两农户粮食产量比较表

作物	甲农户			乙农户		
	面积（hm²）	每公顷产量（kg）	总产量（kg）	面积（hm²）	每公顷产量（kg）	总产量（kg）
水稻	0.67	7500	5025	1.33	6750	8977.5
玉米	1.33	4500	5985	1.33	3750	4987.5
小麦	1.33	3000	3990	0.67	2700	1809
合计	3.33	4505	15 000	3.33	4737	15 774

从表 7-6 可知，两个农户粮食作物播种面积相同，总产量和平均每公顷产量乙均比甲高。但分组比较发现，3 种作物每公顷产量甲均比乙高，造成平均每公顷产量甲低的原因在于甲农户高产作物水稻的面积比重较小，而乙农户水稻的面积比重较大。

3. 动态比较法

平行比较和分组比较主要是观察同一时期的数据资料，是静态上的比较研究。动态比较法是将有关资料按时间先后顺序排列成时间序列，然后进行比较分析，用来揭示经济活动随时间发展变化规律的一种方法。动态比较法可以用于总量指标、平均指标、相对指标的比较分析。

【例7.7】比较某地不同年度的经济效果,由表7-7可知,该地的每公顷利润在逐年上升,利润率也在逐年提高。

表7-7 各年经济效益情况表

年 份	产量 (kg/hm²)	产值 (元/hm²)	成本 (元/hm²)	利润 (元/hm²)	利润率 (%)
2019	4980	3423	1057	2366	69.12
2020	6195	4334	1018	3316	76.51
2021	7035	5628	978	4650	82.62
2022	7800	7020	964	6056	86.27

4. 比较优势法

比较优势法是根据相对成本而不是绝对成本的大小来确定地区之间的生产分工和进行专业化生产的优化的一种分析方法。

【例7.8】甲、乙两个地区,生产A、B两种农产品的劳动消耗量见表7-8所列。

表7-8 农产品劳动消耗情况表

地 区	生产单位A产品消耗的劳动量	生产单位B产品消耗的劳动量
甲	25	50
乙	20	5

由表7-8可知,生产一定量的A产品和B产品,乙地区的劳动耗费比甲地区低,但由于条件限制,不可能两种产品都集中在一个地区生产,这就需要根据比较优势来确定其生产分工。从相对成本来看,甲地区A产品生产的劳动耗费比B产品低;在乙地区则相反,即乙地区B产品生产的劳动耗费比A产品低。双方A产品对B产品的比较成本率在甲地区是1/2,乙地区是4。在甲地区生产一个单位的A相当于生产1/2单位的B,在乙地区生产一个单位的A相当于生产4个单位的B。假定在自由贸易的条件下,如果A、B两种产品可以按1∶1的比例进行商品交换,甲地区专门生产A,乙地区专门生产B,通过交换都节约了劳动。甲地区节约25个劳动日,乙地区节约15个劳动日。

可见,按比较成本原理来组织生产,使地区专业化分工建立在互利的基础上,既可以满足原来的需求,又可以节约劳动耗费,对整个经济的发展起到有益的作用。

5. 试算比较法

试算比较法是指生产方案实施前,根据实验数据、历史资料和技术经济定额,对新方案的预期经济效益进行评估和分析,然后同现行标准方案进行比较,以评价新方案是否可行的分析方法。与前面介绍的比较分析法相比,试算比较法具有预测性和科学性的特点。通过试算分析,不仅可以选出切实可行的先进技术方案,而且可以降低实践中发生各种经济损失的概率。

试算比较法的基本步骤如下:

①根据研究对象，明确试算的目的和目标。
②根据目的和目标，进行定性分析，确定能反映方案经济效果的指标。
③根据指标性质，选定计算方法，进而选用或推导计算公式。
④收集有关数据资料，选择计算过程所需的技术经济参数。
⑤进行运算，得出指标值。具体试算时，其试算过程因具体问题特点而异。
⑥根据试算结果，将各方案的指标进行对比分析，选定最优方案。

【例7.9】某地主要以种植玉米为主，现考虑实施旱地改水项目，该项目完成后就可以种植水稻。相关数据见表7-9所列，请分析是否应该实施该项目改种水稻。

表7-9 两种作物经济效益试算比较表

指标		玉米(两年平均)	水稻(预计数)	水稻比玉米增减额
每公顷产量(kg)		10 500	15 000	4500
每公顷产值(元)		2100	7500	5400
每公顷成本(元)	种子费	45	150	105
	肥料费	30	450	420
	农药费	—	300	300
	农膜费	—	150	150
	其他物资费	—	150	150
	人工费	300	1050	750
	合计	375	2250	1875
常年平均每公顷纯收益(元)		1725	5250	3525
第一年每公顷整地费(元)		—	1200	1200
第一年每公顷纯收益(元)		1725	4050	2325

由表7-9可知，该村改水方案经济效益是较好的。虽然种植水稻每公顷成本远远高于种植玉米，但由于水稻产量高，价格高，因此获得的收益远高于玉米。经过试算，就是在实施旱地改水的第一年，扣除当年的大量整地和水利建设投入费，仍能获得较高的增产收益。显然，该方案是可行的。

二、因素分析法

因素分析法是依据分析指标与其影响因素之间的关系，按照一定的程序和方法，确定各因素对分析指标差异影响程度的一种分析方法。运用这一方法的出发点在于，当有若干因素对分析指标发生作用时，假定其他各个因素都无变化，顺序确定每一个因素单独变化所产生的影响。因素分析法通常可以采用连环替代法、综合指数法和指数加权法等。本书只介绍连环替代法的相关内容。

1. 连环替代法的概念和程序

连环替代法是指确定影响因素，并按照一定的顺序逐个进行因素替换，计算出各个因素对分析指标变动程度的影响的一种计算方法。连环替代法的主要作用是分析计算综合经济指标变动的原因及其各因素的影响程度。应用的前提条件是经济指标与它的构成因素之间有着因果关系，能够构成一种代数式，当然这个代数式不一定是乘积关系，加减乘除都可以。

连环替代法的计算程序：第一，确定分析指标与其影响因素之间的关系。通常是用指标分解法，即将经济指标在计算公式的基础上进行分解或扩展，从而得出各影响因素与分析指标之间的关系式。第二，排定各因素的顺序。一般情况下，先绝对指标，后相对指标；先数量指标，后质量指标。第三，连环顺序替代，计算替代结果。也就是分别以每一因素的实际数顺序地替代其相应的基期数，替代后的实际数被保留下来，并分别计算替代结果。第四，比较各因素的替代结果，确定各因素对分析指标的影响程度。即将每次替代所计算的结果与这一因素被替代前的结果进行对比，二者的差额就是替代因素对分析指标的影响程度。

2. 连环替代法的计算

【例 7.10】 某单位对小麦生产的每吨产品化肥成本进行实际与计划对比，发现实际比计划节约了 2.8 元。通过对统计资料的分析，影响每吨产品化肥成本的因素有：每公顷化肥消耗量、化肥单价和每公顷小麦产量。具体数据见表 7-10 和表 7-11 所列。

根据分析指标和各因素的关系，可以得到如下关系式：

$$每吨小麦化肥成本 = \frac{每公顷化肥消耗量 \times 化肥价格}{每公顷小麦产量} \tag{7-36}$$

(1) 计算出计划成本：

$$390 \times 0.36/3 = 46.8(元)$$

(2) 计算每公顷小麦产量变化对每吨小麦化肥成本的影响：

$$390 \times 0.36/3.75 = 37.44(元)$$
$$37.44 - 46.8 = -9.36(元)$$

(3) 计算每公顷化肥消耗量变动对每吨小麦化肥成本的影响：

$$412.5 \times 0.36/3.75 = 39.6(元)$$
$$39.6 - 37.44 = 2.16(元)$$

(4) 计算化肥价格变动对每吨小麦化肥成本的影响：

$$412.5 \times 0.4/3.75 = 44(元)$$
$$44 - 39.6 = 4.4(元)$$

(5) 各个因素变动对每吨小麦化肥成本的总影响：

$$-9.36 + 2.16 + 4.4 = -2.8(元)$$

表 7-10　化肥成本连环替代过程表

因　素	计划	第一次替代	第二次替代	第三次替代(实际)
每公顷小麦产量(t)	3.00	3.75	3.75	3.75
每公顷化肥消耗量(kg)	390.00	390.00	412.50	412.50
化肥价格(元/kg)	0.36	0.36	0.36	0.40
每吨小麦化肥成本(元)	46.80	37.44	39.60	44.00

表 7-11 化肥成本情况表

项 目	计划	实际	实际-计划
每公顷小麦产量(t)	3.00	3.75	0.75
每公顷化肥消耗量(kg)	390.00	412.50	22.50
化肥价格(元/kg)	0.36	0.40	0.04
每吨小麦化肥成本(元)	46.80	44.00	-2.80

【例 7.11】新疆伊犁某酒厂，对大曲酒生产进行了技术改造。生产一年后，将粮食消耗与改造前一年进行比较，增加了 304 000 元。经对比会计明细资料分析，影响粮食总耗费的因素有：酒产量、单位产量粮食消耗量和单位粮食价格。具体数据见表 7-12 和表 7-13 所列。

(1) 改造前粮食耗费总量：
$$500 \times 4 \times 1 = 2000 (千元)$$

(2) 酒产量变化对粮食耗费总量的影响：
$$600 \times 4 \times 1 = 2400 (千元)$$
$$2400 - 2000 = 400 (千元)$$

(3) 每吨酒耗粮量变化对粮食耗费总量的影响：
$$600 \times 3.2 \times 1 = 1920 (千元)$$
$$1920 - 2400 = -480 (千元)$$

(4) 粮食综合单价变化对粮食耗费总量的影响：
$$600 \times 3.2 \times 1.2 = 2304 (千元)$$
$$2304 - 1920 = 384 (千元)$$

(5) 各个因素变动对粮食耗费总量的影响：
$$400 - 480 + 384 = 304 (千元)$$

表 7-12 粮食耗费量连环替代过程表

项 目	改造前	第一次替代	第二次替代	第三次替代(改造后)
酒产量(t)	500	600	600	600
每吨酒耗粮量(t)	4	4	3.2	3.2
粮食综合单价(千元/t)	1	1	1	1.2
粮食耗费总量(千元)	2000	2400	1920	2304

表 7-13 粮食消耗变动情况

项 目	改造前	改造后	改造后-改造前
酒产量(t)	500	600	100
每吨酒耗粮量(t)	4	3.2	-0.8
粮食综合单价(千元/t)	1	1.2	0.2
粮食耗费总量(千元)	2000	2304	304

3. 连环替代法的局限性和应该注意的问题

连环替代法测定某一因素变动对分析对象的影响时，是在假定其他因素不变的前提下进行的，但客观经济现象并非如此，各个因素相互联系、制约、变动，因此分析结果只是近似值，带有一定的假设性。

在用连环替代法分析各个因素的影响程度时，如果各个分析因素排列的顺序发生改变，虽然各个因素影响的总结果不变，各个因素对分析对象影响的正反方向也不变，但各个因素的影响程度会随着排列顺序的改变而改变。因此在应用时，要正确判断产生影响的各个因素哪些是主要的，哪些是次要的，并按其重要性的次序进行排列和顺序替代，进行计算分析。也可以使用平均数法加以改进，具体解法如下：①将各因素进行全排列；②根据各种排列进行替换，求出每个因素在不同排列顺序下的各个影响值；③将每一因素的所有影响值相加，并除以它的排列次数，求出每个因素的平均影响值。

综上所述，运用连环替代法计算出来的结果可以作为分析问题的重要参考，但不能就此做出最终判断，还需要从多方面进行综合研究，才能得出更切合实际的结论。

三、综合评分法

1. 综合评分法的概念和计算步骤

综合评分法是对不同技术方案或不同技术措施设置多项指标，先分别按不同指标的评价标准对各评价指标进行评分，然后进行加权，用加权总分表示整个农业技术措施方案的状况，从而可以从整体上概括地评价各个农业技术方案优劣的一种数量分析方法。综合评分法的数学表达式如下：

$$\sum_{i=1}^{n} W_i P_i = W_1 P_1 + W_2 P_2 + \cdots + W_n P_n \tag{7-37}$$

式中 $\sum_{i=1}^{n} W_i P_i$ ——某一技术方案的加权总分；

$P_1, P_2, \cdots, P_n$ ——同一技术方案各评价指标的自然得分；

$W_1, W_2, \cdots, W_n$ ——同一技术方案各评价指标的权重；

n ——指标总数。

综合评分法的具体步骤如下：

(1) 选择评价指标

一般应选择对整个技术方案目标函数影响较大的评价指标参加评分。

(2) 确定各项指标的评分标准

评分标准既可以赋相对数值，也可以赋绝对数值。常用的方法主要包括分级定分法和连续评分法。其中，分级定分法通常采用五级评分制，即 5 分最优，1 分最差；连续评分法则采用评定指标系数的方法（即评定每项指标的最优程度）来表示每项指标的优化程度。各项指标的定级可以根据历史资料或典型试验资料，综合当时当地的具体条件和要求加以确定。确定评分标准后，应根据各方案、各指标的已知数据或资料，对照评分标准，逐项评定各方案、各指标的自然得分。

(3)确定评价指标的权重

由于各项指标在整个技术方案中所处的地位和重要性不同,因此必须根据指标的重要性和当地的具体情况来合理确定权重。权重的确定一般包括主观赋权法和客观赋权法两种。主观赋权法是一种定性分析方法,基于评价者主观偏好或经验给出指标权重,如德尔菲法、层次分析法、模糊评价法等。客观赋权法是一种定量分析方法,基于指标数据信息,通过一定的方法计算出权重系数,如主成分分析法、变异系数法、熵权系数法、局部变权法等。

(4)编制综合评分分析表,计算各方案的加权总分,进行比较和择优。

综合评分法是将多指标综合为单一数量指标,实质上是定性分析和定量分析相结合的数量化分析方法。综合评分法的准确性取决于评分标准的正确性和权重的客观性,而这两方面都难免会受到主观因素的影响,因此,综合评分法的精确性也是相对的。

2. 综合评分法的应用

【例7.12】某平原产粮区进行耕作制度改革,制定了3种方案,其中甲方案(三种三收)、乙方案(两茬平作)、丙方案(二年三熟)3个方案,其主要经济评价指标有粮食亩产量、农产品质量、亩用工量、亩纯收入和对生态平衡影响程度五项指标。据历史统计资料和小面积试验资料,亩产量最高600kg,最低350kg;亩用工量最高60工日,最低20工日;亩纯收入最高130元,最低50元;农产品质量和对生态平衡影响程度皆为五级,最好为1级,最差为5级,据此,可以列出评分表,见表7-14所列。

表7-14 评分项目和标准

分数	每亩产量(kg)	产品质量(级)	每亩用工量(日)	每亩纯收入(元)	生态平衡影响程度(级)
1	350~400	5	52~60	50~66	5
2	400~450	4	44~52	66~82	4
3	450~500	3	36~44	82~98	3
4	500~550	2	28~36	98~114	2
5	550~600	1	20~28	114~130	1

这一地区劳力多,亩纯收入水平较低,产量水平已经比较高,由于不同耕作制度种植的作物和品种不一样,所以产品质量有较大差异,并且生态平衡已受到较大的破坏。根据上述情况,可以使用专家打分法对各项指标的权重进行估计,假设产量、质量、劳力、纯收入、生态平衡5个因素的权重最终估计值是0.2、0.1、0.15、0.3和0.25。

根据典型调查和试验并进行预测,甲、乙、丙3种不同的耕作制度改革方案的5项指标可以达到的水平,见表7-15所列。

表7-15 甲、乙、丙三方案指标值

方案	指标				
	每亩产量(kg)	产品质量(级)	每亩用工量(日)	每亩纯收入(元)	生态平衡影响程度(级)
甲	593	3	55	72	5

(续)

方案	指标				
	每亩产量（kg）	产品质量（级）	每亩用工量（日）	每亩纯收入（元）	生态平衡影响程度（级）
乙	529	2	38	105	3
丙	412	1	32	85	2

根据评分标准和各项指标值相应的等级，可将各指标值统一折算为5级评分，再乘以各指标的权重后累加，就可得到每一方案的总分。据此可以编制成综合评分分析表（表7-16）。

表7-16 耕作制度改革综合方案评分分析表

指标	权重	甲方案		乙方案		丙方案	
		分数	加权分数	分数	加权分数	分数	加权分数
每亩产量（kg）	0.20	5	1.00	4	0.80	2	0.40
产品质量（级）	0.10	3	0.30	4	0.40	5	0.50
每亩用工量（日）	0.15	1	0.15	3	0.45	4	0.60
每亩纯收入（元）	0.30	2	0.60	4	1.20	3	0.90
生态平衡影响程度（级）	0.25	1	0.25	3	0.75	4	1.00
合计	1.00		2.30		3.60		3.40
优劣顺序	—		3		1		2

对上述3种耕作制度进行综合评分的结果，以两茬平作方案总分最高，表明在适合耕作制度改革的同样条件下，两茬平作应该是发展的重点，两年三熟方案次之，可保留一定的比例。

值得指出的是，综合评分法虽然可以用一个综合指标来反映和评价技术方案的优劣，但是，综合评分法的精确性也是相对的，还有待进一步改进和完善。

【例7.13】某地区耕作制度的改革有3种不同的方案，根据调查和试验，3种改革方案的各项指标见表7-17所列。

表7-17 各项方案相关指标

指标	第一方案	第二方案	第三方案	在该地区条件下	
				最高水平	最低水平
每亩产量（kg）	1100.25	1099.75	950.25	1250	500
每100kg产品生产费用（元）	15.98	12.02	15.96	8	28
每亩用工（日）	40.00	36.00	42.00	15	65

现对上述3种方案进行评价。根据上表资料的最高水平和最低水平，拟定评分标准见表7-18所列。

表 7-18　各指标评分标准

分值	每亩产量(kg)	每 100kg 产品生产费用(元)	每亩用工(日)
1	500~650	24~28	55~65
2	650~800	20~24	45~55
3	800~950	16~20	35~45
4	950~1100	12~16	25~35
5	1100~1250	8~12	15~25

假设最终确定的各项指标权重为：每亩产量 0.4，每 100kg 产品生产费用 0.3，每亩用工 0.3(表 7-19)。

表 7-19　各方案综合得分表

指标	权重	第一方案		第二方案		第三方案	
		分数	加权分数	分数	加权分数	分数	加权分数
每亩产量	0.4	5	2.0	4	1.6	4	1.6
每 100kg 产品生产费用	0.3	4	1.2	4	1.2	4	1.2
每亩用工	0.3	3	0.9	3	0.9	3	0.9
合计	1.00		4.1		3.7		3.7
优劣顺序	—		1		2		2

按表 7-19 计算结果，第一方案最好，第二方案和第三方案次之。但是，从原始资料来分析，第一方案和第二方案相比较，虽然第二方案比第一方案产量少 0.5kg，但第二方案比第一方案每 100kg 产量生产费用少 3.96 元，而且每亩用工量也减少 4 个工作日。因此，从总体上看，第二方案最好。这与计算结果和综合分析的结论完全相反，它表明综合评分法的误差是较大的，其精确性和可靠性也是相对的。

产生误差的原因在于"分级定分"的方法可能出现两个方面的问题。一是指标之间有较大差距被忽视了。如第二方案每亩产量为 1099.75kg，第三方案每亩产量为 950.25kg，相差 149.5kg，却被分在同一级，使得两方案在这一项指标上得分相同。二是指标之间有较小差距却被扩大了。如第一方案每亩产量为 1100.25kg，第二方案每亩产量为 1099.75kg，相差仅 0.5kg，却被分在不同级别内，其分数也大不相同。这表明"分级定分"方法有可能使某些较大的差异被忽视，而较小差异却扩大，进而得出错误的结论。

为了解决这一问题，使综合评分法的计算结果准确可靠，可以采用评定指标系数的方法(即评定每项指标的最优程度)来表示每项指标的优化程度，这一方法也可称为连续评分法。其具体计算和分析评价的步骤如下：

①确定评价方案参加评分的指标和每一指标权重；
②在设定的条件下，确定每一指标的最优值(最高水平)和最差值(最低水平)；
③计算每一指标的评定系数：

$$\text{某方案某指标的评定系数} = \frac{\text{某方案某指标的实际值} - \text{该指标最差值}}{\text{该指标最优值} - \text{该指标最差值}} \quad (7\text{-}38)$$

以上述的第一方案为例：

$$\text{每亩产量评定系数} = \frac{1100.25 - 500}{1250 - 500} = 0.8$$

$$\text{每100kg产品生产费用评定系数} = \frac{15.98 - 28}{8 - 28} = 0.6$$

$$\text{每亩用工评定系数} = \frac{40 - 65}{15 - 65} = 0.5$$

④按照综合评分法，编制综合评分表，计算综合效益系数，作出评价结论（表7-20）。

表7-20 各方案综合效益系数计算表

指标	权重	第一方案		第二方案		第三方案	
		评定系数	效益系数	评定系数	效益系数	评定系数	效益系数
每亩产量	0.4	0.80	0.32	0.80	0.32	0.60	0.24
每100kg产品生产费用	0.3	0.60	0.18	0.80	0.24	0.60	0.18
每亩用工	0.3	0.50	0.15	0.58	0.17	0.46	0.14
综合效益系数	—	0.65		0.73		0.56	
优劣顺序	—	2		1		3	

综合效益系数是将某一方案的每一项指标的评定系数乘以权重（即效益系数）相加而得。综合效益系数在0~1之间，越接近1经济效益越好。由此可见，第二方案最好，第一方案次之，第三方案最差，这一结果与五级评分制得到的结果不同。可见，"分级定分"法是造成综合评分法误差的主要原因。

教书育人案例七

"绿水青山就是金山银山"的生态文明理念

双柏县地处云南省楚雄、玉溪、普洱三州（市）交界处，国土面积3895km²，辖5镇3乡，人口15.2万人，被誉为查姆故地、中国彝族虎文化的故乡，素有"滇中绿海明珠"的美誉。近年来，双柏县牢固树立"绿水青山就是金山银山"的发展理念，坚持生态优先、绿色发展，绘就乡村生态振兴之路。

坚持高位推动，全力创建国家生态文明建设示范区。双柏成立以县委书记、县长为组长的创建领导小组，在经费十分困难的情况下，安排创建专项工作经费335万元，全力保障创建工作；按照《国家生态文明建设示范县、市指标（修订）》细化创建任务措施，对标对表抓好创建工作；制定印发《关于加强全县生态文明建设的实施方案》《双柏县水污染防治工作方案》等一系列文件和规章制度，全面落实环境保护属地主体责任，形成环境保护齐抓共管的工作格局；制定出台《双柏县建设全州生态文明先行示范区的实施意见》《双柏县建设全州生态文明先行示范区环保三年行动计划（2017—2020年）》等政策措施，颁布实施《双柏国家生态文明建设示范县规划（2018—2025年）》。2021年10月12日，双柏县被生态环境部命名为第五批"国家生态文明建设示范区"。

坚持绿色引领，发展生态产业。双柏依托绿水青山的生态优势，坚持走绿色生态之路，打好生态牌，探索出"生态+扶贫""生态+旅游""生态+文化""生态+康养"的绿色发展模式，推动生态文明建设与经济社会发展有机融合，"白竹山茶""妥甸酱油""邦三红糖""阳光玫瑰"等一批绿色品牌做大做强。"白竹印象"绿茶被命名为"云南十大历史名茶"，"阳光玫瑰"葡萄上榜云南省绿色食品"十大名品"。全县已拥有绿色食品57个、无公害农产品8个、有机产品41个、农产品地理标志1个。创新性地走出了"林药结合"的发展模式，带动8个乡(镇)3万户农户从事中药材种植，全县已种植中药材面积达22万亩，实现产值41.2亿元。

坚持保护优先，改善生态环境质量。双柏始终把生态保护作为贯穿经济社会建设始终的系统性工程，以改善环境质量为核心，严守资源消耗上限、环境质量底线、生态保护红线，持续筑牢生态安全屏障，统筹推进山水林田湖草沙系统治理，全力打好蓝天、碧水、净土三大保卫战，全县100%的村被命名为州级生态村，农村饮用水卫生合格率达100%，城镇生活垃圾处理率达100%。优化增加自然保护区面积627.85hm^2，保证了绿孔雀生活场所。目前双柏县绿孔雀种群数量已上升至200只以上，占全国野生绿孔雀种群数量的40%以上。强化宣传引导，以各类主题宣传为载体，深入广泛开展生态文明宣传教育，增强全社会生态意识、节约意识、环保意识，推广绿色生活，让"绿水青山就是金山银山"理念在15万各族群众中入脑入心，形成推动乡村生态振兴的良好社会风尚。

本章小结

评价农业技术经济效果，实质上就是对农业生产中的各种技术经济活动进行综合分析和论证。这种分析和论证，需要按照一定的程序和要求，并掌握大量的相关资料，才能有效地进行。由于农业技术经济效果评价比较复杂，涉及因素很多，因此，具体评价的程序和要求各地做法不尽相同。

首先，本章简介了技术经济效果评价的基本要素和方法，介绍了农业技术经济效果评价的主要内容和程序。从内容上看，主要包括农业生产所取得的有用效果分析，农业有用效果与劳动消耗的关系分析，农业有用效果与劳动占用的关系分析；从程序上看，主要包括评价项目的选择、资料的搜集和整理、项目评价和方案选优、评价报告的撰写等4个环节。

其次，简单介绍了农业技术经济效果评价指标体系的设置原则和指标体系的结构，构建了适当的评价指标体系，并对涉及的相关指标的分析和计算进行了详细地解释。

最后，介绍了农业技术经济效果评价的主要方法，即比较分析法、因素分析法和综合评分法，通过举例阐述了如何使用相关方法对农业技术经济项目或方案实施评价。

思考与练习

一、思考题

1. 简述农业技术经济效果评价的主要内容。

2. 简述农业技术经济效果评价的主要程序和步骤。

3. 简述农业技术经济效果评价指标体系的设置原则。

4. 简述农业技术经济效果评价指标体系应包含的主要指标。

5. 简述比较分析法的基本概念，阐述5种比较分析方法的适用性。

6. 简述连环替代法的局限性和需要注意的问题。

7. 简述五级评分法的优缺点。

8. 简述连续评分法的评价步骤。

二、练习题

1. 已知同一品种小麦在不同地区种植的经济效益数据如下表所示：

指　　标	平原地区	丘陵地区
每公顷产量(kg)	3750	3000
每公顷产值(元)	1125	900
每公顷成本(元)	675	600
每公顷用工(工日)	180	225
每公顷盈利(元)	450	300
每100kg 成本(元)	18	20
每工日产值(元)	6.25	4

请根据以上数据分析在什么地区种植经济效益更好。

2. 不同棉花产区的经济效益数据如下表所示：

单产分组(kg/hm²)	每公顷成本(元)	每公顷收入(元)	每公顷纯收入(元)
450 以下	599.1	1068.30	469.20
450~750	1253.1	2034.90	781.80
750 以上	2135.4	4339.05	2203.65

请分析以上资料，你可以得出什么结论？

3. 某企业2023年9月某种原材料费用的实际值是9240元，而其计划值是8000元。原材料费用是由产品产量、单位产品材料消耗用量和材料单价3个因素构成的。现假定这3个因素的数值如下表所示：

项　目	计划值	实际值
产品产量(件)	100	110
单位产品材料消耗量(kg)	8	7
材料单价(元)	10	12
材料费用总额(元)	8000	9340

请使用因素分析法分析各因素对原材料费用总额的单独影响以及综合影响。

4. 某农业企业在考察所属的4个分厂流水线作业的经济效果时，对不同企业生产线的年投入产出资料作了主要调查如下表：

指标	生产线			
	生产线1	生产线2	生产线3	生产线4
年产值(万元)	830	920	750	1050
单位产量耗时(h/t)	12	10	14	8
单位产量耗料(t/t)	1.76	1.71	1.63	1.68
单位产量成本(万元/t)	3.34	3.23	3.01	3.08
单位产量利润(万元/t)	0.60	0.68	0.77	0.73
单位产量成本利润率(%)	18.00	21.10	25.60	23.70

已知各项指标的权重和最大最小值如下表所示：

项目	年产值（万元）	单位产量耗时（时/t）	单位产量耗料（t/t）	单位产量成本（万元/t）	单位产量利润（万元/t）	单位产量成本利润率（%）
权重	0.25	0.10	0.20	0.10	0.10	0.25
最小值	750	8	1.63	3.01	0.60	18.0
最大值	1050	14	1.76	3.34	0.77	25.6

(1) 请分别使用"分级定分"法和连续评分法对4条生产线的经济效果进行评价。
(2) 两种方法所得结论是否一致，哪种方法更合理？

第八章 农业项目评价

第一节 农业项目与项目评价

一、农业项目概念与特点

(一)农业项目的概念

1. 项目及其特征

项目是人类特有的活动,一个组织为实现自己既定的目标,在一定时间、人员和资源约束条件下,开展的一种具有独特性的一次性工作。因此只要是人类创造特定产品或服务的活动都属于项目的范畴。项目的内容很多,主要有新产品或新服务的开发项目、技术改造与技术革新项目、组织结构、人员配备或组织管理模式的变革项目、科学技术研究与开发项目、信息系统的集成或应用软件开发项目、建筑物设施或民宅的建设项目、政府政治或社会团体组织和推行的新行动、大型体育比赛项目或文艺演出项目、开展一项新经营活动的项目、各种服务作业项目等。

美国项目管理协会(Project Management Institute,PMI)对于项目的定义是:项目实为完成某一项独特产品、服务或任务所做的一次性努力。

国际标准化组织(ISO)认为项目是由一系列具有开始和结束日期、相互协调和控制的活动组成,通过实施活动而达到满足时间、费用和资源等约束条件和实现项目目标的独特过程。

综上,项目可以定义为:项目是在既定资源和要求的约束下,为实现某种目的而相互联系的一次性工作任务,是有计划、有组织地配置各种资源形成生产力增量的一系列活动构成的有机整体。

一般来说,项目具有如下基本特征:

①具有明确的项目内容和目标 如其内容可能是土地开发整理,也可能是农民培训;其目标是生产出一种期望的产品,或者提供一种服务。总之,项目的内容和目标都是具体而明确的。

②具有明确的时空范围 每一个项目都有明确的起止时期。每一个项目都有自己的活动地域。

③资源成本的约束性 每一个项目都需要运用各种资源来实施,而资源是有限的,即项目是在硬预算约束下实施的。

④具有明确的投资方案 任何一个项目都有完善的投资计划、资金保障措施、技术方案、实施方案等,这些构成了项目的投资方案。

⑤项目的不确定性 在项目具体实施中,外部和内部因素总是会发生一些变化,因此

项目也会出现不确定性,即项目的结果可能与最初的设想不同。

⑥结果的不可逆转性　不论结果如何,项目结束了,结果也就确定了。

⑦项目的一次性　一次性是项目区别其他任务的基本特征。这意味着每个项目都有它的特殊之处,不存在两个完全相同的项目。

⑧项目的整体性　项目是为实现目标而开展任务的集合,它不是一项项孤立的活动,而是一系列活动的有机组合,从而形成一个完整的过程。

⑨生命周期属性　项目是一次性任务,因而它是有起点和终点的。任何项目都会经历启动、开发、实施、结束这样的一些阶段,人们常把开始阶段到结束阶段所经历的全部时间称为生命周期。

2. 农业项目的概念及其特征

国外学者认为,所谓农业项目就是企业运用各种资源以获得利润的全部复杂活动。农业投资项目一般可看成是一个运用资金以形成固定资产,再由它们在一段时期内提供效益的投资活动。我国学者结合我国农业投资的实际,对此给出的定义是:农业项目一般是指农业基本建设项目。它不同于农业的简单再生产,而是指在农、林、水、气部门中,为扩大农、林、牧、副、渔业长久性的生产规模,提高其生产能力和生产水平,能形成新的固定资产的经济活动。

然而在经济实践活动中,农业项目在范围和内容方面都远远突破了上述定义。如一个旨在提高科学文化技术水平的人员培训项目,虽然不形成任何有形的固定资产,但它对提高农业再生产能力,获得更多的利润有很大的作用,且在农业项目中的比重也在日益增加。

综上所述,本书认为农业项目是通过增加人力、物力、财力和科技的投入,改善生产条件,增加生产手段,提高综合生产能力,在预定的时间和空间范围内达到预期效益的一种扩大再生产的经济行为。作为农业项目,应符合以下标准。

(1)农业项目必须是扩大再生产的经济行为,即必须有增量投资

农业项目的投资不是作为维持简单再生产而发生的诸如种子、化肥等日常费用支出,而是通过增量投入,增加生产手段,改善生产条件,提高农业综合生产能力的扩大再生产的经济行为。

(2)农业项目必须有具体的建设内容和明确的效益目标

建设内容应具体到如修多少千米的农村公路,改造多少亩中低产田等。同时,农业项目还要有明确的效益目标,如明确项目实施后,参加农户人均收入可从多少提高至多少。这就要求相关项目部门要组织专业人员到实地进行考察,制订出符合实际情况的具有可行性的项目评估报告。

(3)农业项目要有确定的开发治理区域范围和明确的项目建设起止时间

如一个农业灌溉项目,打多少眼机井,修多少扬水站等都是有一定的实施区域以及相应的受益区域的。同时,作为一个项目还要有明确的建设时间,要在规定时间内完成,否则,项目的投资效益难以保证。

(4)农业项目必须有明确的参加项目建设并且从中受益的一定数量的农户

这样既保证了项目实施的意义,又可以在一定程度上保证项目成功实施的群众基础。

如大面积改造低洼地及坑塘为养鱼池，农民从中获益，同时又能变废地为有用地，提高了土地的利用率。在这一经济活动中，该地区农民愿意为其经济利益而确定成为项目参与人，并共同承担项目建设的责任与风险。

(5) 农业项目必须有可靠的投资资金来源和切实可行的投资计划安排

没有资金的投入，就没有项目。项目资金的筹集、分配、运用和管理是项目评估的核心问题。

(6) 农业项目应有明确的投资主体和健全的组织管理机构

农业项目有些建设周期比较长，如大型水土维持项目。所以，资金的需求比较大，对资金的运用和管理要求也比较高。投资主体是投资决策者、利益享受者和风险承担者，明确责任主体，并通过健全的组织管理机构对项目的实施进行有效的管理、监督和控制是十分必要的。

(7) 农业项目应有一个相对独立的执行单位

作为一个农业项目，它是农业发展总体规划中，在经济上、技术上、管理上能够实行独立设计、独立计划、独立筹资、独立核算、独立执行的业务单位。这样既有利于保证项目的有序推进，又有利于根据后续对项目投资的评估结果，进行奖惩。

(二) 农业项目的特点

农业项目投资除具备投资项目的一般特征外，还有两个比较明显的特点。

1. 农业项目综合性比较强

一方面，农业项目的实施往往涉及众多的利益主体，这些利益主体包括农户、企业、经济合作组织、政府公共服务机构等。在开展农业项目的方案设计和经济评价时应充分考虑不同利益主体的目标，确保项目筹资方案、项目评价方法和项目主体利益联结机制的科学性。特别是众多农户为项目参与者的农业建设项目，应充分考虑分散的、小规模的农户需求和参与意愿。另一方面与工业项目相比较，许多农业项目与周围的自然条件、生态环境联系更为紧密。常常是一业为主多种经营，植物、动物、微生物生产相互结合，农、林、牧、副、渔并举，才能取得更好的经济效益。因此，农业项目的设计与评价要考虑该农业项目与其他方面的关系，注意其综合性。

2. 农业项目的效益具有较大的不稳定性

农业项目的效益具有较大的不稳定性主要来源于自然风险和市场风险。一方面，农业再生产过程是社会经济再生产与自然再生产交织进行的过程。动植物的生产受自然因素尤其是气候因素变化的影响较大，所以农业项目的自然风险比较大。另一方面，由于农产品生产的季节性强、需求价格弹性较小，这会使得农业项目产出品面临较大的市场价格波动，市场风险较大。因此，农业项目投资应根据实事求是、当地条件的原则，确定投资方向、数量和时间；同时，在投资评价时，应特别注意农业项目投资敏感性的分析，预测不确定因素的变化带来的结果。

3. 农业项目与农民的利益密切相关

许多农业项目的参加者是分散而独立经营的农户，因此在很多情况下农业项目投资面对着千家万户的农业经营者，这就增加了农业项目的复杂性和重要性。在农业项目中，既要注意项目投资能给农民带来的利益,又要注意项目投资对国民经济带来的效益。

二、农业项目类型

为了更好地对农业项目进行评估与管理,需要根据不同的划分标准对农业项目进行分类,常见的分类有以下几种。

(1)按项目目标划分,农业项目可分为经营性项目和非经营性项目

经营性项目以实现所有者权益的市场最大化为目标,通过投资形成生产资料并提供产品来获得利润,如农产品加工企业的投资。非经营性项目是不以追求盈利为目标的农业项目,如水利设施的建造。

(2)按项目属性划分,农业项目可分为公共项目和非公共项目

公共项目是指为了满足公众需求,而提供的公共物品的项目,如非经营性项目。这些项目一般是由政府承办,旨在增进社会福利。非公共项目是指除公共项目以外的其他项目。与"政府部门提供的公共物品"相对的是"私人部门提供的商品",其重要特征是供应商能够向那些想消费农产品的人收费并因此获利。

(3)按资金来源划分,农业项目可分为政府投资项目和非政府投资项目

政府投资项目是指使用政府资金的建设项目及有关投资活动。政府性资金包括:财政预算投资(含国债资金);利用国际金融组织和外国政府贷款的主权外债资金;纳入预算管理的专项建设资金;法律法规规定的其他政府性资金。不使用政府资金的投资项目统称为非政府投资项目。

(4)按项目与原有资产的关系划分,农业项目可分为新建项目和改扩建项目

新建项目是指没有基础、从头开始建设的项目,如建造新的食品加工厂、新的水电站等。改扩建项目是指在原有项目基础上进行建设,在不同程度上利用了原有的项目资源,以较小的新增投入获得较大的新增效益。需要注意的是,如果投资项目的原有基础较小,经过扩大后,新增资产超过原有资产价值的3倍,则视作新建项目。

除上述几种分类外,农业项目还可以从其他角度进行分类。进行农业项目分类的目的是为了更好地进行管理,这些分类对经济评价内容、评价方法、效益与费用估算等都具有重要影响。

三、农业项目评价步骤

农业项目评价是对项目的可行性、风险、效益等方面进行综合评估和判断的过程。项目评价的目标是确定项目是否值得进行,以及如何进行。项目评价的步骤可以分为以下几个方面:

(1)项目背景分析

对项目的背景进行详细分析,包括项目的目标、目的、市场需求等方面的调研和分析。

(2)项目可行性分析

对项目的可行性进行评估,包括技术可行性、经济可行性、社会可行性等方面的分析。

(3)项目风险评估

对项目的风险进行评估,包括市场风险、技术风险、政策风险等方面的分析。

(4)项目效益评估

对项目的效益进行评估,包括经济效益、社会效益、环境效益等方面的分析。

(5)项目实施计划

制定项目实施计划,包括项目的时间安排、资源配置、风险管理等方面的规划。

(6)项目监测与评估

对项目的实施过程进行监测与评估,包括项目进展情况、效果评估、问题解决等方面的跟踪和分析。

在整个项目评价中,财务评价是其中的一个重要方面,它主要关注项目的财务可行性和效益,表现在项目评估步骤中的"项目可行性分析;项目风险评估;项目效益评估"。财务评价一般是通过估算项目中预期产生的各项收支,运用相关的财务评价方法,对项目可能带来的财务效益、会产生的风险等情况进行分析,确定项目的可行性,为后续的项目实施计划方案的制订与评估提供参考。

第二节 农业项目财务估算

一、投资估算

(一)农业项目投资估算的定义

农业项目投资估算是指对农业项目所需的资金进行预测和计算的过程。它包括对项目所需的各项投资进行详细的调查和分析,以确定项目的总投资额以及各项投资的具体金额。

农业项目投资估算的目的是为了确定项目的资金需求,为项目的筹资和预算提供依据。通过准确估算投资金额,可以帮助投资者和决策者做出决策,评估项目的可行性和盈利能力,并制定合理的投资计划。

在进行农业项目投资估算时,需要考虑多个因素,包括土地、设施、设备、种子、肥料、农药、劳动力、运输等各项投资成本,并结合市场需求、农产品价格和销售预期等因素进行综合分析。同时,还需要考虑项目的持续经营和管理成本,以及可能的风险和不确定性因素。

(二)农业项目投资估算的内容

农业项目的投资估算可以分为以下几个方面:

1. 基础设施投资

基础设施投资包括土地购置、建筑物修建、水源开发、电力供应等基础设施的投资。

2. 农业设备投资

农业设备投资包括农业机械、温室设备、灌溉设备、养殖设备等农业生产所需的设备投资。

3. 相关成本费用的估算

这些成本费用主要包括:

①种植/养殖成本 包括种子/幼苗、化肥、农药、饲料、兽药等生产所需的原材料和投入品的成本。

②劳动力成本 包括农业工人的工资、社会保险费用等劳动力成本。

③运输与物流成本　包括农产品的运输、储存、包装等物流环节的成本。

④管理与运营成本　包括项目管理人员的工资、办公费用、市场推广费用等管理与运营方面的成本。

⑤其他费用　包括项目的保险费用、税费、利息等其他费用。

4. 相关风险因素的评估

相关风险因素的评估是指对可能面临的风险进行分析和评估，包括市场风险、技术风险、政策风险等。

5. 编制投资计划

编制投资计划是根据估算的投资金额和时间，编制投资计划，包括资金来源、投资阶段、资金调度等。

6. 财务分析

财务分析是对投资项目进行财务分析，包括投资回报率、财务指标、现金流量等，以评估项目的盈利能力和投资回报。

完成投资估算报告是指将以上步骤的结果整理成投资估算报告，包括项目背景、投资金额、风险分析、财务分析等，以供决策者参考。

二、成本费用估算

(一)农业项目的成本费用的定义

农业项目的成本费用是指在农业生产过程中所涉及的各项支出和费用。它包括所有直接和间接的成本，用于购买和维护土地、设备、种子、肥料、农药、劳动力等，以及运输、市场推广、管理和行政等方面的费用。

(二)农业项目的成本费用估算方法

对于农业项目的成本费用估算，以下是一些常见的成本项目和估算方法：

(1)土地成本

如果需要购买或租赁土地，需要估算土地的价格或租金费用。可以通过市场调研或咨询地产经纪人等方式获取相关信息。

(2)基础设施成本

包括农田整理、灌溉系统、温室、棚架等基础设施的建设和维护费用。可以通过询价或咨询专业施工队伍来估算。

(3)农业设备成本

包括农机具、种植机械、收割机械等农业设备的购置或租赁费用。可以通过市场调研或咨询农机经销商来获取相关信息。

(4)劳动力成本

包括农业劳动力的工资、社会保险费用等。可以根据当地的劳动力市场情况和农业工作的特点来估算。

(5)农业投入品成本

包括种子、化肥、农药、饲料等农业投入品的购买费用。可以通过市场调研或咨询农资经销商来获取相关信息。

（6）农产品销售成本

包括农产品的包装、运输、销售渠道等费用。可以通过市场调研或咨询农产品销售商来估算。

（7）其他费用

包括农业保险费用、农业技术咨询费用、农业培训费用等其他与农业项目相关的费用。

在进行成本费用估算时，还需要考虑农业项目的规模、种植或养殖的品种、当地的气候和土壤条件等因素。同时，还需要考虑风险因素，如自然灾害、疫病等可能对农业项目产生的影响。

最后，需要将以上各项成本进行相加，得出农业项目的总成本。成本费用估算是一个动态的过程，需要根据实际情况进行不断调整和修正。同时，还需要考虑项目的可行性、市场需求、竞争情况等因素，以做出合理的成本控制和决策。

三、营业收入与税金估算

（一）农业项目的营业收入与税金的定义

1. 农业项目的营业收入

农业项目的营业收入是指项目在经营期间通过销售农产品、提供农业服务等方式所获得的收入。这些收入来源可以包括农产品的销售收入、农产品加工销售收入、农业服务收入等。

2. 税金

税金是指根据国家税收政策和法规，项目需要缴纳的各类税费。对于农业项目而言，可能涉及的税费包括：

（1）增值税

农产品的销售可能会涉及增值税的缴纳，具体税率根据国家相关政策而定。

（2）所得税

如果农业项目的收入超过一定额度，可能需要缴纳企业所得税。

（3）土地使用税

如果项目使用的土地是租赁的或者是国有土地，可能需要缴纳土地使用税。

（4）印花税

如果项目涉及合同签订、票据使用等，可能需要缴纳印花税。

（5）其他税费

根据当地的税收政策和法规，还可能涉及其他税费，如城市维护建设税、教育费附加等。

（二）农业项目的营业收入与税金的估算方法

对于农业项目的营业收入和税金估算，以下是一些常见的方法和考虑因素：

（1）农产品销售收入

根据农产品的种植或养殖规模、市场需求和价格，估算农产品的销售收入。可以通过市场调研或咨询农产品销售商来获取相关信息。

（2）农产品加工收入

如果农业项目涉及农产品的加工和销售，还需要考虑加工后的产品销售收入。可以通过市场调研或咨询相关行业的专业人士来获取相关信息。

(3)农业服务收入

如果农业项目提供农业技术咨询、农业培训、农机具租赁等农业服务，还需要估算这部分收入。可以通过市场调研或咨询相关行业的专业人士来获取相关信息。

(4)税金估算

根据当地的税法和税率，对农业项目的销售收入进行税金估算。常见的税金包括增值税、所得税、土地使用税等。可以咨询当地税务部门或会计师事务所来获取相关信息。

(5)其他收入和费用

除了销售收入和税金外，还需要考虑其他可能的收入和费用，如政府补贴、农业保险收入、农业项目的运营费用等。

在进行营业收入和税金估算时，需要考虑农业项目的规模、市场需求、竞争情况等因素。同时，还需要进行风险评估，考虑自然灾害、疫病等可能对农业项目产生的影响。

最后，需要将营业收入减去相关的费用和税金，得出农业项目的净收入。营业收入和税金估算是一个动态的过程，需要根据实际情况进行不断调整和修正。同时，还需要考虑项目的可行性、市场需求、竞争情况等因素，以做出合理的收入、税金预测和决策。

第三节 农业项目财务评价

农业项目的财务评价指在财务基础数据测算的基础上，按国家现行财税制度、现行价格和有关法规规定，分析评价项目的费用和效益，从而考察项目的财务效益，判断项目财务的可行性。对项目进行评价一般是遵循相应评价步骤，通过相关的评价指标，按照对应的分析方法进行。

一、农业项目财务评价步骤

农业项目的财务评价是对项目的财务效益进行评估和分析，以确定项目的盈利能力和可行性。进行农业项目的财务评价可以帮助决策者了解项目的经济效益和可行性。以下是农业项目一般的财务评价步骤：

(1)收集项目相关数据

收集项目的基本信息，包括种植或养殖的品种、规模、投资成本、运营周期、销售价格、市场需求等。

(2)估算项目的收入

根据农产品的种植或养殖规模、市场需求和价格，估算项目的销售收入。考虑到季节性和市场波动等因素，可以使用不同的销售收入预测模型。

(3)估算项目的成本

根据项目的投资成本、种植或养殖成本、管理费用等，估算项目的成本。可以使用成本估算方法，如规模经济法、专家评估法等。

(4)利用财务评价指标评价项目经济效益和可行性

如计算项目的净现值或内含报酬率；进行项目的盈亏平衡分析；对项目进行敏感性分析。

(5)进行风险评估

考虑项目的风险因素,如自然灾害、市场波动、疫病等,评估这些风险对项目的经济效益的影响。

(6)综合评价和决策

综合考虑项目的净现值、内部收益率、盈亏平衡点、敏感性分析和风险评估等结果,做出是否进行该农业项目的决策。

在进行财务评价时,还可以使用其他财务评价指标,如投资回收期、利润率、资本回报率等,根据具体情况选择适合的指标。

二、农业项目财务评价指标体系

对农业项目进行财务评价时,可采用动态法,也可采用静态法。在实际工作中,通常是将这两种方法综合运用,以期全面准确地考察拟建项目的财务可行性。

1. 静态法

静态法是一种简便易行的分析评价方法。它没有考虑资本金的时间价值和项目的经济寿命期,而是利用项目正常生产年份的财务数据对项目财务效益进行分析,因而具有计算简便,但不够准确等特点。在农业项目财务评价中,运用静态法计算的主要指标有投资利润率、资本金净利润率、资产负债率、贷款偿还期、流动比率、速动比率等。

2. 动态法

动态法是一种较之静态法更为复杂、比较准确的经济评估方法。其主要特点是考虑了项目整个经济寿命期内现金流量的变化情况及其经济效益,考虑了资本金的时间价值,因而可以避免静态法的缺点,评估效果比较客观实际、精确可靠。在财务效益评估中,运用动态法计算的主要经济评估指标有净现值、内含报酬率、投资回收期等。具体农业项目财务评价的指标体系见表8-1所列。

表8-1 农业项目财务评价的指标体系

评估内容	财务评价指标	
	静态指标	动态指标
盈利能力	投资利润率 资本金净利润率	净现值 内含报酬率 投资回收期
清偿能力	资产负债率 借款偿还期	

三、农业项目财务评价指标具体构成

农业项目的财务评价指标分静态和动态两类。本书主要讨论关于项目盈利能力的相关财务指标。

(一)静态指标

1. 投资利润率(ROI)

投资利润率是指项目正常生产期年息税前利润总额($EBIT$)与总投资(TI)之比：

$$投资利润率 = \frac{年利润总额}{总投资} \times 100\%$$

$$ROI = \frac{EBIT}{TI} \times 100\% \tag{8-1}$$

若年息税前利润总额波动较大，可取其生产期中的平均值；否则，取其正常生产年份的年息税前利润总额即可。

总投资为建设投资、建设期利息和流动资金之和。计算出的投资利润率要与行业项目的标准投资利润率或平均投资利润率进行比较，若大于或等于标准投资利润率或平均投资利润率，则认为项目是可行的；否则是不可行的(表8-2)。

表8-2 农业下辖各行业的财务基准收益率 i

农业下辖行业名称	税前 $i(\%)$	税后 $i(\%)$	农业下辖行业名称	税前 $i(\%)$	税后 $i(\%)$
种植业	6	6	渔业	7	8
畜牧业	7	9	农副食品加工	8	8

2. 资本金净利润率(ROE)

资本金利润率是项目正常生产期税后年净利润总额(NP)与项目资本金(EC)之比：

$$资本金利润率 = \frac{税后净利润}{资本金} \times 100\%$$

$$ROE = \frac{NP}{EC} \times 100\% \tag{8-2}$$

资本金是指项目的全部注册资金。资本金利润率越高，表明项目资本金盈利能力越强，投资效益越好。计算出来的资本金净利润率大于行业平均资本金利润率，则项目可取，否则，项目不可取。

3. 静态投资回收期(P_t)

静态的投资回收期是指项目净收益抵偿全部投资所需要的时间。其表达式为：

$$\sum_{t=1}^{P_t}(CI - CO)_t = 0 \tag{8-3}$$

式中 P_t——投资回收期，年；

CI——项目的现金流入量；

CO——项目的现金流出量；

$(CI-CO)$——项目的净现金流量；

$(CI-CO)_t$——第 t 年项目的净现金流量(t 为项目计算期，年)。

静态投资回收期可根据现金流量表中累计净现金流量计算求得，其计算公式为：

$$P_t = 累计净现金流量开始出现正值的年份数 - 1 + \frac{上年累计净现金流量的绝对值}{当年净现金流量}$$

(8-4)

在项目的财务评价中，将求出的投资回收期 P_t，若小于或等于行业标准投资回收期 P_n，即 $P_t \leq P_n$。表明项目投资能在规定的时间内收回，项目是可行的；否则，项目是不可行的。

静态投资回收期主要优点是计算简便，且对于风险分析有特别重要的意义，但其缺点是没有考虑投资收回后的财务效益情况，忽视了长期投资的特点，也没有考虑资本金的时间价值因素，具有和其他静态指标相同的缺点和局限性。

（二）动态指标

1. 净现值（net present value，NPV）

净现值是指通过将项目未来的现金流量按照一定的折现率折算到当前时点，减去项目的初始投资，计算出项目的净现值，进而确定项目的经济效益。

净现值作为一个综合的财务指标，可以帮助项目管理者评估项目的经济效益和可行性，并进行决策和比较不同项目的优劣。其计算公式为：

NPV = 未来现金净流量的现值 - 初始投资的现值

$$NPV = \frac{\sum_{t=1}^{n}(CI-CO)_t}{(1+i)^n} - I \tag{8-5}$$

式中 $(CI-CO)_t$——第 t 年项目的净现金流量；

n——现金流量发生的时间点；

i——折现率；

$(1+i)^n$——折现系数，一般根据"现值系数表"可查表获取；

I——项目的初始投资的现值。

如果每年的现金流量不同，折现系数采用的是复利现值系数，以符号"$(P/F, i, n)$"表示；如果每年的现金流量相同，折现系数采用的是年金现值系数，以符号"$(P/A, i, n)$"表示。所以项目的净现值（NPV）还可以用以下公式表示：

或

$$NPV = (CI-CO)_t \times (P/F, i, n) - I \tag{8-6}$$

$$NPV = (CI-CO)_t \times (P/A, i, n) - I \tag{8-7}$$

式中 $(P/F, i, n)$——复利现值系数；

$(P/A, i, n)$——年金现值系数。

如果净现值为正，则表示项目的经济效益为正，即项目的回报高于投资成本，具有盈利能力；如果净现值为负，则表示项目的经济效益为负，即项目的回报低于投资成本，不具有盈利能力。

折现率是用来将未来的现金流量折算到当前时点的利率或要求回报率。在净现值的计算中，折现率用于衡量时间价值的影响，即较早收到的现金流量比较晚收到的现金流量更有价值。折现率一般用符号"i"表示。

折现率的选择应该考虑以下几个因素：

(1) 资本成本

折现率可以选择项目的资本成本,即项目所需的资金的成本。资本成本反映了项目所需资金的机会成本,它是投资者或公司要求的最低回报率。选择资本成本作为折现率可以确保项目的回报高于投资成本,从而保证项目具有盈利能力。

(2) 风险因素

折现率的选择还应考虑项目的风险水平。风险越高,投资者要求的回报率也会相应提高,因此折现率应该反映项目的风险水平。如果项目的风险较高,折现率应该选择较高的值,以反映投资者对风险的要求。

(3) 替代投资机会

折现率的选择还应考虑替代投资机会的回报率。如果有其他类似的投资机会,投资者可以选择将资金投入到这些机会中,因此项目的折现率应该至少等于替代投资机会的回报率,以保证项目的竞争力。

【例 8.1】某一食品加工企业的资本成本为 10%,有 3 项投资项目。有关数据见表 8-3 所列。

$$
\begin{aligned}
净现值(A) &= 11\,800/(1+10\%)+13\,240/(1+10)2-20\,000\\
&= 11\,800\times(P/F,\ 10\%,\ 1)+13\,240\times(P/F,\ 10\%,\ 2)-20\,000\\
&= (11\,800\times0.9091+13\,240\times0.8264)-20\,000\\
&= 21\,669-20\,000\\
&= 1699(万元)
\end{aligned}
$$

$$
\begin{aligned}
净现值(B) &= 1200/(1+10\%)+6000/(1+10)2+6000/(1+10)3-9000\\
&= 1200\times(P/F,\ 10\%,\ 1)+6000\times(P/F,\ 10\%,\ 2)+6000\times(P/F,\ 10\%,\ 3)-9000\\
&= (1200\times0.9091+6000\times0.8264+6000\times0.7513)-9000\\
&= 10\,558-9000\\
&= 1557(万元)
\end{aligned}
$$

$$
\begin{aligned}
净现值(C) &= 4600/(1+10\%)+4600/(1+10)2+4600/(1+10)3-12\,000\\
&= 4600\times(P/A,\ 10\%,\ 3)\\
&= 4600\times2.4869-12\,000\\
&= 11\,440-12\,000\\
&= -560(万元)
\end{aligned}
$$

表 8-3 投资项目数据　　　　　　　　　　　　　　　　　　万元

年份	A 项目	B 项目	C 项目
	现金净流量	现金净流量	现金净流量
0	(20 000)	(9000)	(12 000)
1	11 800	1200	4600
2	13 240	6000	4600
3		6000	4600

注:表内使用括号的数字为负,下同。

A、B 两个项目投资的净现值为正数，说明这两个项目的投资报酬率均超过 10%，都可以采纳。C 项目净现值为负数，说明该项目的报酬率达不到 10%，应予放弃。

净现值法所依据的原理是：假设原始投资额是按资本成本借入的，当净现值为正数时偿还本息后该项目仍有剩余的收益，当现值为零时偿还本息后一无所获，当净现值为负数时该项目收益不足以偿还本息。资本成本是投资人要求的必要报酬率，净现值为正数表明项目可以满足投资人的要求。

2. 内含报酬率(internal rate of return，IRR)

内含报酬率是指能够使未来现金净流量等于原始投资额现值的折现率，或者说是使项目的净现值等于零的折现率。

当 $NPV=0$ 时，即当未来现金净流量现值＝原始投资额现值时，其计算公式为：

$$\sum_{t=1}^{n}(CI-CO)_t \times (1+IRR)^{-t}=0 \tag{8-8}$$

内含报酬率的计算，通常需要"逐步测试法"，即"内插法"。首先估计一个折现率，用它来计算项目的净现值；如果净现值为正数，说明项目本身的报酬率超过折现率，应提高折现率后进一步测试；如果净现值为负数，说明项目本身的报酬率低于折现率，应降低折现率后进一步测试。经过多次测试，寻找出使净现值接近于零的折现率，即为项目本身的内含报酬率。内插法的公式为：

$$IRR=i_1+\frac{(i_2-r_2)\times NPV_1}{|NPV_1|+|NPV_2|}\times 100\% \tag{8-9}$$

将内含报酬率与对应行业的基准收益率做比较，当内含报酬率大于或等于行业基准收益率时，应认为项目在财务上是可以接受的，反之应予以否定。

【例 8.2】根据[例 8.1]的资料，已知 A 项目的净现值为正数，说明它的投资报酬率大于 10%。因此，应提高折现率进一步测试。假设以 18% 为折现率进行测试，其结果净现值为-499 万元。下一步降低到 16% 重新测试，结果净现值为 9 万元，已接近于零，可以认为 A 项目的内含报酬率是 16%。试差过程见表 8-4 所列。B 项目用 18% 作为折现率测试，净现值为-22 万元，接近于零，可认为其内含报酬率为 18%。试差过程见表 8-5 所列。

如果对测试结果的精度不满意，可以使用内插法来改善。

表 8-4　A 项目内含报酬率的测试　　　　　　　　　　　　　　　万元

年份	现金净流量	折现率=18%		折现率=16%	
		折现系数	现值	折现系数	现值
0	(20 000)	1	(20 000)	1	(20 000)
1	11 800	0.8487	9995	0.862	10 172
2	13 240	0.718	9506	0.743	9837
净现值			(400)		9

表 8-5 B 项目内含报酬率的测试   万元

年份	现金净流量	折现率=18%		折现率=16%	
		折现系数	现值	折现系数	现值
0	(9000)	1	(9000)	1	(9000)
1	1200	0.8487	1016	0.862	1034
2	6000	0.718	4308	0.743	4458
3	6000	0.609	3654	0.641	3846
净现值			(22)		338

内含报酬率(A)= 16%+2%×9/(9+499)= 16.04%
内含报酬率(B)= 16%+2%×338/(22+338)= 17.88%

C 项目各期现金净流量相等,符合年金形式,内含报酬率可直接利用年金现值表来确定,不需要进行逐步测试。

设现金净流量现值与原始投资额现值相等：

原始投资额现值=每年现金净流量×年金现值系数

$$12\,000 = 4600 \times (P/A, i, 3)$$

$$(P/A, i, 3) = 2.609$$

查阅年金现值系数表,寻找 $n=3$ 时系数 2.609 所指的利率。查表结果,与 2.609 接近的现值系数 2.624 和 2.577 分别指向 7% 和 8%。用内插法确定 C 项目的内含报酬率为 7.32%。

$$内含报酬率(C) = 7\% + 1\% \times (2.624-2.609)/(2.624-2.577)$$

$$= 7\% + 0.32\%$$

$$= 7.32\%$$

计算出各项目的内含报酬率以后,可以根据企业的资本成本对项目进行取舍。由于资本成本是 10%,那么 A、B 两个项目都可以接受,而 C 项目则应放弃。

3. 动态的投资回收期($P_{t'}$)

动态的投资回收期是在静态回收期的基础上将项目的时间价值考虑了进去。

$$P_{t'} = \sum_{t=1}^{n} (CI - CO)_t \times (1+i)^n = 0 \tag{8-10}$$

动态的投资回收期可直接从现金流量表求得,其计算公式为：

$$P_{t'} = (m-1) + \frac{\left|\sum_{t=1}^{m-1} NPV_t\right|}{NPV_m} \tag{8-11}$$

式中 m——累计净现值开始出现正值年份；

$\dfrac{\left|\sum_{t=1}^{m-1} NPV_t\right|}{NPV_m}$——从 1 至 $m-1$ 年的累计净现值的绝对值；

NPV_m——第 m 年的净现值。

投资者一般都十分关心投资的回收速度,为了减少投资风险,都希望越早收回投资越好。动态投资回收期也要与行业标准动态投资回收期或行业平均动态投资回收期进行比较,低于相应的标准,则项目可行。

第四节 农业项目不确定性分析

对农业项目进行财务效益评价,不论采用什么评价方法,总是会带有一定的不确定性的因素。不确定性因素的作用超过一定程度时,就会给所评估的项目带来风险,一般地说,不确定因素和风险存在是不可避免的,因此,在对项目进行财务效益评估的同时,还要进行不确定性分析。对农业项目进行不确定性分析一般采用的方法有盈亏平衡分析、敏感因素分析和概率分析。

一、盈亏平衡分析

(一)盈亏平衡分析的概念

盈亏平衡分析又称收支平衡分析,是通过项目在不同销售量或产量水平下的盈亏平衡点(break-even point,BEP),就项目对市场需求变化的适应能力进行分析,并据此判断投资项目对不确定因素变化的承受能力的一种财务分析方法。

进行农业项目的盈亏平衡分析时,需要考虑以下几个关键因素:

(1)成本结构

分析项目的固定成本和可变成本。固定成本是不随产量或销售量变动的成本,如租金、固定工资等。可变成本是随产量或销售量变动的成本,如原材料、劳动力等。

(2)销售价格

确定项目的销售价格,即单位产品的售价。

(3)单位成本

计算项目的单位成本,即每单位产品的生产成本。

盈亏平衡分析可以分为线性盈亏平衡分析和非线性盈亏平衡分析,项目投资评估中一般仅进行线性盈亏平衡分析。

(二)线性盈亏平衡的条件

进行线性盈亏平衡分析要符合以下条件:

(1)所用数据均为正常年份(达到设计生产能力生产期)的数据;产量等于销量,即当年生产的产品(扣除自用量)当年完全销售。

(2)产量变化,单位可变成本不变,从而总成本费用是产量的线性函数。即可变成本随产量成正比例变化。

(3)只计算一种产品的盈亏平衡点,如果生产多种产品的项目,则计算产品组合的盈亏平衡点,但生产数量的比率保持不变。

(三)盈亏平衡分析的计算与分析

1. 盈亏平衡点(Q_{BEP})计算

通过将销售收入与成本相等计算出项目的盈亏平衡点。盈亏平衡点可以通过以下公式计算。

$$S = P \times Q$$
$$C = CV \times Q + F$$
$$T = TV \times Q \tag{8-12}$$

式中　S——年销售收入；
　　　P——单位售价；
　　　Q——年销量；
　　　C——年总成本；
　　　CV——单位变动成本；
　　　F——年固定成本；
　　　T——年税金及附加；
　　　TV——单位税金及附加。

根据盈亏平衡的关系，即将销售收入与成本相等可得盈亏平衡点 Q_{BEP}。

$$S = C + T$$
$$P \times Q_{BEP} = C_v \times Q_{BEP} + F + T_v \times Q_{BEP}$$
$$Q_{BEP} = \frac{F}{P - C_v - T_v} \tag{8-13}$$

以上公式中的收入和成本均为不含增值税销项税额和进项税税额的价格（不含税价格）。如果采用含税价格，式(8-13)分母中应再减去单位产品增值税。

除了用公式可以表示盈亏平衡点，还可以用图的方式来表示，如图8-1所示。

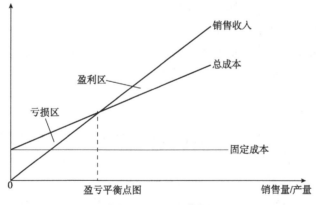

图 8-1　盈亏平衡图

2. 盈亏平衡点分析

在计算出盈亏平衡点后，可以进行盈亏平衡分析。通过比较实际销售量或产量与盈亏平衡点的关系，可以评估项目的盈利能力。如果实际销售量或产量高于盈亏平衡点，项目将实现盈利；如果实际销售量或产量低于盈亏平衡点，项目将发生亏损。

另外，盈亏平衡点的高低在一定程度上表明项目抵御风险的能力大小。盈亏平衡点低，说明项目生产少量产品即可不发生亏损，表示项目适应市场变化的能力和抗风险能力都比较强，但是要注意，在多方案选择过程中，不同方案的盈亏平衡点的高低不能说明项目之间的优劣。盈亏平衡分析的公式还表明，项目的固定成本、产品销售收入和可变成本是盈亏平衡点的决定性因素。因此，在对同一项目投资方案进行盈亏平衡分析时，要注意这些关键因素的变化对项目效益的影响。

盈亏平衡分析可以帮助项目确定最低销售量或产量水平，以确保项目的盈利能力；还可以用于评估农业项目的风险和可行性，在制定农业项目的经营计划和决策时提供参考。

【例 8.3】 某粮食加工企业，试投产一个粮食加工项目，设计规模为 10 000t/年，估计正常年份的年固定总成本为 25 464 万元，年可变总成本费用为 18 193 万元，年销售收入为 79 390 万元，年税金及附加为 2948 万元，求该项目的盈亏平衡点产量。

解：

$$Q_{BEP} = F/(P-CV-TV)$$
$$= 25\ 464/(79\ 390-18\ 193-2948)$$
$$= 3\ 497\ 200(t)$$

该项目的盈亏平衡点产量是 3 497 200t。如果市场需求超过 3 497 200t，该项目盈利，否则，该项目亏损。

(四) 盈亏平衡分析的局限性

通过盈亏平衡分析得出盈亏平衡点，使决策的外部条件简单地表现出来，根据盈亏平衡点的高低，可了解项目抗风险能力的强弱。因此，这种分析方法简便实用。但它存在一定的局限性。首先，假定产量等于销售量，这实际上有些理想化；其次，这种分析方法要求产品单一或将多种产品综合成一种产品组合并将所有不同的收入和成本都集中在两条线上表现出来，难以精确地描述出各种具体情况；再次，它所采用的数据是正常生产年份的数据，而项目投产后各年情况往往不尽相同，正常生产年份数据不易选定；最后，盈亏平衡分析是一种静态分析，没有考虑资本金的时间价值因素和项目整个寿命期的现金流量变化。鉴于上述原因，盈亏平衡分析的计算结果和结论是粗略的。

二、敏感性分析

敏感分析是项目评价中常用的一种研究不确定性的方法，主要用于分析不确定性因素对投资项目最终经济效果指标的影响及其程度。一般可选择主要参数(如销售收入、经营成本、生产能力、初始投资、寿命等)进行敏感分析。若某参数的小幅度变化能导致经济效果指标的较大变化，则称此参数为敏感因素，反之则称其为非敏感因素。

(一) 敏感性分析概念

敏感性分析一般是指在假定其他变量不变的情况下，测定某一个变量发生特定变化时对净现值(或内含报酬率)的影响。

在项目评价中进行敏感性分析评估筛选项目时，一般遵从以下步骤：

(1) 确定影响项目经济效益的敏感因素。寻找影响最大、最敏感的主要变量因素进一步分析、预测或估算其影响程度，找出产生不确定性的根源，采取相应有效措施。

(2) 计算主要变量因素的变化引起项目经济效益评价指标变动的幅度，使决策者全面了解建设项目投资方案可能出现的经济效益变动情况，以减小和避免不利因素的影响。改善和提高项目的投资效果。

(3)通过各种方案敏感度大小的对比,区别敏感度大或敏感度小的方案,选择敏感度小的,即风险小的项目作投资方案。

(4)通过可能出现的最有利与最不利的经济效果变动范围的分析,为决策者预测可能出现的风险程度,并对原方案采取某些控制措施或寻找可替代方案,为最后确定可行的投资方案提供可靠的决策依据。

(二)敏感性分析的计算方法与分析

敏感分析是一项有广泛用途的分析技术,主要包括最大最小法和敏感程度法两种分析方法。

1. 最大最小法

最大最小法的主要步骤是:

(1)预测每个变量的预期值。计算净现值时需要使用预期的原始投资、营业现金流入、营业现金流出等变量。这些变量都是最可能发生的数值,称为预期值。

(2)根据变量的预期值计算净现值,由此得出的净现值称为基准净现值。

(3)选择一个变量并假设其他变量不变,令净现值等于0,计算选定变量的临界值。如此往复,测试每个变量的临界值。

通过上述步骤,可以得出使项目净现值由正值变为0的各变量最大(或最小)值,可以帮助决策者认识项目的特有风险。

【例8.4】某农业公司拟投产一个新项目,预计初始投资90万元,项目寿命4年,不考虑折旧。预期每年增加税后营业现金流入100万元,增加税后营业现金流出69万元。有关数据见表8-6所列的"预期值"栏所示,根据各项预期值计算的净现值为22.53万元。

表8-6 最大最小敏感分析表　　　　　　　　　　　　　　　　万元

项目	预期值	每年税后营业现金流入最小值	每年税后营业现金流出最大值
每年税后营业现金流入量(CI)	100	92.89	100
每年税后营业现金流出量(CO)	64.5	64.5	71.61
每年税后营业现金净流量($NC=CI-CO$)	35.5	28.39	28.39
年金现值系数(P/A, 10%, 4年)	3.1699	3.1699	3.1699
每年税后营业现金净流量总现值 [$PC=NC\times(P/A, 10\%, 4年)$]	112.53	90	90
初始投资(I)	90	90	90
净现值($NPV=PC-I$)	22.53	0	0

利用净现值公式可得,该项目的现金净流量:

$NPV = ($每年税后营业现金流入量$-$每年税后营业现金流出量$)\times$年金现值系数$-$初始投资

$\quad\quad =$每年税后营业现金净流量$\times$年金现值系数$-$初始投资

所以,该项目根据预期值计算的净现值

$$NPV = (CI-CO)\times(P/A, 10\%, 4)-I$$
$$= NC\times(P/A, 10\%, 4)-I$$
$$= (100-64.5)\times(P/A, 10\%, 4)-90$$
$$= 35.3\times 3.1699-90$$
$$= 22.53(万元)$$

由于各变量具有不确定性,据此计算的净现值也具有不确定性。假设主要的不确定性来自营业现金流,因此,只分析营业现金流入和流出变动对净现值的影响。

(1) 首先分析每年税后营业流入变动的影响

令净现值等于 0,其他因素不变,求解此时的每年税后营业现金流入,其结果为 92.89 万元。

令 $\quad\quad NPV=(CI-64.5)\times(P/A, 10\%, 4)-90=0(万元)$

可得 $\quad\quad CI = 92.89 (万元)$

该数据表示,如果每年税后营业现金流入下降到 92.89 万元,则净现值变为 0,该项目不再具有投资价值。即每年税后营业现金流入能接受的最小值是 92.89 万元。

(2) 分析每年税后营业现金流出的影响

令净现值为 0,因素保持基准状态,求解此时的每年税后营业现金流出,其结果为 76.11 万元。

令 $\quad\quad NPV=(100-CO)\times(P/A, 10\%, 4)-90=0(万元)$

可得 $\quad\quad CO = 71.61(万元)$

该数据表明,每年税后营业现金流出上升至 71.61 万元,则项目不再具有投资价值。即每年税后营业现金流出能接受的最大值是 71.61 万元。

如果决策者对于上述每年税后最小营业现金流入和最大营业现金流出有信心,则项目是可行的。相反,如果决策者认为每年税后现金流入很可能低于上述最小值,或者每年税后现金流出很可能超出上述最大值,则项目风险很大,应慎重考虑是否应承担该风险。

此外,还可分析初始投资额、项目的寿命等的临界值,或者进一步分析营业现金流量的驱动因素,如销量最小值、单价最小值、单位变动成本最大值等,更全面认识项目风险。

2. 敏感程度法

敏感程度法的主要步骤如下:

(1) 计算项目的基准净现值(方法与最大最小法相同)。

(2) 选定一个变量,如每年税后营业现金流入,假设其发生一定幅度的变化,而其他因素不变,重新计算净现值。

(3) 计算选定变量的敏感系数

敏感系数=目标值变动百分比/选定变量变动百分比

它表示选定变量变化1%时导致目标值变动的百分数,可以反映目标值对于选定变量变化的敏感程度。

(4)根据上述分析结果,对项目的敏感性作出判断。

【例8.5】依照前例数据,先计算税后营业现金流入增减5%和增减10%(其他因素不变)的净现值,以及税后营业现金流入变动净现值的敏感系数(计算过程见表8-7所列)。然后按照同样的方法,分别计算税后现金流出(表8-8)和初始投资对净现值的影响(表8-9)。

表8-7 敏感程度法:每年税后营业现金流入变化　　　　　　　　　　　　万元

项目	−5%	−10%	基准情况	+5%	+10%
每年税后营业现金流入量(CI)	90	95	100	105	110
每年税后营业现金流出量(CO)	64.5	64.5	64.5	64.5	64.5
每年税后营业现金净流量($NC=CI-CO$)	25.5	30.5	35.5	40.5	45.5
年金现值系数(P/A, 10%, 4年)	3.1699	3.1699	3.1699	3.1699	3.1699
每年税后营业现金净流量总现值 $[PC=NC\times(P/A, 10\%, 4)]$	80.83	96.68	112.53	128.38	144.23
初始投资(I)	90	90	90	90	90
净现值($NPV=PC-I$)	−9.17	6.68	22.53	38.38	54.23
每年税后营业现金流入的敏感系数	\[(54.23−22.53)/22.53\]÷10% = 140.7%/10% = 14.07				

表8-8 敏感程度法:每年税后营业现金流出变化　　　　　　　　　　　　万元

项目	−10%	−5%	基准情况	+5%	+10%
每年税后营业现金流入量(CI)	100	100	100	100	100
每年税后营业现金流出量(CO)	58.05	61.275	64.5	67.725	70.95
每年税后营业现金净流量($NC=CI-CO$)	41.95	38.725	35.5	32.275	29.05
年金现值系数(P/A, 10%, 4年)	3.1699	3.1699	3.1699	3.1699	3.1699
每年税后营业现金净流量总现值 $[PC=NC\times(P/A, 10\%, 4)]$	132.98	122.75	112.53	102.31	92.09
初始投资(I)	90	90	90	90	90
净现值($NPV=PC-I$)	42.98	32.75	22.53	12.31	2.09
每年税后营业现金流入的敏感系数	\[(2.09−22.53)/22.53\]÷10% = −97.91%/10% = −9.79				

表8-9 敏感程度法：初始投资变化　　　　　　　　　　　　　　　　　　　　万元

项目	-10%	-5%	基准情况	+5%	+10%
每年税后营业现金流入量（CI）	100	100	100	100	100
每年税后营业现金流出量（CO）	64.5	64.5	64.5	64.5	64.5
每年税后营业现金净流量（NC=CI-CO）	35.5	35.5	35.5	35.5	35.5
年金现值系数（P/A, 10%, 4年）	3.1699	3.1699	3.1699	3.1699	3.1699
每年税后营业现金净流量总现值[PC=NC×(P/A, 10%, 4)]	112.53	112.53	112.53	112.53	112.53
初始投资（I）	81	85.5	90	94.5	99
净现值（NPV=PC-I）	31.53	27.03	22.53	18.03	13.53
每年税后营业现金流入的敏感系数	[(13.53-22.53)/22.53]÷10%=-39.95%/10%=-4.00				

上列表中分别计算了3个变量变化一定百分比对净现值的影响，向决策者展示了不同前景出现时的后果。这些信息可以帮决策者认识项目的风险和应关注的重点。如税后营业现金流入降低10%就会使该项目失去投资价值，若这种可能性较大就应考虑放弃项目，或者重新设计项目加以避免，至少要有应对的预案。该变量是引发净现值变化的主要敏感因素，营业收入每减少1%，项目净现值就损失14.07%，或者说营业收入每增加1%，净现值就提高14.07%。若实施该项目，应予以重点关注。次要敏感因素是税后营业现金流出。相对不敏感的是初始投资，但具有一定的影响。因此，从总体上看该项目风险较大。

（三）敏感性分析的局限性

敏感分析是一种最常用的风险分析方法，计算过程简单、易于理解，但也存在局限性，主要有：

（1）在进行敏感分析时，只允许一个变量发生变动，而假设其他变量保持不变，但在现实世界中这些变量通常是相互关联的，会一起发生变动，但是变动的幅度不同。

（2）每次测算一个变量变化对净现值的影响，可以提供一系列分析结果，但是没有给出每一个数值发生的可能性。

三、概率分析

因素的不确定性分析在一定程度上就不确定性因素对项目效益的影响做出了定量描述，这有助于确定在项目决策过程中及实施过程中需要重点研究与控制的因素。但是，它没有考虑各种不确定因素在未来发生变动的概率，这可能会影响到分析结论的准确性，实际上，各种不确定性因素在未来发生某一幅度变动的概率一般是不会相同的，发生变动的概率不同，就意味着项目承受风险的大小不同。比如，两个具有同样敏感性的因素，在一定的不利变动幅度内，一个发生的概率很大，一个发生的概率很小，那么前一因素带给项目的风险很大，后一因素带给项目的风险很小，以至于可以忽略不计。这些敏感性分析无法解决的问题，就需要借助于概率分析进行分析确定。

（一）概率分析的定义

概率分析是对不确定性因素发生变动的可能性及其对方案经济效益的影响进行评价的方法。其基本原理是：假设不确定性因素是服从某种概率分布的随机变量，因而方案经济效益作为不确定性因素的函数是一个随机变量。通过研究和分析这些不确定性因素的变化规律及其与方案经济效益的关系，可以全面了解技术方案的不确定性和风险，从而为决策者提供更可靠的依据。

概率分析主要包括经济效益的期望值分析、标准差分析、离散系数分析以及方案的经济效益达到某种标准或要求的可能性分析。

（二）概率分析的方法

1. 期望值分析

期望值分析在概率计算中是以一个概率分布中相应概率为权数计算的各个可能值的加权平均值。投资方案财务效益的期望值是指参数在一定概率分布条件下，投资效果所能达到的加权平均值。其一般表达式：

$$E(X) = \sum_{i=1}^{n} X_i P_i \tag{8-14}$$

式中　$E(X)$——变量的期望值；

　　　X_i——变量 X 的第 i 个值（$i=1, 2, \cdots, n$）；

　　　P_i——变量 X_i 的概率。

当项目方案经济效益指标的期望值到达某种标准时，如 $E(NPV) \geq 0$ 或 $E(IRR) \geq 0$（要求报酬率），则方案可行。多方案比较时，一般情况下，效益指标的期望值越大越好，费用类指标的期望值则越小越好。

【例 8.6】某项目有 3 个方案可供选择，它们各自面临的经济前景有 3 种可能，即最理想、最可能、最悲观。各种状态发生的概率和有关数据见表 8-10 所列，试按期望值进行评估。

表 8-10　某项目方案各种转台发生的概率　　　　　　　　　　　　　　万元

状态	概率	NPV		
		A 方案	B 方案	C 方案
最理想	0.3	180	160	200
最可能	0.5	150	120	160
最悲观	0.2	80	100	50

各方案净现值的期望值分别是：

$$E(X)_A = 180×0.3+150×0.5+80×0.2 = 145(万元)$$
$$E(X)_B = 160×0.3+120×0.5+100×0.2 = 128(万元)$$
$$E(X)_C = 200×0.3+160×0.5+50×0.2 = 150(万元)$$

显然，方案 C 的期望值最大，因而，应该选择 C 方案。

2. 标准差分析

用经济效益期望值表达风险程度只是一种初步的、概略的观察，而且对于应作风险程度比较的项目(如两个方案的期望值相等)仅计算期望值是不够的。方案的风险程度与经济效益的概率分布有着密切的关系。概率分布越集中，经济效益期望值实现的可能性就越大，风险程度就越小。所以考察方案的经济效益概率的离散程度是有必要的。

标准差就是反映一个随机变量实际值与某期望值偏离程度的指标。这种偏离程度可作为度量风险与不确定性的一种尺度，标准差越大，表示随机变量可能变动的范围就越大，不确定性与风险就越大。在两个期望值相同的方案中，标准差大的方案意味着经济效益存在的风险大。标准差的一般计算公式：

$$\sigma = \sqrt{\sum_{i=1}^{n} P_i ×[X_i - E(X)]^2} \tag{8-15}$$

式中　σ——变量 X 的标准差。

【例 8.7】以[例 8.6]的资料，分别计算方案 A、B、C 的标准差，分析方案的风险。

解：利用公式(8-15)，整理计算方案 A、B、C 的标准差得：

$$\sigma_A = \sqrt{\sum_{i=1}^{n} P_i [X_i - E(x)]^2} = 35$$

$$\sigma_B = \sqrt{\sum_{i=1}^{n} P_i [X_i - E(x)]^2} = 22.27$$

$$\sigma_C = \sqrt{\sum_{i=1}^{n} P_i [X_i - E(x)]^2} = 52.92$$

显然 B 方案风险最小，C 方案风险最大。

3. 离散系数分析

由于风险与收益一般是正相关性的关系，所以就会产生这样一种情况：期望值越大的方案，标准差也就越大；期望值越小的方案，其标准差也就越小。所以当多方案进行比较，尤其是期望值不一样的情况，仅考虑标准差未必能决策较优的方案。为此引入另一个指标——离散系数 V，其计算公式为：

$$V = \frac{\sigma(X)}{E(X)} \tag{8-16}$$

离散系数是一个相对数，能更好地反映投资方案的风险程度。当多个投资方案进行比较时，离散系数较小的方案风险较小。

【例 8.8】仍以[例 8.6]的资料，计算 3 个备选方案的离散系数，分析它们的风险程度。

解：利用公式(8-16)，计算 A、B、C 三方案的离散系数如下：

$$V_A = \frac{\sigma(X)}{E(X)} = \frac{35}{145} = 0.24$$

$$V_B = \frac{\sigma(X)}{E(X)} = \frac{22.27}{128} = 0.17$$

$$V_C = \frac{\sigma(X)}{E(X)} = \frac{55.92}{150} = 0.37$$

显然 B 方案风险最小，C 方案风险最大。

4. 可能性分析

若随机变量 X 服从正太分布，则可将随机变量转化为标准正态分布，并查表计算出经济效益达到某种标准的可能性，即：

$$P(X<X_0) = P\left(Z<\frac{X_0-E(X)}{\sigma(X)}\right) \tag{8-17}$$

【例 8.9】已知某方案的净现值出现的概率成正态分布，净现值的期望值为 30 万元，标准差为 12 万元，试确定：(1)净现值大于等于零的概率；(2)净现值超过 50 万元的概率。

解：由题意可知：$E(X) = 30$，$\sigma(X) = 12$，由公式(8-7)可得：

(1) $P(NPV \geq 0) = 1 - P(NPV < 0)$

$= 1 - \left(Z < \frac{0-30}{12}\right)$

$= 1 - P(Z < -2.5)$

$= 1 - 0.0062$（查标准正态分布表得到）

$= 0.9938$

(2) $P(NPV \geq 50) = 1 - P(NPV < 50)$

$= 1 - \left(Z < \frac{50-30}{12}\right)$

$= 1 - 0.9525$

$= 0.0475$

概率分析作为一种有效的分析方法可以改善不确定性条件下或风险条件下投资决策的有效性。但不确定条件下的投资决策难点在于不知道或难以确定影响投资决策的因素的发生概率。此难题可借助于以博弈论为理论基础的不确定性决策的分析方法，限于篇幅在此不做赘述。

教书育人案例八

风险无处不在（预则立，不预则废）

江苏省苏州市射阳县海河镇打造高标准农田建设项目，生产优质无公害稻麦。项目总体规划：加强水利基础设施建设，解决灌溉能力不足的问题，解决项目区防洪、排涝能力不足和渠道河道清理问题。综合农业、林业、水利和科技等各项措施协同配套，把项目区建成高产、稳产、优质、高效的农田。主要建设项目为新建和维修灌溉站、排涝站和涵洞，疏浚沟河和新建道路桥梁以及实施农业推广项目，开展农民培训。

项目涉及面广，风险大，主要表现在资金风险、项目管理风险、社会风险、技术风险等。建设前，政府请了专家做了方案论证，并就项目建设向公众进行充分宣传，保障群众基础，避免社会风险的产生；根据各分项具体方案进行招投标，落实监督责任。

项目建设始于2012年，建设期为1年，项目总投资达1320万元，其中：水利工程投资879.6万元(含土方工程投资76.56万元)，占总投资的66.64%；农业工程措施投资20万元，占总投资的1.51%；田间道路工程337.4万元，占总投资的25.56%；林业措施5万元，占总投资的0.38%；科技措施投资40万元，占总体的3.03%；其他措施投资38万元，占总投资的2.88%。资金筹措主要来源于以下4个途径：中央财政600万元、省级财政配套570万元、县级财政配套30万元、群众自筹120万元。

中央财政资金及地方财政配套资金共1200万元全部用于项目的建设投资。财政资金实行专项资金管理，严格按照农业综合开发财会制度开展工作。群众自筹资金投劳作为自筹辅助投入资金，经村民代表大会表决通过，形成决议，自愿按项目受益面积投工投劳。群众投工投劳全部用于该项目的配套建设，主要用于开挖疏浚沟、渠、筑路等劳务。

项目建设后，项目区内主要农产品的单位面积(亩)的种植成本均有所下降。项目区内无项目投入时，水稻的单位成本为993.1元每亩，项目投入后的第二期(2013年)显现出了效益，水稻生产的单位成本降为971元/亩；小麦从635.1元/亩降为614元/亩；油菜从569元/亩降到547.8元/亩。棉花也在两个项目期内从单位成本983元/亩降到963.6元/亩。由于人力成本上升，大棚西瓜和大棚辣椒的单位成本在项目期后有所上升。

产出也有所提高。该项目实施高标准农田建设面积为1万亩，无项目时复种指数为186%，有项目后复种指数为200%。项目投入后水稻种植面积由9000亩降为8700亩，但水稻单产却从590kg/亩上升到635kg/亩；小麦在种植面积提高100亩的情况下，单产从390kg/亩增长到425kg/亩；油菜在种植面积不变的情况下，单产从190kg/亩涨到225kg/亩，棉花在种植面积不变的情况下，单产从78kg/亩上升为82kg/亩。

经测算该项目内部收益率为30.15%[①]；项目的净现值2482.6元，投资价值大，经济效益好。此外，该项目还有极大的社会效益和生态环境效益。

社会效益方面，项目区建成后，当地农业生产条件和农民生活条件得到了极大的改善[②]；农民的科技种植能力得到加强；促进整个项目区农业生产的升级，向产业化的方向发展；民众的就业机会得到增加；道路、桥梁、电力设施的建设为当地居民的出行和生活带来便利等。

生态环境方面，①大力植树。项目区栽植3.5万株苗木，农田林网防护面积1万亩；②土壤结构得到改善，土壤中有毒物含量大大降低。通过科学合理的灌溉、施肥，防止土壤盐碱化，通过秸秆还田、增施有机肥等措施，增加土壤有机质含量，提高土壤肥力。通

---

① 《建设项目经济评价方法与参数》(第3版)相关规定，财务和经济基准折现率按8%计算。
② 新建排涝泵站2座、新建灌溉泵站18座、维修排涝泵站5座、涵闸桥等渠系建筑物139座、田间道路21km。

过平整土地、土地深耕等措施，改善土壤结构，增加土壤耕作层厚度，提高土壤生产力，促进土壤生态系统良性循环。

2023年中央一号文件第二部分明确：制定逐步把永久基本农田全部建成高标准农田的实施方案。苏州射阳县海河镇农田改造为以后各省制定建设高标准农田的实施方案提供借鉴经验，尽可能避免项目建设中产生的各项不确定风险。

资料来源：支玲，等，2013. 林业项目投资与评估[M]. 北京：中国林业出版社.

卞正，2015. 农业综合开发高标准农田项目的评价——以海河镇2012年项目建设为例[D]. 南京：南京农业大学.

本章小结

通过本章学习，我们知道了农业项目是通过增加人力、物力、财力和科技的投入，改善生产条件，增加生产手段，提高综合生产能力，在预订的时间和空间范围内达到预期效益的一种扩大再生产的经济行为。根据不同的划分标准，农业项目可分为：经营性项目和非经营性项目；公共项目和非公共项目；政府投资项目和非政府投资项目；新建项目和改扩建项目。对农业项目进行评价时，一般遵循如下步骤：项目背景分析；项目可行性分析；项目风险评估；项目效益评估；项目实施计划；项目监测与评估。

在项目评价中财务评价扮演着极为重要的角色。通过财务评价确定项目的经济效益和可行性。对农业项目进行财务评价时，可以利用静态财务指标也可以利用动态财务指标。一般会利用的财务评价指标有净现值（NPV）、内部收益率（IRR）、盈亏平衡点（BEP）以及利用敏感性分析评估项目的财务效益、风险和可行性。如果项目的净现值为正，内含报酬率高于要求报酬率，动态投资回收期短于要求投资回收期，则项目具有可行性。

除了要对项目进行财务评价，还要针对项目的不确定性，进行风险评估。对农业项目进行不确定性分析一般采用的方法有盈亏平衡分析、敏感因素分析和概率分析。盈亏平衡分析利用盈亏平衡点确定保证项目不亏损的要求最少生产量；敏感性分析利用最大最小法和敏感程度法两种分析方法，来确定项目对因素变化的最大承受度；概率分析有期望值分析、标准差分析、离散系数分析和可能性分析等方法，通过全面分析投资项目的各可能方案带来的经济效益来分析项目的可行性。

思考与练习

一、思考题

1. 简述进行农业项目评价的原因及评价方法。
2. 简述盈亏平衡分析及其基本原理。
3. 简述敏感性分析及其方法和步骤。
4. 简述概率分析及其意义。

二、练习题

1. 某项目年设计生产某产品3万件，单位产品售价3000元，总成本费用为7800万元，其中固定成本3000万元，可变成本与产品产量成正比，求以产量表示的盈亏平衡点，并加以风险分析。

2. 某项目的数据见表 8-11 所列，经预测分析，将来投资、销售收入、经营成本可能在±10%范围变化，试对 NPV 进行敏感性分析（$i_0 = 10\%$）。

表 8-11　某项目的数据

初始投资(万元)	N(年)	残值(万元)	各年的销售收入（万元）	各年的经营成本（万元）
200	10	0.5	70	30

3. 某项目的净现值为随机变量，并有见表 8-12 所列的离散型概率分布，求净现值的期望值和离散系数。

表 8-12　某项目的净现值和离散型概率分布　　　　　　　　万元

净现值的可能值	1000	1500	2000	2500
概率分布 p	0.1	0.5	0.25	0.15

4. 某临海国为了方便各项经济作物的出口，由于土地紧张，从而提出填海造地的计划，建造一个集装箱码头和附属设施。

项目规模：造地 250hm^2，建造防波堤，延长原先的下水道系统，重新安置现有的轮渡码头。最低的投标报价见表 8-13 所列。

表 8-13　各项目最低的投标报价　　　　　　　　百万元

项目	报价
1. 准备工作	56.00
2. 现场清理	0.30
3. 公路工程	22.00
4. 土地填造和防波堤	343.00
5. 建造码头	152.00
6. 抽水系统	64.00
7. 排水涵洞	37.00
8. 取土区	52.00
9. 非计划工程补偿款	30.00
小计	756.00
价格上涨准备金	50.00
不可预测费用	73.00
总计	879.30

筹备委员会和投标者开了一次会议,协定项目 4、项目 5 和不可预测费用分别见表 8-14 至表 8-16 所列。

表 8-14　项目 4：土地填造和防波堤　　　　　　　　　　　　　　　　　百万元

可能变化量	造价小计	项目总计
+50%	514.50	1050.80
+40%	480.20	1016.50
+30%	445.90	982.20
+20%	411.60	947.90
+10%	377.30	913.60
0	343.00	879.30
−10%	308.70	845.00
−20%	274.40	810.70
−30%	240.10	776.40
−40%	205.80	742.10
−50%	171.50	707.80

表 8-15　项目 5：建造码头　　　　　　　　　　　　　　　　　　　　　百万元

可能变化量	造价小计	项目总计
+50%	228.00	955.30
+40%	212.80	940.10
+30%	197.60	924.90
+20%	182.40	909.70
+10%	167.20	894.50
0	152.00	897.30
−10%	136.80	864.10
−20%	121.60	848.90
−30%	106.40	833.70
−40%	91.20	818.50
−50%	76.00	803.30

表 8-16　不可预测费用　　　　　　　　　　　　　　　　　　　　　　　百万元

可能变化量	造价小计	项目总计
+50%	109.50	915.80
+40%	102.20	9908.50
+30%	94.90	901.20

（续）

可能变化量	造价小计	项目总计
+20%	87.60	893.90
+10%	80.30	886.60
0	73.00	879.30
-10%	65.70	872.20
-20%	58.40	864.70
-30%	51.10	857.40
-40%	43.80	850.10
-50%	36.50	842.80

筹备委员会和投标者一致认为这3项风险性最高，需要经常监控。为此，对此3项进行敏感分析，以期把握最敏感性因素并加以控制，使项目承担的风险最小。其分析结果如图8-2所示。

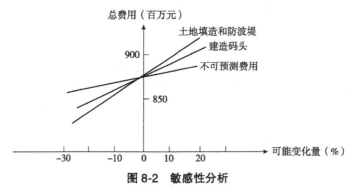

图8-2 敏感性分析

由图可见，3项中第4项土地填造和防波堤最为敏感，其线形变化较陡，影响最大；其次为第5项建造码头；最后是不可预测费用，其线形变化较缓，影响最小。因此风险监控重点次序是土地填造和防波堤、建造码头和不可预测费用。

风险无处不在，投资者在进行项目投资时，一定要注意识别风险因素，进行不确定性分析，明确项目可行的"底线"，才能最大程度地确保项目的成功实施。

第九章 农业生产的效率分析

第一节 农业生产效率概述

一、农业生产效率含义

效率是实际生产活动中实际的资源投入与理想化的资源投入之间的差距，效率的大小通常由投入产出的比值来衡量。效率具体由两部分组成，一是技术效率，二是配置效率。技术效率是指在技术的稳定使用过程中，技术的生产效能所发挥的程度。在一定的投入要素组合下，技术效率是指获得最大产出的能力；在一定的产出组合下，技术效率是指取得最少要素投入的能力。配置效率包括资源配置效率和产品组合配置效率。配置效率一般指资源配置效率，即在价格已知的条件下，为获得最大产出或最低成本，各种资源能够达到最佳比例的能力。在多产出的产业中，还要考虑产出组合中的配置效率。经济效率是成本与收益之间的关系，只有当成本既定收益最大，或收益既定成本最小时，才实现了经济效率。在产出既定的条件下，经济效率体现为成本效率(cost efficiency，CE)；在投入既定的条件下，经济效率体现为收益效率(revenue efficiency，RE)。

农业生产效率指的是在农业生产过程中，对农业资源的利用程度，在当年的环境、政策等条件下，农业投入与产出之间的比值。与效率定义的构成对应，农业生产效率包含农业技术效率、农业配置效率与农业经济效率。农业生产效率的提高，是人类社会中农业以外的经济部门得以独立化和进一步发展的基础。农业生产效率与农业技术进步、农业经济增长有密切关系，研究农业生产效率有利于合理利用农业生产资源，提高农业生产要素的配置效率；也有利于处理好农业技术效率和经济效率的关系，最终提高农业生产的经济效益。

二、农业生产效率分类

(一) 投入角度

1. 投入角度的技术效率 TE_1

投入角度的技术效率测量是在不改变产出数量的情况下，如何成比例减少投入的数量。如果一个给定生产部门的要素投入量在图9-1的 P 点，假设资源投入量按比例减少到 Q 点，产出水平不变，则该部门投入角度的技术效率(TE_1)通常可以表示为：

$$TE_1 = \frac{OQ}{OP}(0 \leqslant TE_1 \leqslant 1) \text{ 或 } TE_1 = 1 - \frac{QP}{OP} \tag{9-1}$$

当 $TE_1 = 1$ 时，称为完全技术效率。

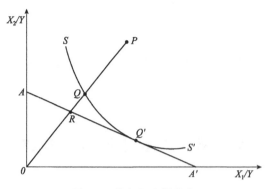

图 9-1 投入角度的效率

2. 投入角度的配置效率 AE_1

如果已知投入要素的价格,用等成本线 AA' 的斜率表示两种投入要素的价格比,等成本线 AA' 与等产量线 SS' 相切于 Q' 点,则 Q' 点就是最佳生产点。此时,企业生产成本可以减少 RQ,Q 点为技术有效点,但不是配置有效点。投入角度的配置效率 AE_1 可以表示为:

$$AE_1 = \frac{OR}{OQ}(0 \leqslant AE_1 \leqslant 1) \tag{9-2}$$

3. 投入角度的经济效率 EE_1

投入角度的经济效率 EE_1 体现为成本效率 CE,可以用技术效率和配置效率共同表示为:

$$EE_1 = CE = \frac{OR}{OP} = \frac{OQ}{OP} \times \frac{OR}{OQ} = AE_1 \times TE_1 (0 \leqslant EE_1 \leqslant 1) \tag{9-3}$$

(二) 产出角度

1. 产出角度的技术效率 TE_2

产出角度的技术效率测量是在保持投入要素数量不变的情况下,确定产出量的适宜增长。当规模报酬不变,投入角度的技术效率等于产出角度的技术效率。假设两种产品 Y_1 和 Y_2 使用同一种生产要素 X,且生产的规模报酬不变,如图9-2所示,ZZ' 曲线表示单位投入 X 的产出组合形成的生产可能性曲线。如果某个企业的产出组合点为 A,则在不增加投入的情况下其产出可以提高到 B 点。该企业产出角度的技术效率(TE_2)通常可以表示为:

$$TE_2 = \frac{OA}{OB}(0 \leqslant TE_2 \leqslant 1) \tag{9-4}$$

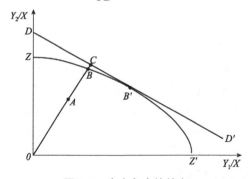

图 9-2 产出角度的效率

2. 产出角度的配置效率 AE_2

在该企业规模报酬不变的条件下，已知产出的价格比，那么就可以得到图9-2中的等收益线 DD'，生产可能性曲线与等收益线相切于 B' 点，则 B' 点就是收益最大点。如果该企业在 B' 点生产，则 B 点为技术有效点，但不是配置有效点。则该企业产出角度的配置效率 AE_2 为：

$$AE_2 = \frac{OB}{OC}(0 \leqslant AE_2 \leqslant 1) \tag{9-5}$$

3. 产出角度的经济效率 EE_2

产出角度的经济效率 EE_2，体现为收益效率 RE，也可以用技术效率和配置效率共同来表示：

$$EE_2 = RE = \frac{OA}{OC} = \frac{OA}{OB} \times \frac{OB}{OC} = TE_2 \times AE_2(0 \leqslant EE_2 \leqslant 1) \tag{9-6}$$

第二节 农业生产函数

一、农业生产函数特点

农业生产函数是在函数这个纯数学概念的基础上赋予自变量和因变量具体的经济学内涵，用数学形式描述农业生产过程中变量与变量之间相互依存关系的图表、曲线或数学表达式。农业生产函数是指在特定的农业技术条件下，农业生产要素的投入量和农产品的最大产出量之间的物质技术关系。它以简化的形式再现农业生产过程，其目的是确定在既定条件下生产要素合理的投入数量和比例，从而达到提高要素利用效率，获取最大产量或利润的目的。

农业生产函数一方面具有数学中函数的性质，另一方面要正确反映农产品产量同生产要素投入量之间数量关系的变化规律，这就形成了农业生产函数的许多特点。

（一）反映农业生产的周期性

动植物的生长和再生产，像其他物质生产过程一样需要时间，因此，农业生产要素的利用和农产品的产出必须和一定的时间相联系。一种农作物或畜禽的生产过程所占用的时间就是一个简单的生产周期，如水稻从种到收是一个生产周期。农业生产函数至少要反映一个完整的生产周期内要素投入量与产品产出量之间的数量关系。

（二）表明投入产出间的统计关系

农业生产函数是通过统计计量建立起来的。一方面，只有掌握了大量的统计或试验数据后建立的生产函数，才有可能揭示出农业生产中投入产出之间的规律性联系；另一方面，在应用农业生产函数进行分析时，所得出的结论不具有绝对的指导意义，只是提供了可能性最大的估计值，还要根据具体情况和实践经验加以分析论证，必要时要进行适当的修正，以便做出符合实际的正确决策。

(三) 反映既定的农业生产技术条件下的投入产出之间的关系

由于生产的技术水平不同,使用同样数量的生产要素会得到不同的农产品产量,也就是说不同的技术会产生不同的生产函数。所以,在收集数据建立生产函数时,一定要注意各试验或调查点技术条件的一致性。同样,在应用某一产品的生产函数时,也应注意该生产函数暗含的既定的生产技术条件。

(四) 对农业生产过程高度简化的数学模型

影响农产品产量的因素很多,其中有可以控制的生产因素,如施肥量、用药量等;也有许多不可控制的生产因素,如阳光、气温、降水量等。在实际研究某一生产函数时,对农业经济分析不太重要的那些不可控制的生产因素通常不予考虑,而只把那些可以控制且数量有限的生产因素中的一个或几个作为农业生产函数中的自变量。

(五) 农业生产函数中变量的纯质性

农业生产函数研究的投入要素和产出的产品都要具有纯质性。这是因为,农业生产函数表面上是变量间的数量关系,但每个变量都赋予了一定的经济含义。因此,相同含义的变量数值进入生产函数才对解决问题有意义。也就是说投入的变动要素不仅质量规格相同,而且施用的条件和方法也相同,产出的产品质量完全相同,并且具有同一性。

(六) 通常采用连续可导的函数

采用连续可导的函数,便于采用边际分析方法,但它要求变量要分得细、分得小。许多农产品产量和生产要素具备这种性质,如粮食、肥料等。但有些产品合成要素有一个最小单位,不能细分,如一头牛、一台拖拉机等,对不能细分的变量,仍可采用连续可导函数,其分析结果可能是带有小数的数值,如6.7头牛,这时可根据实际情况,取6或7头牛。

(七) 定义域和值域均为正实数,值域具有最大值

在农业生产中,生产资源、产量或产值均大于零,且不管生产资源投入量如何变化,产品产量或产值不会超过某个最大值,这是由于报酬递减现象作用的结果。

二、农业生产函数模型的建立及应用

(一) 建立农业生产函数模型的前提条件

农业生产函数借助于回归分析和微积分来研究农业生产问题,由于农业生产本身的特点决定了农业生产中各种生产资源与农产品之间、各种农业生产资源之间、各种农产品之间的数量关系十分复杂。从农业生产中各种变量之间数量关系的密切程度来看,它们既不属于零相关,又不属于确定性的完全相关,而只能属于统计相关关系。因此,农业生产函数有着严格的假设前提条件,否则就不能正确地运用农业生产函数来分析农业生产中的各种数量关系。农业生产函数模型以简化的形式再现农业生产过程,其目的是确定在既定的条件下,生产资源合理的投入数量与比例,从而达到提高资源转化效率,获得最大产量和盈利的目的。因此,建立农业生产函数模型要在上文所提到的农业生产函数特点的基础上进行。

(二)农业生产函数模型建立和应用的一般步骤

运用生产函数进行技术经济分析首先要建立生产函数模型,而生产函数模型的建立则要遵循一定的规律和步骤,如图 9-3 所示。

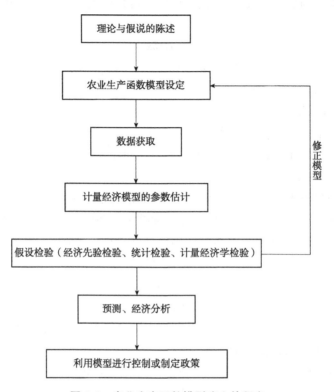

图 9-3　农业生产函数模型建立的程序

回归分析是研究相关变量变化规律的一种常用数学方法,所以,回归分析便成了农业技术经济数量分析的有力工具。通过回归分析建立农业生产函数模型并应用于农业经济分析时,其具体步骤如下:

(1)根据农业技术经济问题的性质,考察投入和产出之间的相关关系,确定影响产出的主要因素,同时搜集准确可靠的数据,并根据数据作散点图,结合经验初步选定合适的生产函数模型类型。如线性生产函数模型、对数生产函数模型或抛物线型生产函数模型等。

(2)按照选用的生产函数模型的要求,进行数据整理和技术性处理。

(3)将整理后的数据进行回归,建立模型,并进行统计检验,以使其符合数理统计要求。

(4)运用生产函数模型进行数值计测,分析研究生产因素和生产成果之间、影响因素和生产投入之间的依存关系,明确制约农业经济效益的主导因素,并根据边际平衡原理,计算出资源投入量的最佳值。

(5)根据计算、分析的结果,制订有效的生产措施,提出生产建议或制定决策。

(三)农业生产函数模型的分类

1. 线性生产函数

线性生产函数描述经济变量之间为线性关系的生产函数。根据自变量的多少不同,可以分为一元线性生产函数和多元线性生产函数。其数学表达式分别为式(9-7)与式(9-8)所示。

$$Y = a + bx \tag{9-7}$$

$$Y = a + b_1 x_1 + b_2 x_2 + \cdots + b_n x_n \tag{9-8}$$

式中　Y——产出量;

　　　x——资源投入量;

　　　a, b, b_1, b_2, $\cdots$, b_n——方程的待定参数。

因此,建立线性回归方程,即如何确定各参数的值,以使方程所表示的值最接近样本值。

2. 非线性生产函数

非线性生产函数描述经济变量之间为非线性关系的生产函数。农业生产中变量间的非线性关系比较普遍,因而非线性回归模型在农业技术经济中应用极为广泛。常见的曲线回归模型有抛物线回归模型(9-9)、幂函数回归模型(9-10)和对数回归模型(9-11)。

$$Y = a + bx + cx^2 \tag{9-9}$$

$$Y = ax^b \tag{9-10}$$

$$Y = a + b\ln x \tag{9-11}$$

以上公式中的投入产出变量 x、Y 以及待定参数含义类似线性回归模型。

(四)农业生产函数的具体表示方法

由于函数关系是自变量和因变量之间数量上的一一对应关系,所以,农业生产函数除了上述函数式的表达方式外,还可以用列表法和图示法表示,见表9-1所列、如图9-4所示。这里以一种可变要素为例。

1. 列表法

列表法即通过列表的方法反映要素投入与产品产出之间的关系,见表9-1所列,反映了一定条件下,有机化肥投入与农产品产量之间的关系。这种表示方法表示的是离散的情形,缺点是难以表达微小变化的状态,只反映某种投入水平下的相应产出水平。

表9-1　农业生产函数的列表法

有机化肥投入量(x)	农产品产量(Y)	有机化肥投入量(x)	农产品产量(Y)
0	5	3	30
1	10	4	45
2	18	5	65

2. 图示法

图示法即用坐标或曲线来反映要素投入与产品产出之间的函数关系。如果以横坐标表示要素投入量，纵坐标表示产品产出量，将上述表格中的投入产出数据描绘在坐标系中，得到如图 9-4 所示的生产函数，图中曲线亦称总产出曲线。很显然，这种生产函数的表示方法对投入产出关系反映得较为直观清晰。

3. 数学表达式法

数学表达式法是根据农业生产要素投入量（x）与产品产出量（Y）之间一一对应的关系，采用回归方法建立起的一个方程式，如 $Y = 3x + 0.2x^2 - 0.5x^3$。这种生产函数表示方法能够反映任何微小的变化，能够准确计算某一点的要素投入与相应的产品产出。

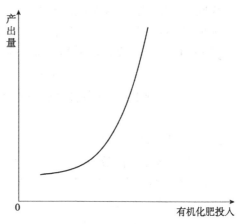

图 9-4 农业生产函数的图示法

三、常见农业生产函数

(一) 农业生产函数的一般形式

在通常的研究中，农业生产函数形式写为：

$$Y = f(x_1, x_2, \cdots, x_n) \tag{9-12}$$

其中，Y 为农产品产量，$x_1, x_2, \cdots, x_n$ 为农业生产中投入的各种生产要素，包括劳动力、种子、化肥、农药、农机具等。由于农业生产函数的一般形式仅表明各种农业生产要素与农产品产量之间存在着某种相互依存的关系，然而，农产品产量怎样随着生产要素用量变化而变化，还需要具体的函数表示形式。

(二) 齐次生产函数

齐次生产函数是由具有特殊性质的一组函数组成，假定时间段足够长，以致所有投入均可作为可变生产要素对待，并包括在生产函数中；如果当每项投入乘以某个数 1 时，产出增加系数为 1，就说这个生产函数是 n 阶齐次。表达式为：

$$Q = f(L, K) f(nL, nK) = n^\lambda f(L, K) \tag{9-13}$$

其中，$n > 0$，齐次生产函数随 λ 的变化而在规模报酬的变化规律上表现出不同的性质，并由此进行分类，得到不同类型的齐次生产函数。

齐次生产函数时常被农业经济学家用来表示农业投入与产出之间的种种转换，齐次阶 n 就表示比例报酬，阶齐次函数具有固定比例报酬，大于 1 阶的齐次函数具有递增的比例报酬；小于 1 阶的齐次函数具有递减的比例报酬，虽然有许多不同的生产函数，但只有某些类型的生产函数是齐次的。一般地，它们是乘积函数，而不是加法函数，当然也有少数例外。

1. 规模报酬不变生产函数

对于 λ 阶齐次生产函数 $Q = f(L, K)$ 来说，如果两种生产要素 L 和 K 的投入量随 λ 增加，产量相应地随 n^λ 增加，则当 $\lambda = 1$ 时，$Q = f(L, K)$ 被称为规模报酬不变的生产函数（亦称一阶齐次生产函数或线性齐次生产函数）。

线性齐次生产函数满足欧拉分配定理,即在完全竞争条件下,假设长期中规模报酬不变,则全部产品正好足够分配给各生产要素。

【例 9.1】生产函数 $Q=an_1^{0.5}n_2^{0.5}$ 是一阶齐次函数,n_1、n_2 均乘以 t,得:
$$a(tn_1)^{0.5}(tn_2)^{0.5}=atn_1^{0.5}n_2^{0.5}=t^1Q$$
所以,上式函数表示固定比例报酬,没有任何经济或不经济,属于规模报酬不变生产函数。

2. 规模报酬递增生产函数

当 λ 阶齐次生产函数 $Q=f(L,K)$ 中的 $\lambda>1$ 时,$Q=f(L,K)$ 被称为规模报酬递增的生产函数(亦称高阶齐次函数)。规模报酬递增的生产函数可以表明这样一种生产过程,即投入扩大1倍,产出扩大多于1倍,在生活中的例子有多个小作坊合并成一个大工厂后,生产力急剧增加,在政治经济学中表现为资本集中导致的资本扩大再生产。

【例 9.2】生产函数 $Q=an_1^{0.5}n_2^{0.8}$ 是 1.3 阶齐次函数,n_1、n_2 均乘以 t,得:
$$a(tn_1)^{0.5}(tn_2)^{0.8}=at^{1.3}n_1^{0.5}n_2^{0.8}=t^{1.3}Q$$
所以,上式函数表示递增比例报酬,比例经济存在,属于规模报酬递增生产函数。

3. 规模报酬递减生产函数

当 λ 阶齐次生产函数 $Q=f(L,K)$ 中的 $\lambda<1$ 时,$Q=f(L,K)$ 被称为规模报酬递减的生产函数。

规模报酬递减的生产函数可以表明这样一种生产过程,即投入扩大1倍,产出扩大少于1倍,实际的例子有现实中的一些大工厂因规划不当,过度膨胀,导致需要的总管成本过分增加,而工厂所有者又不能及时增加管理投入,导致工厂生产效率下降,生产力小于扩大规模之前,在社会中表现为产能过剩引起个别生产部门生产力低下。

【例 9.3】生产函数 $Q=an_1^{0.5}n_2^{0.3}$ 是 0.8 阶齐次函数,n_1、n_2 均乘以 t,得:
$$a(tn_1)^{0.5}(tn_2)^{0.3}=at^{0.8}n_1^{0.5}n_2^{0.3}=t^{0.8}Q$$
所以,上式函数表示递减的比例报酬和比例不经济存在,属于规模报酬递减生产函数。

(三)柯布-道格拉斯生产函数

1. 柯布-道格拉斯生产函数的发展历程

柯布-道格拉斯生产函数最初由美国学者柯布(C. W. Cobb)和道格拉斯(P. H. Douglas)在1928年发表于《美国经济评论》杂志上的一篇论文中提出的。它是分析生产因素与产出之间数量关系的一种函数式。他们根据美国 1899—1922 年的历史资料研究劳动、资本投入与产出之间的关系,提出如下函数表达式:

$$Y=AL^{\alpha}K^{\beta} \qquad \alpha+\beta=1 \tag{9-14}$$

式中 Y——产出量;

L——劳动投入量;

K——资本投入量;

α、β——资本和劳动的参数;

A——转换系数,表示除 L、K 以外,其他因素对产出量的影响。

柯布-道格拉斯生产函数(简称C-D函数)由于假定了生产要素只有劳动和资本,且$\alpha+\beta=1$,造成了经典的C-D函数与实际经济现象许多场合不相符,应用受到了较大限制。因此,1937年英国学者杜兰勒提出了其改进形式,即$\alpha+\beta=1$不必等于1,它既可以大于1,也可以小于1。这种改进得到了大部分数学家和经济学家的认同,道格拉斯本人在1948年研究美国、新西兰和澳大利亚经济时,也采用了这种改进形式。假定了技术条件不变,实质上是一种短期的生产函数,为了真实地模拟在较长时期内农业生产行为,即投入与产出之间的技术关系,1957年美国学者索洛建立了引入时间变量的生产函数,以测定技术进步在经济增长中的作用,其具体形式为:

$$Y=AL^{\alpha}K^{\beta}e^{\sigma t} \tag{9-15}$$

式中　Y——产出量;

　　　L——劳动投入量;

　　　K——资本投入量;

　　　t——时间变量;

　　　α、β——参数;

　　　A——转换系数;

　　　σ——年科技进步率。

从索洛于1957年提出引入时间变量的C-D函数,至20世纪60年代末70年代初,C-D函数已扩展到多个变量,并在农业技术经济研究中得到广泛的应用。经典的C-D函数是一个非线性方程,运用EVIEWS软件可以直接建立模型,也可以经过变换转变为对数线性形式构建模型。其一般形式可写成:

$$Y=AX_1^{b_1}X_2^{b_2}X_i^{b_i}\cdots X_n^{b_n}e^{\sigma t} \tag{9-16}$$

式中　Y——产出量;

　　　X_i——第i种生产要素投入量;

　　　b_i——第i种生产要素的参数;

　　　σ——年科技进步率;

　　　A——转换系数。

2. 柯布-道格拉斯生产函数的特征

(1)柯布-道格拉斯生产函数是$\sum b_i$阶齐次函数

假定所有投入都明确作为可变投入对待,比例报酬参数(即函数系数)就等于各项投入的b值之和。

(2)各项投入的生产弹性恒为常量,且为各投入要素的b值,即:

$$E_i=\frac{\partial Y}{\partial X_i}\bigg/\frac{Y}{X_i}=b_i \tag{9-17}$$

表明投入X_i每增加1%,产出Y将增加b_i%。

(3)所有的投入都必须大于0

由于柯布-道格拉斯生产函数是乘积函数,缺少任何一项投入都将导致总产出0,这个特点就限制了其使用范围,所以在应用柯布-道格拉斯生产函数时一定要注意。

(4)柯布-道格拉斯生产函数没有最大值存在

当函数系数大于1时,产出值以递增的速率增加;当函数系数等于1时,产出值以固定的速率增加;当函数系数小于1时,产出值以递减的速率增加。

3. 柯布-道格拉斯生产函数的应用

柯布-道格拉斯生产函数的应用主要包括弹性分析、边际分析和测定科技进步率3个主要方面。

(1)弹性分析

对于 $Y=AX_1^{b_1}X_2^{b_2}$ 求偏导得:

$$\partial Y/\partial X_1 = Ab_1X_1^{b_1-1}X_2^{b_2} = b_1AX_1^{b_1}X_2^{b_2}/X_1 = b_1\frac{Y}{X_1}$$

所以

$$b_1 = \frac{\partial Y}{\partial X_1}/\frac{Y}{X_1}$$

同理

$$b_2 = \frac{\partial Y}{\partial X_2}/\frac{Y}{X_2}$$

b_1、b_2 分别为 x_1、x_2 生产因素的弹性系数,反映资源增长1%,产出量增长的百分数,这是研究经济增长的重要参数。

对于一般形成的 C-D 函数,如果 $\sum_{i=1}^{n}b_i > 1$,则说明生产处于规模报酬递增阶段;如果 $\sum_{i=1}^{n}b_i = 1$ 说明生产处于规模报酬不变阶段;如果 $\sum_{i=1}^{n}b_i < 1$,说明生产处于规模报酬递减阶段。柯布-道格拉斯生产函数能很清楚地提供这些参数,这点是其他生产函数模型无法比拟的。

(2)边际分析

弹性分析是相对值分析,主要是指资源每增加1%,产出量增加百分之几;而边际分析是绝对值分析,主要是指资源增加1单位所引起产出量的变化额。

对 $Y=AX_1^{b_1}X_2^{b_2}\cdots X_i^{b_i}\cdots X_n^{b_n}e^{\sigma t}$ 求偏导可得:

$$\frac{\partial Y}{\partial X_i} = Ab_iX_1^{b_1}X_2^{b_2}\cdots X_i^{b_i-1}\cdots X_n^{b_n}e^{\sigma t} = b_i\frac{Y}{X_i}$$

即每增加1单位生产要素 X_i,相应地增加产出量 $b_i\frac{Y}{X_i}$,把生产要素的边际生产力与农业以外部门的边际生产力比较,可以计算出资源的机会成本,从而判断资源配置是否合理。

(3)测定科技进步率

对 $Y=AX_1^{b_1}X_2^{b_2}\cdots X_i^{b_i}\cdots X_n^{b_n}e^{\sigma t}$ 求 t 的导数,则有:

$$\frac{dY}{dt} = \frac{\partial Y}{\partial X_1}\frac{dX_1}{dt} + \frac{\partial Y}{\partial X_2}\frac{dX_2}{dt} + \cdots + \frac{\partial Y}{\partial X_n}\frac{dX_n}{dt} + \frac{\partial Y}{\partial t}$$

$$\frac{dY/Y}{dt} = b_1\frac{dX_1/X_1}{dt} + b_2\frac{dX_2/X_2}{dt} + \cdots + b_n\frac{dX_n/X_n}{dt} + \sigma$$

式中 $\dfrac{\mathrm{d}Y/Y}{\mathrm{d}t}$ ——农业总产量的年增长率;

$\dfrac{\mathrm{d}X_1/X_1}{\mathrm{d}t}$, $\dfrac{\mathrm{d}X_2/X_2}{\mathrm{d}t}$, $\cdots$, $\dfrac{\mathrm{d}X_n/X_n}{\mathrm{d}t}$ ——各生产要素的年增长率;

σ——科技进步的作用。

第三节 农业生产效率分析参数估计方法

参数方法测度技术效率的重点是确定生产前沿面,即确定一个合适的生产前沿函数。大致过程为:在投入与产出之间假设一个满足生产前沿要求的具体生产函数形式,然后根据一组投入产出观测数据,考虑误差项的分布形式,采用回归分析、概率统计等方法估计生产函数中的有关参数,确定投入和产出之间的关系,进而得出相应的技术效率值。

一、确定型参数估计方法

(一)确定型参数方法简介

最初提出确定型参数方法的 Aigner and Chu(1968)运用柯布-道格拉斯生产函数形式,不考虑随机因素影响,通过线性规划方法确定前沿面;Timmer(1971)提出了可能性边界生产模型;Afriat(1972)提出统计生产前沿面的确定型参数方法。但是,确定型参数方法存在不足之处:假定所有的生产单元共用一个固定前沿面,即存在一个确定的上界生产函数,同时把生产过程中所有可能影响因素,包括不可控因素和可控因素,不加区分全部归入一个单侧的误差项中作为非效率的反映,造成所估计的有效生产前沿面与真实的最大可能生产边界存在较大偏差。

(二)确定型参数方法理论模型

1. 柯布-道格拉斯生产函数

$$Y = AL^{\alpha}K^{\beta}$$
$$\alpha + \beta = 1$$
$$Y = AL^{\alpha}K^{\beta}\mathrm{e}^{\sigma t}$$
$$Y = Ax_1^{b_1}x_2^{b_2}\cdots x_i^{b_i}\cdots x_n^{b_n}\mathrm{e}^{\sigma t} \tag{9-18}$$

2. 柯布-道格拉斯生产函数特征

柯布-道格拉斯生产函数是 $\sum b_i$ 阶齐次函数。假定所有投入都明确作为可变投入对待,比例报酬参数(即函数系数)就等于各项投入的 b 值之和。

各项投入的生产弹性恒为常量,且为各投入要素的 b 值。

$$E_i = \frac{\partial Y}{\partial X_i} \bigg/ \frac{Y}{X_i} = b_i \tag{9-19}$$

(1)所有的投入都必须大于0

由于柯布-道格拉斯生产函数是乘积函数,缺少任何一项投入都将导致总产出为0,

这个特点就限制了其使用范围。在应用柯布-道格拉斯生产函数时一定要注意。

(2)柯布-道格拉斯生产函数没有最大值存在

当函数系数大于1时，产出值以递增的速率增加；当函数系数等于1时，产出值以固定的速率增加；当函数系数小于1时，产出值以递减的速率增加。

3. 运用柯布-道格拉斯生产函数测算农业生产效率

科技进步率测定的综合指数法——TFP 指数法为：

$$TFP_{st} = \frac{y_t/x_t}{y_s/x_s} = \frac{y_t}{y_s} / \frac{x_t}{x_s} \qquad (9\text{-}20)$$

$$TFP_{st} = 总产值指数 st / 总投入指数 st \qquad (9\text{-}21)$$

考虑到生产过程中的技术效率问题，在一般情况下，我们有：

$$y_s = \lambda_s f_s(x_s) \qquad (9\text{-}22)$$

$$y_t = \lambda_t f_t(x_t) \qquad (9\text{-}23)$$

$0 \leq \lambda_s, \lambda_t \leq 1$ 表示两个时期生产的技术效率系数，当生产是技术有效的，则实际的产出量与由生产函数所计算的产出量相等。将 $\lambda_s \lambda_t = 1$ 这一结果代入上式得：

$$TFP_{st} = \frac{\lambda_t}{\lambda_s} \times \frac{f_t(x_t)/x_t}{f_s(x_s)/x_s} \qquad (9\text{-}24)$$

当两个时期的投入量相等时，即 $x_s = x_t = x^*$，上式可分解为两部分的乘积。

$$TFP_{st} = \frac{\lambda_t}{\lambda_s} \times \frac{f_t(x^*)}{f_s(x^*)} \qquad (9\text{-}25)$$

式(9-25)中的第一部分，反映了两个时期生产的技术效率的变化，第二部分反映了技术进步的变化。即生产率的变化分解为生产技术效率的变化和生产技术进步的变化。若两个时期生产的技术效率没有变化，则此时的生产率变化完全由技术进步变化所导致。

上面由于假定了两个时期的投入量相等，均为 X^*，所以这里便不存在规模问题。考虑投入水平不同的情况，假设时期 t 的投入大于时期 s 的投入，记 $x_t = kx_s$，则 $k>1$。进一步假定，在时期 t 生产函数是 $\varepsilon(t)$ 阶齐次的。这样式(9-25)变为：

$$TFP_{st} = \frac{\lambda_t}{\lambda_s} \times \frac{f_t(kx_s)/kx_s}{f_s(x_s)/x_s} \qquad (9\text{-}26)$$

$$TFP_{st} = \frac{\lambda_t}{\lambda_s} \times k^{\varepsilon(t)-1} \times \frac{f_t(x_s)}{f_s(x_s)} \qquad (9\text{-}27)$$

式(9-27)提供了对生产率指数的一种完全分解，它将生产率的变化分解为：生产的技术效率的变化 $\frac{\lambda_t}{\lambda_s}$，规模效应 $k^{\varepsilon(t)-1}$，技术变化 $\frac{f_t(x_s)}{f_s(x_s)}$。规模变化又由两个因素决定，一是投入变化水平的幅度 k，二是规模报酬参数 $\varepsilon(t)$。若假定不变规模报酬，则规模效应为1，否则必须知道规模报酬参数，才能确定规模效应的大小。

二、随机型参数估计方法

Aigner, Lovell and Schmidt(1977)和 Meeusen and van den Broeck(1977)几乎同时提出

用随机型参数方法(也称随机前沿分析方法)来测度技术效率,将导致生产无效的各种可控因素和不可控因素难以区分,认为生产边界的差异是由误差项和技术非效率共同引起的。根据技术非效率项假定是否有明确的分布,随机型参数的前沿面估计可以分为两种情况:如果对技术非效率项没有假设明确的分布,则生产前沿面可用最小二乘法进行随机估计;如果对技术非效率项假设了明确的分布,可用最大似然法估计。

1. 随机型参数方法简介

随机前沿分析是现代经济学领域中应用最为广泛的测算效率的参数方法,其最大优势在于:估计的生产前沿面是随机的,各生产单元不需要共用一个前沿面;对误差项进行区分,认为生产边界的差异是由误差项和技术非效率共同引起的,能更准确地反映生产有效状态;可以对结果进行假设检验,当数据噪声较大时,这种方法优点突出。随机型参数方法的不足在于,需要大规模观测样本、需要已知生产函数形式,在处理多产出生产过程时存在困难。

2. 随机型参数方法度量技术效率的理论

索洛残差法和隐性变量法在估算全要素生产率时,都暗含着一个重要的假设即认为经济资源得到充分利用,此时,全要素生产率增长就等于技术进步率。换言之,这两种方法在估算全要素生产率时,都忽略了全要素生产率增长的另一个重要组成部分——能力实现改善(improvement incapacity realization)即技术效率提升的影响。基于上述考虑,提出了边界生产函数法(frontier production function),也称潜在产出法(potential output,PO)。其基本思路是遵循法雷尔(Farrell,1957)的思想,将经济增长归为要素投入增长、技术进步和能力实现改善(技术效率提升)3个部分,全要素生产率增长就等于技术进步率与能力实现改善率之和,估算出能力实现率和技术进步率,便得出全要素生产率增长率。

潜在产出法可分为两类:一是参数随机边界分析(stochastic frontier analysis,SFA),其中较为流行的方法为 Hildreth and Houck (1968) 的随机系数面板模型(random coefficient panel model),这类方法可以很好地处理度量误差,但需要给出生产函数形式和分布的明确假设,对于样本量较少的实证研究而言,存在着较大问题(Gong and Sickles,1992)。此类方法只适合于面板数据,不能单独估算出某一主体的全要素生产率增长。二是非参数数据包络分析(data envelopment analysis,DEA),这种方法直接利用线性优化给出边界生产函数与距离函数的估算,无需对生产函数形式和分布做出假设,从而避免了较强的理论约束。但这两类方法只适合于面板数据,并不能单独估算出某一主体的全要素生产率增长。

第四节 农业生产效率分析非参数估计方法

一、非参数估计方法概述

生产效率的参数方法研究中面临函数形式需要事先假定、参数估计的有效性和合理性需要检验等多方面问题,而农业生产是一个多投入多产出的系统,参数方法有诸多的局限性。一般选择非参数方法测度农业的生产效率,因为非参数方法不要求限定描述生产前沿面的具体生产函数形式。数据包络分析即 DEA 方法是使用最普遍的非参数方法,这种方法直接利用线性优化给出边界生产函数与距离函数的估算,无需对生产函数形式和分布做出假设,从而避免了较强的理论约束。但这类方法只适合于面板数据,并不能单独估算出某一主体的全要素生产率增长。

二、DEA 模型及生产效率估计

参数估计法有代数指数法(AIN)、索洛残差法(SR)、C-D 生产函数法和超越对数生产函数法,非参数估计法主要为随机前沿生产函数法(SFA)、方向性距离函数(DDF)等数据包络分析法(DEA)。目前,国内外对农业 GTFP 的测算模型主要采用数据包络分析法(data envelopment analysis,DEA),其包括 DDF、CCR、BCC 模型、SBM(slacks-based measures)模型、SuperSBM 模型及改进后 EBM(eslion-based measure)。

(一)DEA 方法的基本原理

DEA 方法是以凸分析和线性规划为工具针对多投入多产出决策单元 DMU 的效率进行评价与分析的一种方法。该方法运用线性规划构建一个非参数逐段线性的包络面(或前沿面),将数据包络起来,使用数学规划模型对 DMU 的输入输出数据进行综合分析,得出每个 DMU 综合效率的数量指标,并据此将各个 DMU 定级排序,比较决策单元之间的相对效率,对决策单元作出评价,确定有效的 DMU。由于根据输入和输出数据来评价决策单元的优劣,因此,每个决策单元是相对有效的,在多投入和多产出情况下,这种有效性紧密依赖于输入综合与输出综合的比。

(1)决策单元 DMU

一个经济系统或生产过程可以看成一个单元在一定范围内,通过投入一定的生产要素并产出一定数量"产品"的活动。虽然这些活动的具体内容各不相同,但其目的都是尽可能地使这一活动取得最大的"效益"。这样的单元被称为决策单元 DMU。决策单元 DMU 的概念是广义的,既可以是银行、学校、医院、商店、政府等企事业,可以是整个企事业,或者是企事业的一部分,也可以是技术方案、技术政策等。通常把具有相同的目标和任务、相同的外部环境,相同的输入和输出指标特征的 DMU 称为同类型的 DMU。另外,在外部环境和内部结构没有太大变化的情况下,同一个 DMU 的不同阶段也可视为同类型的 DMU。

(2)采用 DEA 方法的基本前提

每个决策单元 DMU 都代表一定的经济意义,技术关系的假定是正确的,满足"自由度"的要求,即必须有足够多的决策单元。

(二)DEA 方法的优点

(1)不需要一个预先已知的生产函数,简化效率计算和评价工作。
(2)不必人为事先确定各指标的权重,使评价最有利于每个 DMU。
(3)采用射线测量方法测量效率,效率不受测量单位变化的影响。
(4)能为管理部门改善效率提供有用的信息。

(三) DEA 模型

DEA 模型在计算技术效率时根据是否排除规模效率的影响有两种具体模型,一种是假设规模报酬不变的 CRS 模型,该模型测得的效率值,包含了规模效率和技术效率两部分;另一种是规模报酬可变的 VRS 模型,该模型测得的效率值排除了规模效率的影响,结果是纯技术效率。

DEA 模型不仅可以用来核算经济效率或绿色经济效率,同时也可以计算生产率指数。而学术界也经常把 DEA 模型计算的生产率指数作为全要素生产率或者绿色全要素生产率的替代指标。目前,DEA 模型可以计算的比较常见的生产率指数(productivity index)分别为 Malmquist 指数和 Luenberger 指数,而现有文献中更为常见的 GM(global malmquist)指数、ML(malmquist_luenberger)指数和 GML(global malmquist_luenberger)指数,其本质上都是 Malmquist 指数。ML 指数是考虑非期望产出 DEA 模型计算的 M 指数。GM 指数是通过全局 DEA 模型计算的 M 指数,而 GML 指数是考虑非期望产出的全局 DEA 模型计算的 M 指数。全局 DEA 模型是以所有年份所有省份[1]数据构成的生产前沿面,也就是说,所有数据只有一个前沿面。而普通的 DEA 模型都是通过每一年的所有省份建立的生产前沿面,即一年一个前沿面。当然除了上述变化之外,通过对前沿面的不同设定,还可构建基期(固定期)DEA 模型、序列 DEA 模型和窗口 DEA 模型等,基于不同的 DEA 模型又可以构造不同的生产率指数[2]。DEA 模型中任何一个小小改动都可以产生一个新模型,因此,判断一个模型是否相同主要看公式和引用的参考文献,而不是名称。

M 指数和 L 指数都是通过测度效率的变动情况而构造的生产率指数,区别在于 M 指数是通过比值,而 L 指数是通过两者之差确定。两个指数都可以分解为效率变化(EC)和技术变化(TC),很多文献中出现的技术进步、规模效率变化和纯效率变化,都是学者根据自己的见解所做的不同分解。就 M 指数而言,比较常见的有 FGNZ 分解、RD 分解和 Zofio 分解。目前学界对于 M 指数或 L 指数本身已达成共识,但对于指数分解部分不同学者则有不同看法,分歧较大。指数分解不管怎么变,对于计算总指数和指数分解用的效率值大都是一样的。这里并不打算将所有的指数和分解指数都进行一一介绍,但是将会提供计算指数用的各种效率值。读者可以根据自己的研究内容选择适合的指数计算方法,并根据提供的效率值和参考文献自行计算各种指数。

1. 模型介绍

(1) SBM 模型(SBM_CRS)

Tone(2001)构建了一个新的 DEA 模型即 SBM(slacks-based measure)模型,是一个非径向(non-radial)非角度(non-oriented)DEA 模型。"径向的"要求在评价效率时投入或产出同比例变动,而"角度的"要求在评价效率时做出基于投入(假设产出不变)或者基于产出(假设投入不变)的模型选择。经典 DEA 模型,如投入导向的 CCR 或 BCC 模型就是径向、角度 DEA 模型。当存在投入过度或者产出不足,即存在投入或产出的非零松弛(Slack)时,

---

[1] 省份是为了方便理解,这里的省份指的是决策单元 DMU。
[2] 如相邻参比 Malmquist 指数,固定参比 Malmquist 指数,序列参比 Malmquist 指数和窗口参比 Malmquist 指数等。

径向 DEA 会高估 DMU 的效率值；而角度 DEA 必须要忽视投入或产出的变动情况，计算出的结果并不符合客观实际（王兵，2010）。因此，Tone（2001）为了克服上述问题，创造了一种基于松弛变量的效率测度方法即 SBM 模型。

假设有 n 个决策单元，其投入和产出向量：$X=(x_{ij})\in R^{m\times n}$，$Y=(y_{kj})\in R^{s\times n}$，$X>0$，$Y>0$ 则生产可能性集：$P=\{(x,y)\mid x\geq X\Lambda, y\leq Y\Lambda, \Lambda\geq 0\}$，其中 $\Lambda=[\lambda_1, \lambda_2, \cdots, \lambda_n]\in R^n$ 表示权系数向量，P 函数中的两个不等式分别表示实际投入水平大于前沿水平，实际产出小于前沿产出水平。根据 Tone（2001）理论模型，使用 SBM 模型评估 DMU（x_0，y_0）如方程（9-28）所示：

$$min\rho = \frac{1-\frac{1}{m}\sum_{i=1}^{m}\frac{s_i^x}{x_{i_0}}}{1+\frac{1}{s}\sum_{k=1}^{s}\frac{s_k^y}{y_{k_0}^g}}$$

$$s.t. \ x_{i_0} = \sum_{j=1}^{n}\lambda_j x_j + s_i^x, \ \forall i$$

$$y_{k_0} = \sum_{j=1}^{n}\lambda_j y_j - s_k^y, \ \forall k$$

$$s_i^x \geq 0, s_k^y \geq 0, \lambda_j \geq 0, \ \forall i, j, k$$

(9-28)

$s^x\in R^m$，$s^y\in R^s$ 分别表示投入和产出的松弛变量，ρ 表示决策单元的效率值，m，s 代表投入和产出的变量个数。公式（9-28）满足规模报酬不变（CRS）假设，如果在上述公式中添加约束即 $\sum_{j=1}^{n}\lambda_j = 1$ 则公式满足规模报酬（VRS）可变情形。

当 $\rho=1$ 也就是 $s^x=0$，$s^y=0$ 代表 DMU 是有效的，如果当 $\rho<1$ 时，代表 DMU 是非有效的，存在改善空间。通过减去投入的过剩量以及加上产出的不足量即可获得最优投入和最优产出：

$$x_0^* = x_0 - s^{x*}$$
$$y_0^* = y_0 + s^{y*}$$

(9-29)

(2) 超效率 SBM 模型（Super_SBM_VRS）

Tone（2001）提出的 SBM 模型本身有一个缺陷就是计算出的效率值只能保持在（0，1]区间内，且有效率的 DMU 取值为 1，而小于 1 的地区则被视为无效的状态。因此，我们无法对有效率的 DMU 进行比较，基于此，Tone（2002）构建了超效率 SBM 模型。与径向 DEA 和方向 DEA 的超效率模型相比，SBM 超效率模型要复杂一点，它并非仅仅是增加 $j\neq 0$ 这一限制条件（Tone，2002）。而且，超效率 SBM 模型只能计算有效率的 DMU，无效率的 DMU 的结果只能是 1。因此，要想使用 SBM 模型得出所有 DMU 的可比值，通常都是两种模型的综合结果。

对于 DMU（x_0，y_0），其规模报酬可变（VRS）的超效率 SBM 模型表示为：

$$\rho = \min \frac{\frac{1}{m}\sum_{i=1}^{m} \frac{\bar{x}_i}{x_{i_0}}}{\frac{1}{s}\sum_{k=1}^{s} \frac{\bar{y}_k}{y_{k_0}}}$$

$$s.t. \ \bar{x}_i \geq \sum_{j=1,\neq 0}^{n} \lambda_j x_j, \ \forall i \quad (9\text{-}30)$$

$$\bar{y}_k \leq \sum_{j=1,\neq 0}^{n} \lambda_j y_j, \ \forall k$$

$$\bar{x}_i \geq x_{i_0}, \ 0 \leq \bar{y}_k \leq y_{k_0}, \ \lambda_j \geq 0, \ \sum_{j=1,\neq 0}^{n} \lambda_j = 1, \ \forall i, j, k$$

如果把式(9-30)中的等式约束 $\sum_{j=1,\neq 0}^{n} \lambda_j = 1$ 去掉,则式(9-30)变为规模报酬不变的(CRS)超效率 SBM 模型。需要注意的是,超效率 SBM 模型计算出的效率值 $\rho \geq 1$。而且 $\bar{x}$ 和 $\bar{y}$ 并非传统意义上的松弛变量,如果想要计算投入和产出变量的非效率值或最优值,仍然应该使用 SBM 模型计算的松弛变量,此种情形针对非期望产出模型仍然适用。

(3) 非期望产出 SBM 模型(Un_SBM_CRS)

现代化的生产方式提高了劳动生产率,不仅促进各国之间经贸活动的日益频繁,而且大量丰富又廉价的工业制成品提高了人们的生活水平。与此同时,工业生产也会不可避免的产生大量的废水、废气和废渣等污染物(称为非期望产出),进一步导致雾霾、温室效应、全球气候变化等一系列问题。因此,减少废弃物的绿色生产方式已经成为每一个生产领域的重要目标。DEA 通常认为用更少的资源生产出更多的产出是一种有效率的生产方式。如果在考虑非期望产出的情况下,那么不管投入是多少,我们都不希望生产出更多的工业废弃物。因此,当今社会最有效率的生产方式一定是绿色生产方式,即用更少的投入生产更多的期望产出以及更少的非期望产出。

Tone(2003)在 Tone(2001)SBM 模型的基础上,构建了非期望产出 SBM 模型。假设有 n 个决策单元,每一个决策单元都包含 3 个要素:投入、期望产出和非期望产出(废水、二氧化碳、烟尘等生产排放物),分别由(X, Y, Z)3 个向量表示。相关假设同 SBM 模型,为了节省篇幅不详细列出。使用带有非期望产出的 SBM 模型评估 DMU(x_0, y_0, z_0)如式(9-31)所示:

$$\rho = \min \frac{1 - \frac{1}{m}\sum_{i=1}^{m} \frac{s_i^-}{x_{i_0}}}{1 + \frac{1}{s_1+s_2}\left(\sum_{k=1}^{s_1} \frac{s_k^y}{y_{k_0}} + \sum_{l=1}^{s_2} \frac{s_l^z}{z_{l_0}}\right)}$$

$$x_{i_0} = \sum_{j=1}^{n} \lambda_j x_j + s_i^x, \quad (9\text{-}31)$$

$$y_{k_0} = \sum_{j=1}^{n} \lambda_j y_i - s_k^y,$$

$$z_{l_0} = \sum_{j=1}^{n} \lambda_j z_j + s_l^z$$

$$s_i^x \geq 0, s_k^y \geq 0, s_l^z \geq 0; \lambda_j \geq 0$$

$s^x \in R^m$，$s^y \in R^s$ 分别表示投入和非期望产出的过剩量，$s^y \in R^{s_1}$ 则代表期望产出的短缺量。ρ 表示决策单元的效率值，m、s_1 和 s_2 代表投入，期望产出和非期望产出的变量个数。

公式(9-28)满足规模报酬不变假设，如果在上述公式中添加约束即 $\sum_{j=1}^{n} \lambda_j = 1$ 则公式满足规模报酬(VRS)可变情形。

当 $\rho = 1$ 也就是 $s^x = 0$，$s^y = 0$，$s^z = 0$ 代表 DMU 是有效的；如果当 $\rho < 1$ 时，代表 DMU 是非有效的，存在改善空间。

(4)非期望产出超效率 SBM 模型(Un_Super_SBM_CRS)

Tone 并没有给出带有非期望产出超效率 SBM 模型公式，本文参考卜书迪(2017)提出的公式，使用带有非期望产出的超效率 SBM 模型评估 DMU(x_0, y_0, z_0) 如式(9-32)所示：

$$\min \rho^* = \frac{1 + \frac{1}{m} \sum_{i=1}^{m} \frac{s_i^-}{x_{i_k}}}{1 - \frac{1}{s_1 + s_2}(\sum_{r=1}^{s_1} \frac{s_r^g}{y_{r_k}^g} + \sum_{t=1}^{s_2} \frac{s_t^b}{y_{t_k}^b})}$$

$$x_{i_k} \geq \sum_{j=1, j \neq k}^{n} x_{i_j} \lambda_j - s_i^-$$

$$y_{r_k}^g \leq \sum_{j=1, j \neq k}^{n} y_{r_k} \lambda_j + s_r^+ \quad (9\text{-}32)$$

$$y_{t_k}^t \geq \sum_{j=1, j \neq k}^{n} x_{t_j}^b \lambda_j - s_t^{b-}$$

$$1 - \frac{1}{s_1 + s_2}(\sum_{r=1}^{s_1} \frac{s_r^g}{y_{r_k}^g} + \sum_{t=1}^{s_2} \frac{s_t^b}{y_{t_k}^b}) > 0$$

$$s^-, s^b, \lambda \geq 0; \ i = 1, 2, \cdots, m; \ r = 1, 2, \cdots, s_1;$$
$$t = 1, 2, \cdots, s_2; \ j = 1, 2, \cdots, n(j \neq k)$$

式中　　s——投入、产出的松弛变量；

　　　　λ——权重向量；

　　　　k——被评价单元。

模型中 ρ^* 得到评价 SBM 的超效率值可以超过 1，从而可以对有效决策单元进行区分。

三、参数估计与非参数估计方法比较

参数估计要求函数的数学模型形式已知，如假定研究的问题具有正态分布或二项分布，再用已知类别的学习样本估计里面的参数，参数检验是利用总体的信息针对参数做的假设，但这种假定有时并不成立。

非参数估计又称为非参数检验即在不考虑原总体分布，或者不做关于参数假定的前提

下，不假定数学模型，直接用已知类别的学习样本的先验知识直接进行统计检验和判断分析的一系列方法的总称。以样本信息对总体分布作出推断，针对总体分布情况做的假设。非参数估计不假定数学模型，可避免对总体分布的假定不当导致重大错误所以常有较好的稳健性。

生产前沿的参数方法是指计量经济学中的数理统计方法，即在投入与产出之间假设明确的生产函数数学表达式，然后根据一组投入产出观测数据，在满足某些条件下，利用计量分析的方法确定表达式中的参数。主要有确定前沿分析法和随机前沿分析法（SFA），而应用较广泛的是随机前沿分析法。生产前沿的非参数方法即 DEA 是一种用于评估具有同质投入产出 DMU 的相对有效性方法。它以数学规划为工具，仅仅依靠分析 DMU 的输入输出数据来评价其相对有效性。

（一）二者的具体区别

（1）参数检验是针对参数做的假设，非参数检验是针对总体分布情况做的假设，这个是区分参数检验和非参数检验的一个重要特征。

（2）参数检验要利用到总体的信息（总体分布、总体的一些参数特征如方差），以总体分布和样本信息对总体参数作出推断；非参数检验不需要利用总体的信息（总体分布、总体的一些参数特征如方差），以样本信息对总体分布作出推断。

（3）参数检验只能用于等距数据和比例数据，非参数检验主要用于计数数据。也可用于等距和比例数据，但精确性就会降低。

（4）非参数检验往往不假定总体的分布类型，直接对总体的分布的某种假设（如对称性、分位数大小等假设）作统计检验。当然，拟合优度检验也是非参数检验。除了拟合优度检验外，还有许多常用的非参数检验。最常见的非参数检验统计量有 3 类：计数统计量、秩统计量、符号秩统计量。

（二）参数方法和非参数方法比较

（1）SFA 方法是一种经济计量方法，以概率分布的观念来看待样本点效率的不同，具有统计特征，可以对模型中的参数进行检验（如 t 检验等），也可以对模型本身进行检验（如似然检验等）；DEA 方法作为一种数学规划方法，不具备统计特征，不能对模型本身进行检验，所以从这点上来说，许多经济学家如 Forsund 等（1980）、Pitt 和 Lee（1981）及 Bauter（1990）等认为 SFA 方法具有优势。

（2）SFA 方法由于可以建立随机前沿模型，使前沿面本身是随机的，而且由于其区分了统计误差项与管理误差项，可以很好地避免不可控因素对非效率产生的影响，使结果更接近于实际；DEA 方法的前沿面是固定的，所有的观察单元共用一个前沿面，由于忽略了样本之间的差别，把可控和不可控因素归为非效率，从而一定程度上影响结果的正确性。

（3）假定每个投入都关联到一个或多个输出，而且输出和输入之间确实存在某种关系时，用 SFA 方法需要对函数具体形式进行假设，使用 DEA 方法不必确定这种关系的显性表达式，只需要有投入产出的观察值即可；而且 SFA 一般只适合单产出、多投入的生产形式，当经济单元为多产出、多投入时，则只能通过一些方法将多产出合并为单一产出时才能使用该方法。而 DEA 方法在测算效率的时候，无论是多产出还是单产出，都对模型没有什么影响。而且 DEA 方法在评价多投入和多产出生产单元时能够以实物的形式来估计前沿生产函数，从而避开了价格体系不合理等非技术因素对前沿生产函数的影响，所以从这方面来讲 DEA 方法又有其有利的一面。

(4) SFA 方法需要对效率进行分布假设，如对非效率为非负的先验性假设等，只能通过估计结果来验证其正确性，而 DEA 方法则可以通过计算直接获得效率值。

(5) DEA 方法无需估计企业的生产函数，从而避免了因错误的函数形式带来的问题；但 DEA 方法需要大量的个体数据，而且对算法的要求很高，同时对生产过程没有任何描述。相对而言，在实践中人们更倾向于使用 SFA 方法来测算技术效率。

第五节 数字农业生产效率分析实例

一、中国数字农业发展现状

(一) 数字农业的定义

"数字农业"概念源自"数字地球"，是"数字地球"在农业领域的应用，1997 年由美国科学院、工程院两院院士正式提出，指的是将在地学空间和信息技术支撑下的集约化和信息化的农业技术。数字农业是将信息作为农业生产要素，用现代信息技术对农业对象、环境和全过程进行可视化表达、数字化设计、信息化管理的现代农业。数字农业被国际农学和农业工程高新技术领域的学者视为 21 世纪最先进的农业技术。

同发达国家相比，中国数字农业的发展起步较晚，由于对数字农业理解的侧重点不同，出现了精准农业、信息农业和智能农业等不同的说法。"精准农业"和"智能农业"等是由现代通信技术与农业融合形成，是数字农业的不同表现形式。尽管目前对数字农业的界定有所不同，但是我国对数字农业形成了相对比较统一的定义，指的是采用数字地球的技术，包括各种分辨率的遥感技术、全球定位技术、地理信息技术、通讯和网络技术、计算机技术和自动化技术等技术与现代农业技术相结合的农业生产管理高新技术系统。数字农业通过将工业可控生产和计算机辅助设计思想引入农业，把信息技术应用到农业各个环节，用数字化的技术重塑农业，实现现代农业发展要求的高产、优质、高效、生态、安全目标。

(二) 数字农业的相关政策

中国农业正处于由传统农业向现代农业、智慧农业转变的重要时期，数字技术的发展为解决"三农问题"提供了新思维和新思路。党的十九大提出了建设科技强国、网络强国、数字中国、智慧社会的发展目标。在此目标的基础上，提出了推进实体经济与互联网、大数据、人工智能深度融合的策略。习近平总书记明确指出，要正确认识形势，认真筹划，提前布局，争取先机，加快推进"数字中国"的建设。自 20 世纪末以来，我国日益重视数字农业发展，相关政策措施陆续出台，明确提出推动数字技术与农业生产经营管理等方面的融合，既为数字农业的发展指明方向和路径，又为加速推进乡村振兴提供政策保障。对党的十九大以来数字农业的国家政策进行汇总(表 9-2)。

表 9-2　党的十九大以来数字农业的国家政策汇总表

时间	政策文件及主要内容
2018 年 1 月	《中共中央 国务院关于实施乡村振兴战略的意见》提出，以"数字乡村"的建设为核心，推进数字农业的发展。加快农村地区宽带网络和第四代移动通信网络覆盖步伐，开发适应"三农"特点的信息技术、产品、应用和服务，推动远程医疗、远程教育等应用普及。加快由农业大国向农业强国的转型
2018 年 9 月	《乡村振兴战略规划(2018—2022 年)》提出，发展数字农业，推动一二三产业的有机结合，加快农村产业的发展。推进"数字乡村"战略实施，加快"物联网""地理信息""智能设备"等现代化信息技术的建设，以及"大数据"在农业生产和生活中的应用
2019 年 1 月	《中共中央 国务院关于坚持农业农村优先发展做好"三农"工作的若干意见》提出，加快推进"数字乡村"建设。要在农业领域设立科技创新中心，构建产学研深度融合的平台，强化科技创新联盟、产业创新中心、高新技术产业示范区、科技园区等
2019 年 5 月	《数字乡村发展战略纲要》提出，加快推进乡村信息化进程。加强农业数字化建设，加快农业数字化转型，加快推进云计算、大数据、物联网和人工智能技术在农业生产和经营中的运用
2019 年 12 月	《数字农业农村发展规划(2019—2025 年)》提出，数字技术加速了农业与农村一体化的进程。智能感知、智能分析、智能控制等数字化技术迅速渗入农村，使农业信息化进程进一步加快。建立国家农业数字技术研究中心、农业信息技术与遥感学科群、智慧农业合作组织，建立智慧农业实验室和数字农业创新中心，加快建立农业物联网、数据科学、人工智能等相关专业
2020 年 2 月	《中共中央 国务院关于抓好"三农"领域重点工作 确保如期实现全面小康的意见》指出，强化农村基础设施的现代化。加大对农业关键技术的研究力度，加快推进重点技术创新步伐。加快发展大中型、智能化、复合型农业机械的研究与推广
2020 年 7 月	《全国乡村产业发展规划(2020—2025 年)》，提出了发展农村电商，加快技术创新，提升装备水平，促进农产品加工业提档升级，促进农业与信息产业融合，发展数字农业、智慧农业等
2021 年 1 月	《中共中央 国务院关于全面推进乡村振兴加快农业农村现代化的意见》提出，要强化农业科技支撑，强化农业的物质基础。要不断增强农业科技的自主性，健全支持基础研究的稳定系统，加快体制机制的改革，规划和建设一大批科研平台。大力开展农业技术支持工作
2021 年 3 月	《中华人民共和国国民经济和社会发展第十四个五年规划和 2035 年远景目标纲要》提出，突出农业、农村发展，把"三农"作为全党工作的重中之重。加快数字农村建设、构建全面农业信息化服务体系、建立涉农信息化服务体系、推进农村基层治理数字化进程
2021 年 11 月	《"十四五"推进农业农村现代化规划》提出，强化现代农业科技支撑，开展农业关键核心技术攻关，完善农业科技领域基础研究稳定支持机制，加强农业基础理论、科研基础设施、定位观测体系、资源生态监测系统建设
2022 年 2 月	《中共中央 国务院关于做好 2022 年全面推进乡村振兴重点工作的意见》提出，推进智慧农业发展，促进信息技术与农机农艺融合应用，加强农民数字技能培训。以数字技术赋能乡村公共服务，推动"互联网+政务服务"向乡村延伸覆盖。加快推动数字乡村标准化建设，研究制定发展评价指标体系，持续开展数字乡村试点

(三）数字农业的发展现状

数字农业的发展离不开互联网，据第44次中国互联网络发展状况统计报告，截至2019年6月，我国网民规模达8.54亿人，互联网普及率为61.2%。其中农村网民规模2.25亿人，占整体网民的26.3%。2010—2019年我国农村接入互联网的用户不断增加，2019年达到13.477亿户。由此可见数字农业发展的基础设施近几年在持续增长，且增长力度迅猛，有很大的发展空间。据工信部数据，2019年我国行政村光纤和4G网络通达比例均已超过98%，提前完成"十三五"规划目标；贫困村的固网宽带覆盖率达99%，实现了全球领先的农村网络覆盖。但是，农业数字经济与制造业、服务业以及电力、金融、水利、气象等行业和领域相比，还是一片洼地。2018年我国农业数字经济仅占农业增加值的7.3%，远低于工业18.3%、服务业35.9%的水平。

随着政府的支持和乡村网络普及程度的提高，各电商企业也逐渐成为数字农业发展的生力军，如淘宝、京东、拼多多、苏宁等平台均根据自身优势，制定相应的数字农业发展规划，构建数字助农网络，促进数字农业发展。阿里巴巴于2019年升级农村战略，成立数字农业部门，整合了淘宝、天猫、蚂蚁金服、菜鸟物流、聚划算等系统内的涉农领域，采取"基地直采"式，在农业生产的上游建设数字生产基地，同时与中华农业、北大荒等大公司合作，加快农业发展。京东于2020年成立数智农业生态部，着力打造农产品流通大平台，通过联合政府与行业力量，打通农业产业链及现代流通体系，在助农增收和城乡经济融合方面为乡村振兴带来了新的增长动能。2021年，京东正式落地"农产品大流通战略"，作为京东"奔富计划"数智化社会供应链的一部分，有效推动了产业升级与流通提效。拼多多通过"拼购"模式，把原来在时间和空间上极度分散的需求，汇聚成一个个相对集中的订单，将农产品由"产销对接"升级为"产消对接"，直连全国市场。2021年8月，拼多多宣布设立"百亿农研专项"，持续推动农业科技普惠，继续深化农业数字化。

政府对于数字农业的建设更是出台了一系列的相关政策，大力推进数字技术的应用，加速传统农业各领域各环节的数字化改造，为农村经济高质量发展增添新动能。农业农村部已在9个省开展了农业物联网区域试验示范工程；深入推进数字农业建设试点，在全国开展了苹果、大豆、棉花、茶叶、油料、橡胶6个品种的全产业链大数据建设试点；已批复建设数字农业试点县13个；分3批认定全国农业农村信息化示范基地210个。

二、数字农业生产效率的影响因素

数字农业的发展是指包含农业、林业、牧业、渔业等在内的全面数字化发展，目前，数字农业生产效率受到多种因素的影响，我国学者陈诗（2019）对新媒体与农业信息化的关系进行了深入的探讨，并提出了运用新媒体提升农业生产和经营管理各个环节的信息化水平。周冬等（2019）认为发展农村电商必须具备丰富的农业资源，区域农业资源是农村电商发展的先决条件，政府支持、人才资源、基础设施建设、市场环境等是影响我国农村电商发展的主要因素。根据目前的研究，可以得出数字农业生产效率不仅受经济发展水平、城市化进程、国家政策等宏观因素的约束，同时也受技术进步、劳动力、资本等要素因素的影响。

宏观因素是我国数字农业的发展环境，属于系统性因素，更是制约我国数字农业发展的决定性因素，发展环境对于数字农业发展具有导向作用。农业全要素生产率、技术进步率与城市化程度相对应，即某地区经济发展水平和开放程度越高，那么其城市化进程就越高，相对应的数字农业发展水平越高。因为经济发达地区的农业数字化基础设施优于欠发达地区，并且经济发达地区的数字鸿沟较小，信息传播速度较快，数字农业的接受程度较高，所以数字农业发展水平较高。除此之外，开发程度的提高，促进农业生产结构向优势产业调整，有利于实现资源的最优配置，从而提升资源配置效率。随着经济水平的提升，人们消费结构也逐渐升级，通过进口优质的农产品能够使农业生产者提升技术水平，生产出更高质量的农产品以满足人们对优质农产品的需求，进而能够实现对生产效率的改善。因此，从理论上来看对外开放水平对数字农业生产率会起到积极的促进作用。国家政策也是数字农业发展不容忽视的因素，国家政策是数字农业发展的强有力支撑，财政政策对农业基础设施建设、农业科学研究等的支持为数字农业生产技术的提升提供了必要的条件，从不同角度提升了其他因素对农业生产技术的正面影响，从而推动我国农业现代化发展。

此外，要素市场的扭曲会致使农户个体对资本、劳动等生产要素的配置产生影响，导致要素配置发生扭曲，最终使得农业要素的总量全要素生产率降低（朱喜等，2011）。农业劳动力的人力资本水平会通过影响个体的生产效率进而影响到整个行业的生产效率。随着人力资本水平的提升，不仅能够快速吸收先进的农业数字技术，推动技术进步，而且能够快速掌握农业数字技术的操作，加快农业的数字化转型，促进农业生产技术效率的提升。同时，人力资本水平越高，对于数字农业理念的接受程度也随之提高，数字农业理念一定程度上更加注重生产要素的配置效率，能够推动数字技术的应用，进而从技术效率和技术进步双方面促进生产效率的改善。科技是第一生产力，科技水平的高低直接影响着数字农业生产效率的大小，科技创新促进技术进步，技术进步是促进全要素生产率增长的关键，即农业科技创新对农业生产效率势必存在影响，现代农业通过充分融合信息科学、智能制造等领域的科技成果，推动农业信息化、机械化技术的突破式创新，使得农业生产更加的智能化、高效化，从而实现数字农业生产效率的提升。除此之外，资本因素对数字农业生产效率的影响，在劳动力深度转移和人地比例没有发生根本性变化的情况下，资本深化仍是农业生产率增长的重要源泉。

三、中国数字农业生产技术效率的实证分析

（一）模型设定

技术效率是指在既定的投入下产出可增加的能力或在既定的产出下投入可减少的能力，是对微观经营主体管理效率和生产效率的测量。在测算技术效率时，根据是否已知生产函数的具体形式分为参数法和非参数法，参数法一般是采用随机前沿生产函数（SFA）进行测度，非参数法则是利用数据包络分析法（DEA）进行估计。随机前沿生产函数（SFA）假定生产决策单元的生产行为既受到随机因素的影响又受到技术非效率的冲击，而数据包络

分析法(DEA)未涉及随机因素对生产率以及效率的影响,且已有部分学者证实随机前沿分析方法(SFA)测算农业生产效率优于数据包络分析法(DEA)。因此,结合我国数字农业的内在机理,根据随机前沿模型设定的相关原理,从以下两个部分设定前沿分析模型,分别为生产函数(9-33)和技术无效率函数(9-34)。

$$\ln Y_{i_t} = \beta_0 + \beta_1 \ln k_{i_t} + \beta_2 \ln l_{i_t} + \beta_3 \ln T + \frac{1}{2}\beta_4 (\ln k_{i_t})^2 + \frac{1}{2}\beta_5 (\ln l_{i_t})^2 +$$

$$\frac{1}{2}\beta_6 T^2 + \beta_7 \ln k_{i_t} \times \ln l_{i_t} + \beta_8 T \times \ln k_{i_t} + \beta_9 T \times \ln l_{i_t} + v_{i_t} - u_{i_t} \tag{9-33}$$

$$u_{i_t} = \delta_0 + \delta_1 RT_{i_t} + \delta_2 ORS + \delta_3 BI_{i_t} + \delta_4 CP_{i_t} + \delta_5 ERPI_{i_t} + \delta_6 PP_{i_t} + w_{i_t} \tag{9-34}$$

式中　　Y——农林牧渔业总产值;

　　　　t 和 i——时间和省份;

　　　　l 和 k——数字农业生产过程中的投入要素资本和劳动;

　　　　T——时间趋势项,反映了技术进步的变化情况,由于技术具有非单调变化的特征,相应地引入了生产要素与时间的交叉项;

　　　　v_{i_t}——随机误差项,假定其服从正态分布;

　　　　u_{i_t}——技术无效率项;

　　　　RT——农村电话年末用户数;

　　　　ORS——农产品网络零售额;

　　　　BI——农村宽带接入用户;

　　　　CP——邮政农村投递路线;

　　　　$ERPI$——农村经济发展水平;

　　　　PP——精准扶贫政策虚拟变量。

时间指标 T 进行取对数处理,为消除各指标单位不同的问题,对数据进行无量纲化处理。

$$\ln K_{it} = \left[\ln\left(1 + \frac{k_{it}}{k_i}\right)\right] \times 50 \tag{9-35}$$

在技术无效率函数设定中,农村宽带接入与农村电话年末用户数对数字农业生产技术效率的复杂影响和农产品网络销售情况对数字农业生产的冲击更大,因此,在式中增加了 RT 与 BI 的交互项和 ORS 的二次项。综上,模型方程的形式最终确定为:

$$\ln Y_{i_t} = \beta_0 + \beta_1 \ln K_{i_t} + \beta_2 \ln L_{i_t} + \beta_3 \ln T + \frac{1}{2}\beta_4 (\ln K_{i_t})^2 + \frac{1}{2}\beta_5 (\ln L_{i_t})^2 +$$
$$\frac{1}{2}\beta_6 T^2 + \beta_7 \ln K_{i_t} \times \ln L_{i_t} + \beta_8 T \times \ln K_{i_t} + \beta_9 T \times \ln L_{i_t} + v_{i_t} - u_{i_t} \tag{9-36}$$

$$u_{i_t} = \delta_0 + \delta_1 RT_{i_t} + \delta_2 ORS_{i_t} + \delta_3 ORS_{i_t}^2 + \delta_4 BI_{i_t} + \delta_5 RT_{i_t} \times BI_{i_t} + \delta_6 CP_{i_t} + \delta_7 ERPI_{i_t} + \delta_8 PP_{i_t} + w_{i_t} \tag{9-37}$$

(二)数字农业生产技术效率的模型比较和实证结果分析

通过 Frontier4.1 软件,构建包括平方项和交互项的 4 个模型,随后根据最大似然法估计模型参数,进而从中选取最优模型,随机前沿模型的估计结果见表 9-3 所列。

表 9-3 随机前沿模型估计结果

变量	待估参数	模型 1	模型 2	模型 3	模型 4
常数项	β_0	4.9085*	5.2089	5.4829**	5.0472***
$\ln K$	β_1	-0.1418	0.0262	-0.0217	0.0437
$\ln L$	β_2	1.0719***	0.8256***	0.9047***	0.8380***
$\ln T$	β_3	-2.2413*	-1.8933*	-2.3805**	-2.1515***
$0.5\times(\ln K)^2$	β_4	0.0068	-0.0068	-0.0052	-0.0097
$0.5\times(\ln L)^2$	β_5	-0.0213***	-0.0251***	-0.0249***	-0.0265***
$0.5\times(T)^2$	β_6	0.0886*	0.0782*	0.09031*	0.0785*
$\ln K\times\ln L$	β_7	0.0106*	0.0208**	0.0192**	0.0223**
$T\times\ln K$	β_8	0.0019	-0.0022	0.0025	0.0029
$T\times\ln L$	β_9	-0.0018	0.0111*	0.0083	0.0093*
常数项	δ_0	59.9675***	48.7655***	47.7485***	49.2423***
RT	δ_1	0.2750**	0.0284	0.1259*	0.0458
ORS	δ_2	0.0823	0.0382	0.0429	0.0844
ORS^2	δ_3	-0.0016	—	—	-0.0007
BI	δ_4	0.2488*	-0.0165***	0.0201	-0.0218**
$RTBI$	δ_5	-0.0114***	—	-0.0021*	—
CP	δ_6	0.2735*	0.2373***	0.2341***	0.2436***
$ERPI$	δ_7	-2.2737***	-1.6173***	-1.6381***	-1.6598***
PP	δ_8	-2.2264*	1.8474*	2.5420*	2.4220*
δ^2		73.6351***	33.7119	35.3186***	35.6977***
γ		0.8758***	0.8132***	0.8435***	0.853897***
Log 函数值		-920.5620***	-897.7477***	-897.7477***	-898.9895***
LR 检验		204.9115	247.1469	250.5400	248.0564
样本数		310	310	310	310
年数		10	10	10	10
截面数		31	31	31	31

注：***、**、* 分别表示在 1%、5% 和 10% 的水平上显著。

考虑到各因素之间存在交互影响和非线性影响，因此分别构建模型。根据表 9-3 随机前沿模型的估计结果，模型 1 与其他模型生产函数中各变量估计值大小基本一致，表明模型 1 中的生产函数的估计较为稳健。同时，模型 1 中 RT 与 BI 的交互项的参数估计非常显著,对我国数字农业发展具有正向促进作用。ORS 二次项系数的符号性质具有丰富的经济学意义和政策含义,即农产品网络零售额对我国数字农业生产技术效率具有正向作用,并且呈非线性的特点。

模型 1 中方差参数为 0.8758,且在 5% 的统计显著性水平上通过 t 检验,表明复合误差项的变异有 88% 部分是由技术无效率项所引起。这一结果表明,2010—2019 年间中国数字农业生产确实存在着技术无效率的情况,此外,模型 1 前沿生产函数中的时间趋势一次项系数为-2.2413,在 10% 的显著性水平上是统计显著的,这表明了对传统技术进行改进很难促进我国数字农业生产,意味着仅仅依靠电视、广播等传统数字技术改进很难能在我国数字农业生产的过程中起着重要作用。时间变量的二次项系数为 0.0886,在 10% 的显著性水平上是统计显著的,这反映了数字农业的技术进步正在以非线性的形式促进数字农业发展,故应增加物联网、云计算等数字技术的研发投入。时间变量与资本和劳动要素的交叉项系数分别为 0.0019 和-0.0018,表明该时期内技术变化呈现出所需资本增加,而所需的劳动力相应减少。

表 9-4 2010—2019 年中国数字农业生产技术效率测度值

区域	东部平均值	中部平均值	西部平均值	总体平均值
2010	0.2754	0.0241	0.0343	0.1172
2011	0.3882	0.0625	0.0328	0.1666
2012	0.3898	0.1011	0.0401	0.1799
2013	0.3762	0.1166	0.0346	0.1769
2014	0.3758	0.1280	0.0274	0.1770
2015	0.3490	0.1033	0.0205	0.1585
2016	0.3482	0.0817	0.0140	0.1501
2017	0.3741	0.0752	0.0187	0.1594
2018	0.3526	0.0778	0.0200	0.1529
2019	0.4020	0.1240	0.0365	0.1888

见表 9-4 中所列,2010—2019 年,总体平均值由 2010 年的 0.1172 稳步上升到 2014 年的 0.1770 的峰值后,2015 年效率值开始出现滑坡,下降到 2018 年的 0.1529 后,再次上升到 2019 年的 0.1888。2013 年底开始实行精准扶贫,改善贫困地区的基础设施建设,对数字农业发展产生较大影响。由于东部地区经济活跃,应用数字设备、数字技术的能力较强,数字农业发展水平远高于总体平均值。中部地区数字农业发展平均值虽高于西部地区,但是却低于总体平均值。这一结果表明了在获取数字农业发展的资本要素和劳动要素等方面,东部地区比中西部地区更具有优势,并且进一步证明我国地域之间的数字农业发展呈现不均衡的发展态势。

创新创业教育案例九

科技是第一生产力

一个国家的农业强不强,主要看两个方面,一看农业生产力强不强,二看农村生产关系优不优。科技是第一生产力,通过科技创新,能有效提升农业生产效率和质量效益。改革是根本动力,能通过制度创新调整和优化农村生产关系,激活农民生产积极性和农村各类资源要素活力。加快建设农业强国,利器在科技,关键靠改革。

从我们的国情农情来看,人口众多、农产品需求数量超大且不断增长,与耕地、淡水等资源总量有限且分布不均的突出矛盾,是建设农业强国必须面对的现实。在这样的基础上建设农业强国,尤其需要充分发挥科技创新和制度创新的力量,提高农业土地产出率、劳动生产率和资源利用率,为我们实现由大到强的跨越提供强劲动力。

目前,我国农业科技创新整体上已迈入世界第一方阵,但一些核心种源、高端装备上,还有一些容易被"卡脖子"的短板和弱项,农业科技进步贡献率同世界先进水平相比还有不小差距。建设农业强国,不仅要依靠科技创新摆脱一些关键核心技术依赖于人、受制于人的局面,真正实现自立自主,还要力争通过科技创新开辟农业高质量发展的新领域新赛道,实现"弯道超车",加快实现高水平农业科技自立自强。

而在生产关系层面,近年来,我国探索推进农村土地"三权分置"改革、农村集体产权制度改革等,进一步巩固和完善了农村基本经营制度,明显增强了农业生产能力和农村发展活力。但是,对标建设农业强国的目标要求,农业发展潜能依然释放得不够,农村发展潜力仍然挖掘得不足,农村改革还有一些"两难、多难"问题亟待破解。建设农业强国,不仅要依靠改革推进相关制度创新,进而塑造农业农村高质量发展的新动能新优势,还要通过改革维护好农村的和谐稳定、发展好农民的利益权益。

依靠科技和改革双轮驱动加快建设农业强国,既是补短板、强弱项之策,也是向着更高要求和更高标准进军之举。我们必须锚定目标、狠抓落实,重点在于做好两个"两手抓"。

推进农业科技创新,要坚持问题和产业"两个导向",一手抓关键核心技术攻关,一手抓创新体系效能提升。瞄准"卡脖子"技术难题,找准产业高质量发展急需的产品和技术,加快研发与创新一批关键核心技术及产品。发挥新型举国体制优势,打造国家农业战略科技力量,攻克一批关键核心技术难题。坚持政府和市场协同发力,针对当前农业科技创新体系存在的突出问题,按照梯次分明、分工协作、适度竞争的要求完善相关制度机制,优化农业技术推广服务模式,切实提高科研攻关能力和创新水平、科技工作者和企业创新的积极性、科研成果落地转化的效率。

深化农村改革,要在"稳"的基础上,一手抓"放活",一手抓"融合"。处理好农民和土地的关系,仍然是当前农村改革的主线。接下来的农村改革多是"深水区",牵一发而动全身,必须守牢土地公有制性质不改变、耕地红线不突破、农民利益不受损的底线,稳步推进改革。要通过深化改革激发农村资源要素活力,解决耕地细碎化问题,发展适度规模经营,促进小农户与现代农业有机衔接,盘活农村闲置资源要素,积极探索发展新型农村集体经济的多样化途径。还要通过深化改革，破除妨碍城乡要素双向流动的制度壁垒，促进市场、资金、人才、管理等要素从城市向乡村流动，率先在县域内破除城乡二元结构，走城乡融合发展之路。

科技和改革犹如车之双轮，需系统谋划、协同推进，任何一个轮子跑慢了、跑偏了，都会影响到农业强国行稳致远。这就需要各级党委政府、科研机构和广大三农工作者铆足干劲、动足脑筋、下真功夫，需要社会各方献策献智献力，以确保车之双轮稳步前进，推动建设农业强国的梦想一步步照亮现实。

转载自：农民日报·中国农网

本章小结

农业生产效率主要从技术效率、配置效率和经济效率进行概述。农业技术效率与农业技术进步、农业经济增长有密切关系，研究生产效率不仅有利于合理利用农业生产资源，提高农业生产要素的配置效率，还有利于处理好农业技术效率和经济效率的关系，提高农业生产的经济效益。

农业生产函数是指在特定的农业技术条件下，农业生产要素的投入量和农产品的最大产出量之间的物质技术关系。根据农业生产函数的特点，应该具有针对性地建立一个或者数个具体的生产函数来解决该问题。

农业生产效率分析的主要方法分为确定型参数估计方法和非参数估计方法。参数估计中随机前沿分析是现代经济学领域中应用最为广泛的测算效率的参数方法，其最大优势在于：估计的生产前沿面是随机的，各生产单元不需要共用一个前沿面。而非参数方法以数据包络分析的应用较为广泛，并且该方法可以避免参数方法因需要对其进行主观设定而可能产生的偏差。

我国农业正处于由传统农业向现代农业、智慧农业转变的重要时期，数字技术的发展为解决"三农问题"提供了新思维和新思路，政府目前也出台了一系列政策来促进数字农业发展，我国数字农业发展存在地区性差异，由于东部地区经济活跃，应用数字设备、数字技术的能力较强，数字农业发展水平远高于总体平均值。中部地区数字农业发展水平虽高于西部地区，但是却低于中国数字农业整体发展水平。

思考与练习

1. 简述农业生产效率与农业生产率的区分及如何提升我国农业生产效率。
2. 简述农业生产函数，建立农业生产函数模型应注意的问题。
3. 简述 DEA 在实践中的应用。
4. 简述农业生产效率分析的方法。
5. 简述数字农业和智慧农业的区别。

第十章　价值工程及农业生产投入结构分析

第一节　价值工程基本原理

一、价值工程产生和发展

(一)价值工程的早期发展

价值工程(value engineering，VE)又称价值分析(value analysis，VA)，起源于美国，是1949年以后发展起来的一门新兴的管理技术，是降低成本提高经济效益的现代管理方法。其创始人是美国通用电气公司(general electric，GE)负责采购工作的设计工程师、价值工程之父劳伦斯·戴罗斯·麦尔斯(Lawrenoe D. Miles)。

第二次世界大战期间，美国军火工业急剧膨胀，物资短缺，造成市场原材料供不应求，给生产企业造成很大问题，同时给采购和寻找短缺物资带来了很大困难。为此当时美国通用电气公司派有经验的工程师麦尔斯当采购员，解决原材料问题。他发现，采用某种原材料的目的在于使用该材料的某一种或多种功能，而不在于原材料本身。因此，对于某些紧缺物资，只要能够找到与其功能相同的材料来代替，同样能满足使用的要求，甚至获得比原来更好的预期效果。在一次采购石棉板过程中，针对当时的特定环境情况，石棉板不仅货源十分紧张，而且价格也很昂贵，对于这种紧缺而昂贵的物资能否采用一种代用材料呢？通过对公司使用石棉板所需功能进行调查研究发现：石棉板是车间给产品喷涂油漆时作铺地用，其目的是避免材料玷污地板并引起火灾。按此功能，麦尔斯在市场上寻找到一种价格只有石棉板1/4又不会燃烧的防火纸，用它来代替石棉板。但是由于当时美国《消防法》明文规定，为了防火，该类企业作业时地板上必须铺一层石棉板。因此引起了美国历史上有名的"石棉板"事件。经过反复交涉，终于促使美国《消防法》作了修正，允许在生产中以这种不燃烧的防火纸替代石棉板。其后，麦尔斯经过系统研究，总结出一套在保证实现相同功能的前提下降低成本的方法。于1947年发表，定名价值分析，它为通用电器公司带来了很好的经济效益。

第二次世界大战后，政府取消了战时的生产补贴制度，造成各企业在军转民中原材料费用上涨、成本提高、竞争激烈。通用公司副总裁欧力契(Horry Erlicher)与麦尔斯进一步研究价值分析法并成立小组，麦尔斯他们经过调研分析认为，要想提高市场竞争力，企业只有站在用户需求的立场上考虑生产，那就需要制造物美价廉的商品。而制造物美价廉的物品，最重要就是在开发阶段和设计阶段。所以后来麦尔斯他们就将价值分析的重点转移到工程设计上来。价值分析也被改名为价值工程，由产品开发设计发展到行政、培训、管理、系统和过程、冒险分析、预测、资源分配和销售等领域。1961年麦尔斯出版《价值分析与价值工程之技术》一书。同年，美国也成立了价值工程学会。价值工程被逐渐推广到航空、造船、武器研制和机器制造等部门。1954年美国海军应用价值工程取得显著经济效益；1955年价值工程传入日本后，价值工程成为日本许多企业各级管理和工程人员的必备知识和技能，使日本对价值工程研究和实践达到国际先进水平。1956年美国军队管理工程训练部将价值工程设为训练课程；1959年全美价值工程师协会（SAVE）成立。美国有近30所大学开设价值工程课程。1961年美国麦克马拉任国防部长，要求国防部门必须运用价值工程作为降低成本的主要工具，取得了显著效果。

（二）价值工程在世界各国的发展

1. **价值工程在美国的发展**

自1961年"价值工程之父"麦尔斯发表价值分析的专著以来，美国应用价值工程持久不衰。除了美国国防部大力推广应用价值工程之外，美国的公共领域和私人企业也广泛推广应用价值工程以提高产品的价值。

1962年12月，美国国防部规定，凡超过10万美元以上的合同，必须订入价值分析条款，大于100万美元的项目则由政府支付价值工程活动经费，节约的费用，大部分归政府。1964—1983年在美国国防部制定的一系列军用标准、手册、指令及指导性文件的同时，国防部还成立了专门机构——国防部价值工程委员会。由于美国国防部高层部门强力干预及制定一些强制性政策，使国防部推广价值工程获得巨大成果。经统计1983年以后推行价值工程，国防每年大概节约10亿美元，承包商每年约获得分成2.5亿美元。

1967—1969年，价值工程得到美国参议院和美国建筑研究咨询委员会的大力支持。1970年美国国会批准把价值工程用于联邦公路、公共建筑以及共用设施等方面，并要求在建筑合同中订入价值工程奖励条款。同期对价值工程普及情况的调查显示，在101所大学中，有11所大学开设了价值工程专门课程，有56所大学在"工程经济"课程中加入了价值工程的内容。许多部门，包括邮政部、航空航天署等则开展了40课时的"VE专题研讨会"。

1971—1972年是价值工程进一步发展的又一个里程碑。美国卫生部、教育部、福利部、退役军人管理局等也相继开始应用价值工程。同时价值工程在建筑业的应用有了长足发展，1973年SAVE年会上多半代表是建筑师、工程师和承包商。

1977年，美国参议院第172号文件呼吁政府各部门广泛应用价值工程。

1979年3月，美国总统卡特在给美国价值工程协会的贺信中说："值此第20届价值工程年会召开之际，我谨向美国价值工程协会的全体会员表示祝贺！实践证明，价值工程是工业和政府各部门降低成本、节约能源、改善服务和提高生产率的一种行之有效的分析方法。价值工程在国防部门的应用是卓有成效的。价值工程以其精确的预算对于其他各部门经济效益的提高也是很有帮助的。在我们正与通货膨胀作斗争，并广泛地寻求提高政府工作效率途径的今天，价值工程无疑是受欢迎的。若干年以来价值工程一直是值得重视的管理技术的最坚定宣传普及者，我感谢你们在这方面的率先贡献，并祝愿本届年会开得振奋人心、富有成效。"

1993年5月，美国第103届国会第一次会议上，拜恩女士等向美国众议院公共建设与交通委员会提交了《价值工程改善交通法》的议案,要求联邦政府增加工程成本在 200 万美元以上项目的投入,并应用价值工程,减少成本。

1995 年美国国会通过法案,强制要求超过 2500 万元项目投资需开展价值工程研究。同年 1 月 27 日美国第 104 届国会第一次会议上,伊利诺伊州的科兰女士等向美众议院政府改革委员会提交了"价值工程系统应用"议案,要求联邦机构运用价值工程等。

1996 年 2 月 10 日,当时美国总统克林顿签署了美国国会通过的 104～106 号公共法令。该法令要求,不仅是国防机构,而且在联邦政府的其他部门都要应用价值工程。建立健全并坚决执行与成本和效益相关的价值工程程序,加强成本控制。这是美国以法律形式确立了价值工程及其在经济发展中的作用和地位。

由于美国国家领导人、参议院、众议院对推行价值工程的积极倡导,政府各部门特别是国防部认真组织,制定标准、指令和奖励政策,同时民间学术组织活动十分活跃,价值工程在美国应用相当普及并获得良好的经济效益。

2. 价值工程在日本的发展

日本是应用价值工程起步比较晚且成效显著的国家,其应用面广,十分重视理论与实践相结合,宣传普及做得好。

1955 年 10 月,日本派出以西野嘉一郎为团长的日本成本管理考察团赴美,开始知道并于 1957 年向日本产业界公开介绍价值工程,但未受到应有的重视。因为当时日本经济正处于兴旺时期,企业生产的产品供不应求,只要扩大产品产量就能大量赚钱,因而企业并不关心资源有效利用和成本降低,价值工程被冷漠。直到 1960 年日本市场竞争开始变得激烈,日本企业面临严峻的考验,价值工程受到企业重视。由此日本又派出国家物资采购管理考察团赴美考察美国价值工程应用情况。考察团回到日本后,再次向日本产业界介绍了价值工程原理方法及美国应用的巨大效果与经验,这次引起了日本企业界的高度重视。丰田汽车、日立电气、富士通信机械制造等公司都是应用较早的企业,之后建筑、食品和化工等行业也相继应用。

从 1961 年开始,由日本产能短期大学主办价值工程学习班,培养了一批价值工程专家,逐步使企业领导和管理者认识到价值工程的作用与意义,并开始应用价值工程。

1965 年,成立了"日本价值工程协会"(SJVE),培训了一些骨干力量后大张旗鼓地进行宣传价值工程的普及工作。现在这个协会已完全国际化了,每年召开世界范围内的价值工程国际会议,设立了麦尔斯奖,开展优秀价值工程案例评奖活动,促进日本及世界各国的价值工程活动持续深入开展,并进行价值工程师培训与注册工作。

1966 年,日本通商产业大臣在产业结构审议会管理部会议上,做有关成本管理的答辩,提出了把价值工程作为成本管理的手段。同年又进一步做了价值工程的答辩,指出:价值工程是从功能方面进行分析研究的,是降低成本的新方法,从最近重视功能的动向中,可以看出价值工程是划时代的产物。

到了 20 世纪 70 年代,价值工程在日本的应用已相当普及,应用范围也越来越广,并且带来巨大经济效益。1971 年玉井正寿教授出版的《VE 活动指南》和 1973 年出版的《制造 VE 指南》两本书均为 2.4 万字的小册子,到 1982 年 11 月已分别重印了 28 次和 8 次。据

1975年在机械、电机、运输和精密仪器4个行业的调查,有100家公司对调查表作出答复,其中效果显著者76家,占84.5%,见表10-1所列。

表10-1 应用价值工程情况统计

行业	公司数量(个)	应用价值工程(个)	未用(个)	普及率(%)
机械	34	28	6	82.4
电机	43	41	2	95.3
运输	17	16	1	94.3
精密仪器	6	5	1	83.3
合计	100	90	10	90.0

此外,日本VE理论与方法的研究也成果卓著,创造了许多具有国际领先水平并被广为采用和称道的理论和方法。如东京大学田中教授的"最合区域法",中山正和的NM法,川喜田二郎的KJ法等,另外还有T·T-Storm法、CBS法、NBS法、MBS法、缺点列举法、TT-HS法(思考树协调选择法)等。目前有关价值工程的著述中,日本为价值工程的发展做出了巨大的贡献。

3. 欧洲各国及其他地区

西欧各国应用价值工程较早,推行价值工程的特点是把价值工程的原理和方法制定了成套的标准推行,如联邦德国、英国、法国、意大利等。

1970年,联邦德国工程师协会制订了《价值分析——概念与方法描述》(VD12801)及《价值分析——对比计算》(VD12802)。

1973年,联邦德国颁布了价值工程标准《价值分析——概念、方法》(DIN69910)。1983年又补充制订了国家标准第三部分《价值分析——工作计划》(DIN69910)。许多企业都设有推行价值工程的专门机构。他们认为,产品更新中应用价值工程,在产品功能保持不变的前提下,一般可降低成本20%~25%。

奥地利自1975年起至1980年制定了一系列国家标准,如《价值分析——概念、方法》《商业伙伴之间的价值分析》《价值分析——机构的体制编排说明》及《价值分析——协调人、任务、要求》等。

法国从1984年开始一系列价值工程的国家标准,如《价值工程——术语》(X0-151)《价值工程——基本特点》(X0-152)《价值工程——实施建议》(X0-153)等。

英国从20世纪50年代后期开始引入价值工程,20世纪60年代价值工程在英国已经开始普遍应用,许多大公司都采用价值工程,英国的交通运输和邮政部门也开始了价值工程的项目研究,并得到英国生产力委员会和技术部门的大力支持。

东欧各国是从20世纪60年代初中期以后逐渐应用VE的。民主德国于1965年开始采用VE,称为"功能成本分析",仅1975年一年,工业部门运用这种方法节约金额就达8.5亿~9亿马克。波兰到1972年已培养出几千名VE专家,国家还规定将学习价值工程方法列入各级领导,直至部长、省委书记的业务提高规划。匈牙利于1971年开始应用,1975年曾发起借助价值工程方法改进产品结构和生产方式的竞赛。

在其他国家和地区，如南非、印度、澳大利亚、加拿大等，VE 也得到了广泛的应用。总之，从世界各国的实践来看，价值工程的应用已经得到了很大的经济效益和社会效益，应用深度和范围必将越来越深入和广泛，得到国家政府各部门的积极倡导和大力支持，甚至制定带有强制执行价值工程的法律法规。

（三）价值工程在我国的发展

价值工程从 20 世纪 70 年代末引入我国，虽然了解较晚，但普及传播的速度还是比较快的。各地区、各部门发展也很不平衡，总体成效较好的有华东、华北、中国台湾、中国香港 4 个地区，呈现出同地区经济发展水平较明显的正相关态势；而从行业情况看，我国 VE 应用中在工业行业，尤其是机械制造业和专用设备制造业，第三产业各行业和软科学领域的 VE 应用探索阶段，进展缓慢，推广余地极大。

1978 年，价值工程由日本传入我国，6 月上海复旦大学沈胜白教授在上海市哲学社会科学学会联合会作《价值工程概论》的学术报告。同年 12 月，长春汽车研究所戴军波在《国外机械工业消息》总 267 期发表了《价值分析——在日本企业的应用情况》一文，从此揭开了我国研究、推广、应用价值工程的序幕。1979 年中期，上海进行了价值工程专题讲座。同年 8 月第一机械工业部情报所在《国外机械工业消息》上重新介绍价值工程。1979 年年底到 1980 年初，北京开始举办价值工程讲座，此后一些工业城市的大专院校和企业界、理论界、教育界迅速传播开来，在工业企业等行业开始广泛应用。

1982 年，我国唯一的价值工程专业刊物《价值工程通讯》在河北省石家庄市创刊，1984 年改名为现在的《价值工程》，为价值工程在我国的理论研究和普及推广做出了十分重要的贡献。

1987 年国家标准局发布了我国第一个价值工程国家标准：GB8223—1987《关于价值工程基本术语和一般工作程序》，使价值工程的研究和推广应用向规范化方向发展迈出了重要一步。

1988 年 3 月，时任上海市委书记江泽民同志题词"价值工程常用常新"，鼓励并倡导了价值工程和价值创新活动在我国的发展。朱镕基同志在原国家经委工作时，也十分重视价值工程的应用工作。袁宝华同志 1989 年曾题词："要像推广全面质量管理一样，推广应用价值工程。"

1999 年 8 月 25 日《科技日报》以《渤海快速钻井技术——一个高效发展的典型》为题，整版报道了中国海洋石油渤海公司运用价值工程，成功创新了"渤海快速钻井技术"和"创井作业"的管理模式。该项目共计节支创效 7595 万余元，荣获 1999 年度国家科技进步二等奖。

1998 年，在北京召开了"全国首届价值工程代表会议"，并成立了"中国价值工程协会筹委会"。1999 年 5 月，中国价值工程协会筹委会在杭州召开了"价值工程与企业技术创新"国际会议，向世界介绍了我国价值工程成果，也引进了国外先进经验。

20 世纪 80 年代至 90 年代上半期，是我国推广应用价值工程的高潮时期。当时中央各部委、地方政府主管部门发了很多文件，各类经验成果评奖会开了很多，各地纷纷成立"价值工程协会"组织，开展价值工程培训教育，制定实施细则比赛奖励办法等工作。机械、冶金、轻工、机电、建筑、兵器等许多行业都推广应用价值工程,从老产品改造到新产品开发,从生产技术到经营管理,从商品生产到工程项目建设。当时的上海、北京、天津、辽宁、河北、山东、河南、江苏、广东等省会是推广应用价值工程密集、成绩显著的地区。其中:江苏省 1985—1989 年,完成价值工程项目 270 项,直接经济效益 4 亿多元;山东省 1985—1989 年,完成价值工程项目 88 项,直接经济效益 0.8 亿多元;上海市 1980—1990 年,完成价值工程项目 711 项,直接经济效益 4.24 亿多元。

2001 年 4 月,北京价值工程学会(VESB)成立,并作为团体会员加入国际价值工程学会。2005 年 10 月,中国技术经济研究会价值工程专业委员会成立,该会得到中国科协批准,对外使用中国价值工程协会(CSVE)的称谓,由此构建全国性的对外交流平台,有助于提高中国价值工程在国内外的影响力。这些标志着我国价值工程的研究和推广应用进入了一个全新的阶段。

二、价值工程作用

(一)提高经济效益,消除产品中零件的过剩质量和不必要的成本

价值工程以功能分析为核心,通过功能分析,保证必要的功能,剔除不必要的过剩功能、重复功能及无用功能,从而去掉不必要的成本,提高产品的竞争力。

价值工程的巨大作用往往首先在产品重新设计方面充分表现出来。通过对产品适当的重新设计,不仅能降低材料成本、劳务成本和工厂制造费用,而且能提高一个公司的产品设计质量,使产品更具有竞争能力。如一个灭火设备制造公司生产制造一种用于固定小型灭火器的托架。长期以来一直采用金属作为原材料,经过对产品重新设计的价值分析活动减小了这种托架的尺寸,并用塑料取代金属,使公司节省了 50%的成本。

价值工程的主要作用在降低成本,但降低成本并非偷工减料或降低品质,主要是消除不必要的成本和过剩的质量。所谓过剩的质量就是超过能达到产品"功能"所需要的质量;而不必要成本是指对产品功能没有贡献或超过达成产品功能所需的成本。不必要成本形成之原因主要有:①时间上的紧迫导致超过必要限度的规格设计或过度的要求事项;②构想不足:由于缺乏资料及未充分利用工业知识、技术、标准、书刊及创造性等,仅凭过去的经验或身边现成的资料即拟定解决方案;③诚实的错误信念:由于接受舆论、传闻及片面的、未经确定的理论而导致的错误;④缺乏动机:如个人缺乏热诚,管理人员之鼓励不够;⑤缺乏成本观念且未明确表示有关成本的责任,或成本上的成果测定不理想等,均会增加成本的支出。

(二)可延长产品市场寿命期

产品的市场寿命期是指一种产品由投放市场到被淘汰为止所持续的时间。产品有一个从诞生、成长、成熟到衰亡的过程。产品成熟期越长,获利越多。要维持和延长产品的成熟并改进产品功能是十分重要的。通过开展价值工程,改进产品式样结构、品种质量、提高产品功能,可以延长产品市场寿命。

(三)提高企业管理水平,增强竞争意识

价值工程为企业经营活动提供了一种新的价值观,应用实践证明,采用价值工程能够

使企业提高产品质量,降低物质消耗,节约劳动工时。应用范围已扩展到工业各部门,从产品开发、改进扩展到销售、决策、劳资等经营管理工作,通过开展价值工程活动,可对企业各方面的管理工作起到一个推动作用,促进企业管理水平的提高。

企业界进行产品研究,主要目的有增加竞争力量,使企业能更进一步发展。价值工程活动可以更好地实现"生产者(企业)"和"消费者(顾客)"的统一,体现了"质量第一"和"顾客第一"的经营思想。

(四)弥补设计工作的不足

价值工程可促进技术与经济相结合、软技术与硬技术相结合,弥补原设计工作的不足。价值工程既要考虑技术问题,又要考虑经济问题。提高产品功能、降低产品成本,既要发挥技术人员智慧,又要发挥材料供销人员、财务人员的智慧。所以,开展价值工程工作,能使以上人员更紧密地结合在一起,共同研究问题,促进软技术与硬技术的结合。

三、价值工程含义

(一)价值工程

以产品或者工作的功能分析为核心,以提高产品或工作的价值为目的,力求以最低寿命周期成本实现产品或者工作使用所要求的必要功能的一种科学方法。

价值工程创始人麦尔斯是这么说的:"价值工程是一个完整的系统,用来鉴别和处理在产品、工序或服务工作中那些不起作用却增加成本或工作量的因素。这个系统运用各种现有的技术、知识和技能,有效地鉴别对用户的需要和要求并无贡献的成本,来帮助改进产品、工序或服务。"

曾任美国价值工程师协会副主席的马蒂(J. Marty)对价值工程的定义为:"价值工程是有组织的努力,使产品、系统或服务工作达到合适的价值,以最低的费用提供必要的功能。"

国内文献更多是采用我国于1987年制定的关于价值工程的国家标准《价值工程的基本术语和一般工作程序》(GB8223—1987)中的定义:"价值工程是通过各相关领域的协作,对所研究对象的功能与费用进行系统分析,不断创新,旨在提高研究对象价值的思想方法和管理技术。"与国外对价值工程的定义比较,则是一个较为完整的定义,它指出了价值工程的研究对象、目的、内容等。

(二)价值

价值工程中所使用的"价值"与政治经济学中所说的"价值",含义是完全不同的。政治经济学中的"价值",指的是凝结在商品中的一般无差别的人类劳动,它是商品的两个因素之一,反映的是商品生产者之间交换劳动的社会关系,商品的价值量是由社会必要劳动时间决定的。价值工程中的价值是指对象所具有的功能与形成功能的费用之比,它是衡量一个对象经济效益高低的尺度。概括起来,两者的差别主要有4点:

(1)政治经济学中的"价值"是商品所特有的,不是商品则不具有价值;而价值工程中的"价值"却没有这样严格的限定,只要是价值分析的对象,无论是商品,还是产品、作业、服务、工程、活动、管理方法,都存在着价值大小的问题。总之,凡是要发生功能与费用的场所，都存在着价值高低的比较问题。

（2）政治经济学中的"价值"反映的是商品生产者之间劳动交换的社会属性，而不是物的自然属性，它只有通过交换才能反映出来；而价值工程中的"价值"反映的只是价值工程对象的有益程度，它是作为评价对象经济效益高低的标准和尺度而存在的。

（3）政治经济学中的"价值"的量的规定性，只取决于生产商品所耗费的一般无差别的人类劳动或抽象的人类劳动；而价值工程中价值量的大小取决于功能实现程度高低和寿命周期费用的多少。

（4）政治经济学中的"价值"是一个特定的历史范畴，它不是在任何社会经济形态中都存在的概念；而价值工程中的"价值"可以用来衡量一切社会经济形态中分析对象的效益高低。

价值工程关于价值的概念为我们评价对象的功能与寿命周期费用提供了科学的标准。价值工程认为，按照用户的需要，能够以最低的寿命周期费用提供必要的功能，则价值最大。每个人可能都会有这样的体会：去商店购买东西，一要看货，想想它能满足我们的要求吗？二要问价，再想想值不值得买？这"值不值"实际上就是价值工程中"价值"的概念。例如，我们购买电冰箱，现在商品有两种，如果它们的功能相同，价格不同，那么我们就会买功能实现程度高的那一种，道理同前面是一样的。可见，在评价对象价值大小时，认为凡是性能高的价值大，或者认为凡是费用低的价值大多是片面的，性能高但费用昂贵，费用低但性能差都不符合用户的要求，都不能算价值大。

通过上述的分析，价值的一般表达式即：

$$V = \frac{F}{C} \tag{10-1}$$

式中　　V——价值，指效用或功能与费用之比；

　　　　F——功能，指产品或劳务的性能或用途，即所承担的职能，其实质是产品的使用价值；

　　　　C——成本，指产品或劳务在全寿命周期内所花费的全部费用，是生产费用与使用费用之和。

从公式 $V=\frac{F}{C}$ 出发，提高价值的 5 种主要途径为：

①成本不变，功能提高（$F\uparrow/C\rightarrow =V\uparrow$）；

②功能不变，成本下降（$F\rightarrow/C\downarrow =V\uparrow$）；

③成本略有增加，功能大幅度提高（$F\uparrow 大/C 小\uparrow =V\uparrow$）；

④功能略有下降，成本大幅度下降（$F\downarrow 小/C\downarrow 大 =V\uparrow$）；

⑤成本降低，功能提高（$F\uparrow/C\downarrow =V\uparrow$）。

（三）功能

功能概念是价值工程的分析核心。所谓功能指的就是价值工程分析的对象能够满足人们某种需要的一种属性。具体说来，对于产品来说，功能就是它的用途或效用；对于作业或方法来说，功能就是它所起的作用或要达到的目的；对于人来说，功能就是它应该完成的任务;对于企业来说,功能就是它应为社会提供的产品和效用。

以产品为例,我们下面给出价值工程中功能概念的完整理解。就产品的功能而言,它既附属于产品,却又不等同于产品,也就是说产品是作为其功能的载体而存在的。人们使用产品,实际上是使用它的功能。从这个意义上讲,企业生产产品实际上是为了生产产品的功能;用户购买产品实际上也是为了购买产品的功能。如用户购买电冰箱,实际上主要是购买"冷藏"的功能。事实上用户绝不会去买没有任何功能的东西。如产品具有相同的某种功能,那么无论购买哪一种产品都能满足用户对这种功能的需求,这时我们就说这些产品在该功能上是可以互相替代的。

从用户对功能的需求出发,产品的功能可以分为必要功能和不必要功能。必要功能是指用户需要并予以承认的功能,它是不可缺少的;不必要功能则是指用户不需要或不承认的功能。据国外研究资料表明,在通常情况下,产品中往往含有大约30%的不必要功能。价值工程研析的目的是帮助业主取得最大价值,从价值工程的定义中我们可以看出,达到这一目的的首要前提就是正确评判哪些是该产品用户所需要的必要功能,哪些又是用户所不承认的不必要功能,在此基础上通过价值分析,使不必要成本降至最低,才能真正实现价值工程的目的。

应当强调的是,任何产品实现相应功能的能力或程度都不是无限的,也就是说总有一个量的度量,我们称其为产品的功能水平。产品的功能水平分别反映了一个事物质和量的两方面规定性,因此二者是密不可分的。另外,具有相同功能的不同产品或设计,其功能水平往往是不同的。如同样具有"冷藏"功能的电冰箱,由于其牌号、型号不同而具有不同的制冷效果。

(四)产品的寿命周期成本

产品的寿命周期成本是产品在寿命周期内消耗的全部费用。产品的寿命周期成本包括生产成本和使用成本两部分。用公式表示:

$$LCC = C_1 + C_2 \tag{10-2}$$

式中 LCC——寿命周期成本;

C_1——生产成本;

C_2——使用成本。

生产成本一般是在企业内产生的,即制造费和外协费,包括从研制阶段到产品被输出为止的制造阶段中所花费的成本。

使用成本一般是指用户使用产品时所负担的费用,即使用成本。使用成本包括使用中所消耗能源费用、保养费用、产品报废时应支付的处理费用等。

分析某些产品,特别是那些寿命周期较长的产品,使用成本在寿命周期成本所占的比重较大。例如,汽车的使用成本就高于生产成本许多倍。用户购买产品时,不仅要考虑买得起,同时要考虑用得起。因此,企业研制产品,不单追求降低生产成本,而且应该重视使用成本的降低。

产品设计决定产品的寿命周期成本,应用价值工程改进产品设计方案,使生产成本和使用成本都降低,寿命周期成本大幅下降。还有另一种情况,改进设计方案,生产成本有少量提高，导致使用成本大幅降低，结果是寿命周期成本还是下降许多。人们愿意购买价值较高的节能汽车，即是这一道理。

第二节 价值工程基本内容

一、价值工程研究对象选择方法

在价值工程对象选择工作中，一定要应用一些科学方法选择合适的对象，以保证价值工程方向对且成效大。价值工程对象选择的方法较多，每种方法各有优缺点和适用的范围，因此需要在掌握大量情报信息的基础上，根据实际情况选用合适的方法，进行创造性改进，完成功能地再实现。

在一个工程中，并不是所有产品都要进行价值工程分析，而是有选择、挑重点进行。所以能否正确的选择价值工程的对象是决定 VE 活动收效大小乃至成败的关键。选择研究对象往往要兼顾定性分析和定量分析的结果，在对象选择的定性分析方面，常用的方法有经验分析法，而在对象选择的定量分析方面，常用的计量方法有 ABC 分类法、价值系数法、百分比法、产品寿命周期选择法等。下面介绍 4 种方法即经验分析法、ABC 分析法、价值系数法、最适合区域法。

(一) 经验分析法

经验分析法亦称因素分析法，是一种定性分析法，即凭借开展价值工程活动人员经验和智慧，经过主观判断确定价值工程对象的一种方法。它实际上是利用一些丰富实践经验的专业人员和管理人员对企业存在问题的直观感受，经过主观判断确定价值工程对象的一种方法。其优点是简便易行，不需特殊的知识。在时间较紧或刚开始搞价值工程时，对其他方法不太熟悉，应用此法尤为方便。缺点是没有定量分析，易受人员的工作态度、个人经验的影响，有时对象选得不准确。因此，运用该方法进行对象选择，要对各种影响因素进行综合分析，区分主次轻重，既考虑需求，也考虑可能，以保存对象选择的合理性。

(二) ABC 分析法

ABC 分析法即重点分析法，是一种寻找主要因素的方法。它起源于意大利经济学家帕累托对经济社会财富分布情况的分析。帕累托发现在西方经济社会中的大部分财富是集中在少数人手中的，以后这种方法被扩展运用到其他领域。价值工程运用这种方法进行对象选择时，将单项工程成本进行逐项统计，将每一个单项工程占总工程成本的多少从高到低排列出来，分成 A、B、C 3 类。一般来说，总工程的成本往往集中在少数关键工程上。少数关键工程也是价值工程的重要分析对象。

对单项工程进行分析，把工程按成本大小顺序分为 A、B、C 3 类。
成本占 70%～80%、工程量占 10%～15% 的单项工程数量作为 A 类项；
成本占 10%～20%、工程量占 15%～20% 的单项工程数量作为 B 类项；
成本占 5%～10%、工程量占 60%～80% 的单项工程数量作为 C 类项。

ABC 分析法的具体做法如下：
①将被分析的工程按成本大小依次排列填入表中，并按排列先后编出顺序。
②根据单项工程计算出累计数，求出占总工程的百分比。
③根据单项工程成本求出其占总成本的百分比，并求出累计成本的百分比。
④根据单项成本划分为 A、B、C 3 类。

ABC 分析法的优点是抓住重点，突出主要矛盾，在对复杂工程进行对象选择时常用它进行主次分析。据此，价值工程分析小组可结合一定的时间要求和分析条件，略去"次要的多数"，抓住"关键的少数"，卓有成效地展开工作。

（三）价值系数法

价值系数法又称强制确定法。价值系数法在价值工程的对象选择、功能评价和方案评价中都可以使用。在选择对象中，通过计算功能重要度系数和成本系数，然后求出两个系数之比，其价值系数。根据价值系数大小来判断 VE 对象，一般把价值系数低的单项工程选做 VE 活动的对象。

用强制确定法选择对象时要求出 3 个系数，即功能重要性系数、成本系数和价值系数。

①确定功能重要性系数时，先把单项工程排列成矩阵，再按工程功能的重要程度一对一的比较重要的得 1 分，不重要的得 0 分（这种方法通常称为 0-1 法，还有 0-4 法及功能重要的单项工程打 4 分，另一个相对不重要的得 0 分；功能比较重要的打 3 分，另一个功能比较次要的打 1 分；两个功能同样重要的单项工程各得 2 分；然后把该单项工程的得分累计起来，除以全部单项工程的得分总数，其值即为功能重要性系数。

$$功能重要性系数 = 某单位工程功能得分值/总单项工程得分总数 \quad (10\text{-}3)$$

功能系数定量地说明每一个单项工程在总工程的功能重要程度。

②确定成本系数，首先查个单项工程的目前成本，将各单项工程成本相加得出总工程成本；然后，再将各单项工程成本除以总成本，即得出各单项工程的成本系数。即

$$成本系数 = 单项工程目前成本/总工程成本 \quad (10\text{-}4)$$

③各单项工程的功能重要性系数和成本系数求出后，再求价值系数。

若价值系数等于 1 或接近 1，意味着功能的重要性与成本比重相当，这种情况一般不作为价值工程对象。

价值系数小于 1，意味着成本比重高，有改进潜力，是 VE 活动重点改进的对象。

价值系数大于 1，意味着功能过高或富裕，成本偏低，这种情况一般剔除过剩功能。会适当增加成本，以保证功能实现。

（四）最合适区域法

最合适区域法又称田中法。最合适区域法是一种在价值系数法的基础上利用一个最合适区域来精选价值工程对象、选择价值工程改进对象的方法。最合适区域法在选择价值工程对象时，不仅仅考虑价值系数值大于 1 或小于 1 的情况，而且还要考虑功能系数和成本系数绝对值的大小，从而对各对象加以区别对待。

在价值系数相同的情况下,如果功能系数和成本系数绝对值不同,那么他们对经济效果的影响也不同。所以不能简单地以价值系数来选择价值工程对象,还应考虑各对象的功能系数和成本系数,对两者较大的应作重点考虑,对两系数较小的对象可不作重点考虑或不考虑。

价值工程的对象是考虑社会生产经营的需要及对象价值本身被提高的潜力。

二、研究对象情报的收集

从对象的形态性质可分为"硬件对象"和"软件对象"。"硬件"对象是指以实物形态而存在的各种产品,都可以作为价值工程的研究对象来提高价值。如一些企业使用的原材料、工器具等。"软件"对象是指以非实物形态而存在的各种服务,如运输公司开展的运输服务,银行开展的金融存贷服务等,而在企业中的表现就算企业中的组织、工艺、工序、作业等。对于这些价值工程的对象来说,不管是否以实物的形态存在,都是为了实现某种特定功能的系统。所以,价值工程就是以某种特定的系统为对象,来提高该系统的价值。

从对象的复杂程度可分为简单对象和复杂对象。简单对象内部的组成元素较少,元素之间关系明确,内部结构简单,与外部的关系界限明显,如企业中的硬件产品。复杂对象的内部组成复杂,元素间的关系结构模糊,与外部环境关系复杂,界限不明显,尤其是牵涉到人的关系,这类对象多属复杂对象。

企业应用价值工程的对象范围属于"硬件"范围:产品的研究与设计;产品结构与零部件的改进;生产工艺的设计与改进;工艺装备的设计与改进;设备选择与维修等。属于"软件"范围:管理制度的改进;人力资源管理的改进;工作方法的改进。

(一)价值工程对象选择的一般原则

企业的价值工程对象十分广泛,可以说产品、工艺或管理方法。但不是所有的产品、工艺、管理方法都需要搞价值工程,而且搞价值工程的人力、费用是有限的。所以价值工程对象的选择应遵循以下原则:①数量大、产值高、应用广的产品或零部件(企业的主导产品,通过价值工程降低成本可以获得巨大的经济效益);②制造成本高的配套机组产品(如一些大型的机械设备、计算机系统等,一般成本较高,通过价值工程技术,利用相关的新工艺、新材料、新技术,从而可以大大地节约成本);③结构复杂的产品(利用价值工程分析产品结构与功能,在不影响功能的前提下简化结构降低成本);④关键的零部件(用价值工程对零部件进行加工改进,降低成本,提高产品竞争力);⑤质量差、不合格品率高的产品(加大了生产成本,影响盈利);⑥技术经济指标比较落后的产品(学习先进的国外技术);⑦亏损产品和微利产品(市场急需,但盈利甚微,用价值工程改进各项工作,降低成本提高盈利水平);⑧寿命周期比较长的产品(寿命较长,使用价值高,降低成本可以较长时间获得盈利)。

(二)价值工程信息资料的收集

价值工程工作的全部过程,就是分析问题和解决问题的过程(表10-2)。

表 10-2　价值工程工作的全部过程

信息资料收集的原则	想知道什么信息资料。在收集信息资料之前要明确自己的目的是什么，然后开始收集资料 要收集何种程度的信息资料。信息资料收集到何种程度，可以用信息资料的数量和质量衡量。信息资料的质量可以说明收集到信息水平、精度及可靠性。既要防止信息质量不高也要防止信息过高，相关信息的数量也不要过多或过少 从哪里收集信息资料。需要从多个情报源选择最好的，获取全面可靠的信息资料 什么时候收集信息资料。要考虑到信息资料的时效性
信息资料收集范围	销售及使用方面的信息资料（用户对产品的要求） 对产品功能、可靠性、服务、维护、安全、操作及美观方面的要求 对产品规划、空间、环境条件的要求 对寿命期的要求 一年内市场对产品的总需求量及企业产品的市场占有率 竞争企业的产品价格、质量、产量、经营策略等 设计技术方面的信息资料 产品设计应达到的技术要求 技术的演变过程 现在设计及部件结构的图纸、说明书等 要求的质量特性、物理特性和化学特性 现在设计上存在的问题以及改进的地方 生产及外协方面的信息资料 产品的加工工艺、作业方法、产量、合格率等 使用的设备、工具、模型及附件等 生产标准时间及实际时间 生产成本
信息资料的分析与鉴定	对收集所有的信息资料去伪存真，把真实可靠、价值高的信息资料选出来，作为分析问题解决问题的依据
信息资料收集的方法	访问 函调：把问题设计成调查表的样式，简化对方回答问题的工作 参观 查阅 购买专利、图纸 其他 参加各种交流会、展览会、鉴定会等活动，收集信息资料

三、功能分析

功能分析是价值工程的核心与基石，能够准确认识价值工程对象的本质与内涵。功能分析就是通过对功能的研究分析，把价值工程对象的功能进行抽象而简明的定性描述将其分类与系统化整理。功能分析包括功能分类、功能定义、功能整理。

（一）功能分类

按功能的重要程度，可以分为基本功能和辅助功能。基本功能是产品或服务存在的根本条件，是实现产品或服务的用途与目的不可缺少的，用户必需的功能。辅助功能是为实现基本功能服务的功能（基本功能不能变，而辅助功能可以改变）。

按功能性质分类，可以分为使用功能和美学功能：

(1) 使用功能

产品满足用户物质方面需要的功能。如电磁炉提供热量。

(2) 美学功能

产品满足用户精神方面需要的功能。

按用户需求，可以分为必要功能、多余功能和不足功能：

(1) 必要功能

用户需要和承认的功能。

(2) 多余功能

用户不需要和不承认的功能，是由设计者主观臆断，对用户需求不了解造成的。

(3) 不足功能

功能水平低，无法满足用户的需求的功能。

上述功能分类是有一定的联系的。价值工程是以功能分析为核心满足必要功能，实现使用功能。但同时又不能忽略辅助功能和美学功能，还应及时发现多余功能进行改正，降低成本，同时还要改进不足功能，更好地迎合用户的需求。

(二) 功能定义

1. 功能含义

功能是产品可以出售与使用的本质特征，是用户购买该产品的主要原因，与产品的使用功能和满足用户某种需要直接相关。

功能的定义是对价值工程工作对象的功能，以简明、准确、科学的语言加以说明与描述。

功能定义的目的：①确定功能构成；为了了解整个产品功能以及其组成部分的功能；②为功能评价奠定基础；为功能评估做准备；③为构思创新方案创造条件。

2. 功能定义的方法

价值工程的研究对象性质不同，构成复杂，所具功能性质差异很大，为了认清对象的本质，需用不同的方法对功能定义。

(1) 用动词和名词进行定义

有些功能，如产品的使用功能、基本功能、辅助功能，一般可用动词与名词进行定义。用动词与名词定义的功能见表10-3所列。

表10-3 用动词与名词定义的功能

使用功能与基本功能			辅助功能		
物品(主语)	动词(谓语)	名词(宾语)	物品(主语)	动词(谓语)	名词(宾语)
汽车	运送	物品	收音机外壳	保护	电子器件
钟表	显示	时间	手表胶圈	防	潮
照相机	照	图像	汽车车灯	发出	光亮
收音机	收放	声音			
电灯	发	光			
电话	传送	信息			

(2) 用名词与形容词进行定义

对于美学功能用名词与形容词的主谓关系进行定义。美学功能是物品外观特征的艺术水平，具体定义时，外观特征是以名词表达，艺术水平用形容词说明。因此，美学功能是用一个名词加形容词的主谓关系进行功能定义的。用名词与形容词进行定义的功能见表10-4所列。

表10-4 用名词与形容词定义的功能

美学功能		辅助功能	
名词（主语）物品外观特征	形容词（谓语）物品外观艺术水平	名词（主语）	形容词（谓语）
造型	美观	收音机音质	清晰、优美
颜色	协调	电视机画面	色彩协调
结构	合理	手机信号	灵敏
式样	新颖		

3. 功能定义的原则

(1) 动词要用抽象的词汇

用动词与名词定义功能的目的之一，是为了有利于构思创造性的新方案，为此要用动词和名词把功能抽象化，特别是动词的部分，必须使用更为抽象化的词汇，这样才能在以后的功能实现方法的创新阶段，扩大思路，增加构思高价值创新方案的可能性。

(2) 名词要用可测量的数量化的词汇

为了使功能评价及方案评价容易进行，必须注意要用可测量的数量化的名词表达。例如在定义建筑物的水泥柱桩的功能定义时，用"支承重量"的定义就较为科学，因为重量是可以测量的数量化名词。

(3) 一项功能下一个定义

功能要一项一项地区分与限定，所以，功能定义只能一项功能一项功能的进行。特别是现在有许多产品具有多项功能，每项功能要分别定义。

(三) 功能整理

功能整理这一工作步骤，与功能定义一样，是回答价值工程提出的"它的功能是什么？"。所以，功能整理与功能定义之间有着密切的关系，这两个工作步骤是价值工程明显特点的表现。

1. 功能整理的概念

功能整理是应用系统的思想方法，分析产品各项功能之间的关系和功能的逻辑体系，编绘功能系统图。以便掌握必要功能，发现和消除多余功能，了解价值改善的功能领域和改善程序，确定价值工程的工作内容。

任何一种产品都由许多零部件组成，零部件之间既有区别又互相联系，组成产品结构系统。另外，产品的零部件又有不同的功能，彼此互相联系，形成了产品的功能系统。所以，任何一种产品都存在结构系统和功能系统，两者缺一不可，不能混同。产品的结构系统是物质实体，反映了产品的物质成分及构成。产品功能系统，是用户在使用过程中表现出来的，是用户的最终需求和产品本质。

2. 功能之间的逻辑关系

产品的零部件具有多种相互区别、相互联系的功能,这些功能之间存在上下的关系和并列的关系。

功能的上下关系是功能之间存在的目的与手段的关系。从对各功能在功能系统图中的地位分析,有的功能是目的,有的功能是实现另一种功能的手段;目的功能是上位功能,手段功能从属于目的功能;目的功能改变,手段功能一定发生变化。目的(上位)功能和手段(下位)功能又是相对的,一个功能对它的目的功能是手段功能,对它的手段功能又是目的功能。当问一个功能目的是什么,就能确定上位功能;当问现实功能手段是什么,就可以找到它的下位功能。

功能的并列关系是在较复杂的功能系统中,为了实现同一目的功能,需要有两个或两个以上的手段功能。这两个或两个以上的手段之间的关系就算并列关系。

按照功能之间的上下和并列的关系,把上位功能画在左边,下位功能画在右边,并列功能画在同一列上,绘成完整的功能系统图。功能系统图模式如图 10-1 所示。

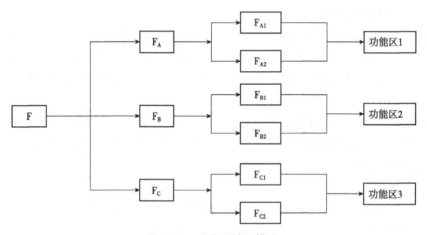

图 10-1 功能系统图模式

F 是上位图,F_A、F_B、F_C 是 F 的并列的下位功能,F_{A1}、F_{A2} 是 F_A 并列的下位功能,功能 F_A 和 F_{A1}、F_{A2} 组成功能区 I。

功能系统图是产品功能抽象化的模式图,是用功能系统反映产品设计思想,从而把产品结构为中心的设计变成以产品功能为中心的设计,有助于打破产品的结构方面的束缚,创造出新的设计方案。

3. 功能整理的目的

(1)认清真正需要的功能

根据目的与手段的关系,把全部功能划出一个功能系统图。根据对功能系统的客观分析,就能明确设计构想,使以前不明确的设计一目了然,对新的设计构想取得一致认识,明确用户所需要的真正功能。

(2)发现不必要的功能

在分析功能关系时,对每项功能都要寻找它的目的功能。但是,在寻找目的功能时,就会发现有些功能没有目的功能。这时就要分析这样的功能是否真的没有目的功能。如果确定它真的没有目的功能，这样的功能就是不必要功能。承载这样功能的部件就没有存在的价值。所以在进行功能整理时，发现不必要功能，找出承载不必要功能的部件，在新的改进方案中取消该部件，达到简化结构、降低成本的效果。这是功能整理的目的，也是价值工程的目的。

(3) 认定功能定义的正确性

在功能整理中能发现没有目的的功能是不必要功能，同时也会发现目的功能不明确的功能。对这些目的功能不明确的功能应该认真分析，可能有 3 种情况：一是属于不必要功能；二是功能定义有错误，需要重新定义，找到目的功能；三是目的功能在定义中被忽略了，使它成为没有目的的功能，还需对目的功能补充定义。这就是说，通过功能整理可以发现功能定义工作的问题，加以改正，以保证功能系统图的正确性。

(4) 划分功能领域

所谓功能领域即是相互关系密切的功能的统一体。在图 10-1 中，以功能 F 作为最终目的功能，则右侧的全部功能是它的功能领域。如果以 F_A、F_B、F_C 作为目的功能，它们分别也有各自的功能领域。F_{A1}、F_{A2} 是 F_A 的功能领域；F_{B1}、F_{B2} 是 F_B 的功能领域；F_{C1}、F_{C2} 是 F_C 的功能领域。编制功能系统图，划分了功能领域，就为下一步功能评价做好准备。

(5) 确定变革的着眼点

由于功能系统图对产品功能本质及功能关系表达得十分清楚，就可以找出变革的着眼点。

4. 功能整理的一般方法

(1) 编制功能卡片。

(2) 将卡片按基本功能和辅助功能分为两大类。

(3) 明确各功能之间关系。

(4) 做出其明确功能关系的系统图。

(四) 功能系统图的绘制

功能系统图是功能整理的主要工具，它的作用是：①显示所有功能之间的逻辑关系；②检查研究对象各项功能的有效性；③帮助找到遗漏的功能；④启发价值工程团队成员的创新思维。功能系统图的绘制方法主要有以下几点：

1. 双向分析法

双向分析法是根据功能系统中所存在的目的与手段之间的逻辑关系，以多个功能的中间功能为分析的起点，从这一功能出发，向左寻找它的目的功能；向右寻找它的手段功能。这一方法是以中间功能为起点，向左、右两个方向开展工作，故称双向分析法。如图 10-2 所示。

双向分析法应注意的问题：

(1) 注意连接并列功能

双向分析法的主要特点就是由中间功能为分析起点，向左、右两个水平方向伸展，无

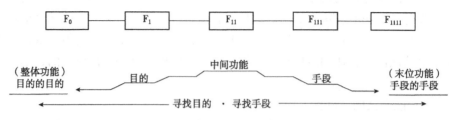

图 10-2 双向分析法模式

法连接垂直方向并联功能。但许多中间功能往往都有同位的并列功能，很容易被忽略。

(2) 注意在整体中分析问题

双向分析法由于是从中间向两边延伸分析问题，不利于从整体上把握功能特性。因此，在双向分析过程中要把握整体的准确性。

2. 单向分析法

单向分析法是从已经定义的产品整体功能为起点，根据功能之间的目的-手段、并联、串联，由左向右的方向，逐项画出功能，直到最下位的手段功能为止。

单项分析法的特点：①利于认清功能之间的逻辑关系；②利于一次完成；③适于绘制各种形态的功能系统图。

3. 系统分析法

系统分析方法主要考虑结构更为复杂的产品。在绘制功能系统图时将产品的基本功能与辅助功能分开，首先将基本功能按它们之间的目的-手段的逻辑关系画出，然后再把相关的辅助功能链接上去。

复杂的功能系统，不仅可能有多层次的并列的同位功能，而且各局部功能之间的目的-手段的逻辑关系也比较隐蔽。

用系统分析法绘制功能系统图的步骤：①编制功能卡片；②区分基本功能与辅助功能；③连接基本功能；④连接辅助功能。

4. 功能系统图的类型

(1) 功能系统与结构系统对应图

对于结构型产品，由于其功能系统与结构存在对应关系，因此，可研究产品结构与功能的关系，绘制功能系统与结构系统的对应图(图10-3)。功能系统图放在左边，结构系统图放在右边，功能与结构互相对应，可以加快功能系统图的绘制。功能系统与结构系统对应图适用于结构相对简单、功能比较单一的产品。

(2) 结构-功能系统图

此图的绘制只需要在产品结构部件上加注功能定义即可。其模式如图10-4所示。

(3) 加注量化指标的功能系统图

在只表明功能-手段的串联关系及同位功能的并联关系的功能系统图上注明量化指标，就可以反映功能水平的高低，更有利于功能的评价与改进。常见功能定义中反映功能水平高低的量化单位见表10-5所列。

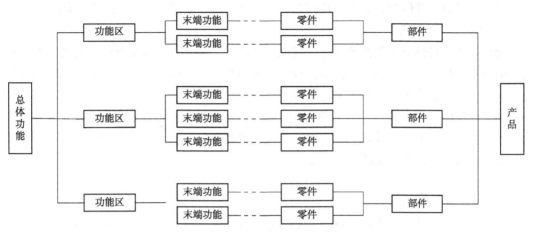

图 10-3 功能系统与结构系统对应图

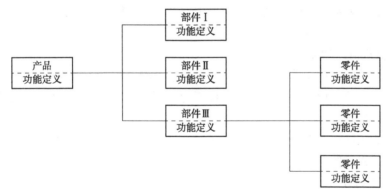

图 10-4 结构-功能系统图

表 10-5 常见功能定义

功能定义	功能水平的标志
（传动轴）传递转矩	转矩数量(N·m)
（砧座）承受冲击力	冲击力(N·s)
（润滑剂）减少摩擦	摩擦力数值(N)
（万能铣头）提供万能铣削	铣削力或铣削功率(N 或 kW)
	回转角度数值(°)
（灯泡）提供光通量	光通量数值(Lx)
（车床）车削工件	规格参数(mm)
（手表）显示时间	走时精度(s)
（载重汽车）运输重物	货物重量(t)
（千斤顶）顶起重物	重量数值(kg)
（电池）储存电能	电能数值(J)
（平口钳）夹紧工作	夹紧力数值(N)
（钻床）加工孔	规格参数(mm)

(五)功能评价

通过功能分析,进行功能定义与功能整理,明确了功能本质及功能之间的逻辑关系,这是对功能进行定性研究,而下一步就是需要对功能进行定量研究,也就是功能评价。

1. 功能评价的概念

功能评价是对研究对象按照功能区域和功能单元,逐一进行定量评价,计算实现功能的目前成本、最低成本、功能价值等,找出低价值功能,为研究对象制定降低成本或不降低成本而提高功能水平的创新方案奠定基础。

功能评价的步骤:①确定功能现实成本和成本系数;②将功能数量化,求出功能重要性系数或功能评价值;③计算功能价值;④计算成本降低幅度,即改善期望值,选择功能价值低、改善期望值大的功能作价值工程对象。

2. 功能评价的目的

(1)确定改进目标

做任何工作之前,首先需要确定一个目标,然后为实现目标而开展各项活动。

在功能评价中,首先要确定某个功能值多少钱,要以钱的金额作为功能评价值,这就是目标。这一目标要从用户的立场上确定。因此在进行功能评价时,必须从用户为购买他们所需要的功能而付最少的钱的立场上思考问题。

(2)寻找低价值的功能

功能评价值是依据功能系统图中的功能概念,预测出对应于功能的成本。它不是一般概念的成本计算,而是把用户需求的功能换算为金额,以寻找成本较低的功能价值。

(3)获取工作动力

通过对功能领域的成本分析,确定功能评价值,明确了功能改进、降低成本的目标,就获得了价值工程工作动力。

3. 功能评价的方式

功能评价要确定实现功能的目标成本,条件允许时对所有功能都应进行评价。但由于时间限制和评价工作复杂,可以只对主要功能进行评价。因此,功能评价可采用全功能评价和基本功能评价两种方式。

(1)全功能评价

当时间比较充分时可采用全功能评价。为实现用户要求的基本功能,必须设计增加辅助功能,而辅助功能占的成本比例又较大。因此,为制定合适的目标成本,不仅要评价基本功能,还要评价辅助功能中的必要功能。其公式是:

$$V=(FB+FS)/C \tag{10-5}$$

式中　V——功能价值系数;

　　　FB——基本功能价值;

　　　FS——必要辅导功能价值;

　　　C——全部功能的现实成本。

(2)基本功能评价

当时间比较紧,或者必要的辅助功能所占的比例较小,可用此方法。任何一种产品的性质都是基本功能决定的，用户需要的也是产品的基本功能。辅助功能是为实现基本功能服务的二次功能，改进余地较大。而且随着技术的进步会不断简化，所占成本逐渐降低，最后可能会被取消。于是再进行功能评价时只把基本功能作为功能评价值，其公式是：

$$V = FB/C \tag{10-6}$$

第三节　价值工程与农业生产投入结构的实例分析

中国是世界上最大的粮食生产和消费国，其中小麦是我国重要的粮食作物，我国小麦常年生产面积和总产量分别占粮食生产面积和总产量的25%和22%。小麦的这种特殊地位是小麦的生产和供给关系到农民增收，又关系到国家粮食安全。河南某县以生产小麦为主，为了提高小麦的产量，降低小麦的生产成本，增强小麦的生产能力，获得较高利润，提高农民的增收。应用价值工程原理对小麦生产的影响因素进行功能分析，针对小麦生产的影响因素加以全方位分析，确定优化小麦生产投入结构方案，降低生产成本投入和获得高产量。

一、价值工程工作程序

价值工程活动过程是一个发现问题、分析问题、解决问题的过程。在具体实践过程中，总是围绕着回答下列7个问题而步步深入：①这是什么？②这是干什么用的？③成本多少？④价值多少？⑤有其他的方法实现这个功能吗？⑥新方案的成本多少？功能如何？⑦新方案能够满足功能的要求吗？顺序回答和解决这7个问题的过程，就是价值工程的工作程序。即准备阶段、功能阶段与方案创造阶段、实施阶段。

(一)准备阶段

充分的准备是任何价值研究成功的关键。在项目开始初期主要需要信息准备与组织准备。确认研究什么项目以及何时开始研究是准备阶段的第一步。有大量的技术和方法可以用来选择那些最佳的研究项目。

在开始一项研究之前，我们通过收集和检验有关信息以便了解项目的基本情况。信息准备的主要目标是对当前研究的项目取得详尽透彻的理解。团队要对研究之前以及研究期间收集到的信息进行讨论，了解项目的需求、目的、性能属性和要求，确定具体的目标，收集并整理项目的成本信息，以定义项目、定义成本以及定义时间进度。

要达到这种要求，关键就在于组织一个预研究会议来对价值研究进行组织计划。这个会议通常包括价值管理专家、项目经理、项目研究团队、利益相关者，有时候也包括价值团队的其他成员。这个会议将确定明确的价值研究项目，并确定项目目的、对象、假设以及约束条件。

(二)功能阶段与方案创造阶段

这是价值工程的基本阶段，包括3个基本步骤和12个详细步骤，见表10-6所列。

(三)实施阶段

实施活动是工作计划最后成功的关键。为了确保质量和效益，需要对优选出的方案进行试验。如果试验表明该方案是最优的，可定为正式方案，经批准后列入实施计划。方案实施过程中要进行检查，发现问题，不断改进。在此期间，项目团队和决策者将检验并消

表 10-6　价值工程的基本阶段

构思一般进程	价值工程活动程序		主要内容和要求	对应的问题
	基本步骤	详细步骤		
分析	功能分析	1. 对象选择	①生产经营上迫切要求改进的产品 ②改进潜力比较大的产品	1. 这是什么
		2. 收集情报	围绕价值工程对象调查： ①企业经营目标、方针、策略 ②用户反映、要求 ③生产、销售、成本、价格、利润情况 ④同行业情况	
		3. 功能定义	①对象的功能是什么 ②怎样实现这个功能	2. 这是干什么用的
		4. 功能整理	①有无多余功能 ②有无不足功能 ③绘出功能系统图	
	功能评价	5. 功能成本分析	①确定功能实现成本 ②计算功能的目标成本	3. 它的成本是多少
		6. 功能评价	①计算功能的重要度系数 ②计算功能的价值或价值系数	4. 它的价值是多少
		7. 选定功能改进对象	①根据价值系数值选定 ②根据成本改善期望值选定	
创造	方案创造	8. 创造	按照价值工程活动原则，充分发挥集体智慧和创造精神，多提各种设想	5. 有其他的方法实现这个功能吗
评价	制定改进方案	9. 概率评价	初选改进方案，剔除那些不能满足功能要求、成本太高的方案	6. 新方案的成本是多少
		10. 具体化	①方案具体化、使其详细完整 ②进一步开展调研	
		11. 详细评价	①从技术、经济两方面进行详细评价 ②方案优选	7. 新方案能够满足功能的要求吗
		12. 提案	①制定提案书 ②上报提案	

化吸收在演示过程中得到的数据。在对价值团队的结论进行了足够多时间的检验后,必须召开一个实施会议。会议的目的是决定每个替代概念的性质。最好价值管理团队能够在场,以给决策者提供清晰的思维和帮助。被接受的替代方案必须要进一步发展成为一个实施计划和时间进度表以整合到项目中去,而那些被淘汰的替代方案应该会有文献以证明其淘汰的原因。

跟踪价值替代方案的实施状况并审计其实施结果以衡量价值工程的效率。项目应该建立某种机制,从而能够管理项目的范围、实施进度和成本变化。

价值工程方法工作计划提供了价值研究从开始到结论的载体。它确保对研究的各个必要方案都进行适当的考虑。工作计划把研究分成不同的工作项目,要求价值研究者对项目或项目因素进行明确的功能定义,并为价值团队提供一个获取研究所需的所有信息的工作计划。工作计划为价值团队的创意工作以及替代方案的分析提供了充分的时间,因此项目团队才能挑选出最佳的替代方案。一份提交于项目利益相关者的具体建议书、一张建议性实施时间进度表和一个收益总结标志着价值研究工作计划的结束。

二、农作物生产成本计算

农作物生产成本=物质消耗费用+人工成本

其中,物质费用主要包括种子费、肥料费、农药费、农膜费、机械作业费、排灌费。人工成本包括雇工费用和家庭劳动机会成本。例如河南省小麦生产成本见表10-7所列。

表10-7 2015—2021年河南省小麦生产成本　　　　　　　　元/hm²

项目	2015	2016	2017	2018	2019	2020	2021
种子	65.91	68.63	70.26	70.74	69.76	71.23	72.46
化肥	165.49	167.03	162.93	161.04	160.63	162.54	164.78
农家肥	26.32	27.82	30.71	30.23	28.24	28.64	31.69
农药	25.89	26.70	29.94	28.66	29.50	33.01	35.02
机械作业	134.20	139.92	145.01	147.89	143.17	140.74	144.49
排灌	14.83	18.34	9.89	10.31	20.92	17.65	15.45
家庭劳动机会成本	320.35	322.83	320.18	318.42	325.31	314.55	317.08
雇工费用	14.90	15.58	19.38	14.72	16.19	16.40	18.72
总成本	767.89	786.85	788.30	782.01	793.72	784.76	799.69

数据来源《全国农产品成本资料收益汇编》。

从表10-7来看,河南省物质费用占小麦总成本的比重最大且持续上涨。从2015年的432.64元/hm²上涨至2021年的463.89元/hm²,涨幅为7.2%。其中肥料费(包括化肥费与农家肥费)仍为总成本的重要组成部分但所占比例稳中有降。2015—2021年,肥料费持续在190元/hm²上下小幅波动,但肥料费占小麦总成本的比重则下降0.0041%。机械作业费总体呈增长趋势。2015—2021年机械作业费从134.2元/hm²增至144.49元/hm²,累计上涨7.7%。粮食作物中小麦的机械化水平最高,受燃油价格上涨影响最深,不断攀升的燃油价格导致小麦生产的机械作业费持续上升,此外人工成本的快速上涨也在一定程度上刺激了农机需求,促使机械作业费上涨。种子费呈现上涨趋势但占总成本的比例不断下降。2015—2021年种子费从65.91元/hm²上涨至72.46元/hm²,累计上涨9.9%。

三、农作物生产影响因素功能分析

与工业产品由零部件组成相比,小麦不是由各种"零部件"——投入因素组装而成,而是通过生物转化形成的,生产资源缺一不可。由于小麦这一特点,在评价各种资源的功能时,无法直观地根据它们之间的重要程度确定评分值。其次,小麦产量的形成与各种投入资源的数量之间的比例不是固定不变的。在工业生产中,产品的数量与其零部件为固定比例。但是小麦的产量与投入资源之间没有这种严格的比例关系。同时,资源与资源之间也没有一个严格的固定比例,任何一种生产资源的增减都会影响小麦产量,由于这一特点,使我们在确定各种资源的成本系数时,便不能像工业那样,只考虑"零部件"的成本所占的比重,还应考虑各种生产资源的增产效果。

由于价值工程分析,关键在于确定零部件的功能系数和成本系数。而小麦的形成是各种生产因素的综合结果,对各种资源的功能评价就不能以主观评定,应考虑投入资源对小麦产量的影响程度。为生产弹性反映了资源产品产量的瞬间关系,以生产弹性可以衡量投入资源对小麦增产作用的大小。选择以利用资源的生产弹性作为它的功能系数,利用柯布-道格拉斯生产函数求得生产弹性:

$$y = ax_1^{b_1}x_2^{b_2}\cdots x_i^{b_i} \qquad \sum_{i=1}^{m} b_i = 1 \tag{10-7}$$

式中 y——小麦亩产量;

a——技术系数;

x_i——i 种资源的亩投入量;

b_i——i 种资源的生产弹性。

以 F_i 表示 i 种资源的功能系数,则 $F_i = b_i$

由前章可知,生产资源只有投入在生产函数的第二阶段,并且满足公式(10-8)是生产资源利用的最佳状况:

$$MPP_i = \frac{P_{x_i}}{P_y} \tag{10-8}$$

式中 MPP_i——i 种资源的边际产量(即每增加一单位 i 资源,小麦增加的数量);

P_{x_i}——i 种资源的价格;

P_y——小麦的价格。

式(10-8)等式两边同时除以 i 种资源的平均产量 APP_i,且 $APP_i = \dfrac{y}{x_i}$ 可得:

$$\frac{MPP_i}{APP_i} = \frac{P_{x_i}/P_y}{y/x_i} = \frac{P_{x_i}x_i}{P_y y} \tag{10-9}$$

由上式可以转化为:

$$\frac{MPP_i/APP_i}{P_{x_i}x_i/P_y y} = 1 \tag{10-10}$$

若如上式比值为1，此时资源利用效果最经济。分子中的边际产量比平均产量为资源的生产弹性，即为资源的功能系数。将分母确定为资源从成本系数即：

$$K_i = \frac{P_{x_i} x_i}{P_y y} = \frac{C_i}{TR} \tag{10-11}$$

式中　C_i——i 种资源的成本；
　　　TR——小麦亩产值。

根据上文得到的功能系数和成本系数，可以求得各种投入资源的价值系数：

$$V_i = \frac{F_i}{K_i} \tag{10-12}$$

若 $V_i>1$，则表示 i 种资源的功能不足，此时若增加 i 种资源的投入不仅可以提高小麦产量而且也能提高经济效益。若 $V_i<1$，则表示 i 种资源的费用过高，应减少它的投入量或用其他较便宜的资源代替，若 $V_i=1$，表示 i 种资源的投入量为最佳状况。

四、农作物生产影响因素功能评价

根据调查河南某乡小麦的生产成本，利用 ABC 分析法来找出关键影响因素，排除那些费用很低的成本项目，只将项目少、费用高的投入因素作为重点研究对象。其中物耗投入总计数据为种子、化肥、耕播、农药、灌溉、收割 6 个主要投入要素之和，而这 6 个要素均为资本投入要素，占总成本的多数，它们是影响小麦生产成本的关键因素。所以选择了种子、化肥、耕播、农药、灌溉、收割这 6 项成本进行研究。

利用柯布-道格拉斯生产函数求得该乡小麦生产弹性：

$$y = a x_1^{b_1} x_2^{b_2} x_3^{b_3} x_4^{b_4} x_5^{b_5} x_6^{b_6} \tag{10-13}$$

式中　y——小麦产量(kg/亩)；
　　　x_1——种子(元/亩)；
　　　x_2——化肥(元/亩)；
　　　x_3——耕播(元/亩)；
　　　x_4——农药(元/亩)；
　　　x_5——灌溉(元/亩)；
　　　x_6——收割(元/亩)。

两边取对数：

$$\ln y = \ln a + b_1 \ln x_1 + b_2 \ln x_2 + b_3 \ln x_3 + b_4 \ln x_4 + b_5 \ln x_5 + b_6 \ln x_6$$

进行多元回归可得：

$b_1=-0.379$，$b_2=-0.01$，$b_3=-1.069$，$b_4=0.643$，$b_5=-0.22$，$b_6=0.022$。

根据上文可计算出成本系数和价值系数，见表 10-8 所列。

由表 10-8 中的价值系数，我们可以得到这样一些结论：种子、耕播、灌溉、化肥的成本过高，尤其是耕播和灌溉。在该乡应该从这几个因素着手降低小麦生产成本，提高经济效益。另外，农药的功能不足，这表明在挖掘潜力方面，应从农药这个因素着手，提高农药的品质，合理播洒农药。

表 10-8 投入因素评价表

序号	投入因素	目前成本	成本系数	功能系数	价值系数
1	种子 x_1	46.125	0.049	-0.379	-7.795
2	化肥 x_2	133.375	0.141	-0.010	-0.071
3	耕播 x_3	39.625	0.042	-1.069	-25.594
4	农药 x_4	19.375	0.020	0.643	31.485
5	灌溉 x_5	15.320	0.016	-0.220	-13.624
6	收割 x_6	41.750	0.044	0.022	0.500

注：亩产值 948.71 元。

教书育人案例十

践行社会主义核心价值观，实现自我人生价值

价值工程虽然起源于材料和代用品的研究，但这一原理很快就扩散到各个领域，有广泛的应用范围。价值工程不仅仅可以应用于：工程建设和生产发展方面、组织经营管理方面，更可以应用于人生的价值分析与实践指导。

陈文新于1926年在湖南浏阳镇出生。其父陈昌是中国共产党早期湖南学运和工运的领导者之一，曾参加北伐战争、南昌起义，也是毛泽东当年在湖南第一师范学院求学时的同窗挚友。母亲毛秉琴抚养姐妹3人。父亲牺牲前对母亲的嘱托是"好好抚育3个女儿，继承父志"。因毛泽东与毛秉琴同姓，毛泽东便称陈母为大姐。毛秉琴比毛泽东大半岁，毛泽东就认毛秉琴做了姐姐，毛秉琴大女儿喊毛泽东为舅舅。后来出生的陈文新也成了毛泽东的"外甥女"。在毛主席的关怀下成长，她始终牢记毛主席的嘱托，热爱中国共产党和社会主义祖国，拥护党的路线方针政策，忠诚党的教育事业，治学严谨、教书育人，严以律己、无私奉献，毕生服务和投身于农业科研事业。

陈文新院士1948—1952年就读于武汉大学，1952—1954年在华中农学院(现华中农业大学)工作，1954—1958年在苏联季米里亚捷夫农学院留学，获博士学位，1959年初归国后进入北京农业大学(现中国农业大学)工作。2001年当选为中国科学院院士。

陈文新院士长期从事根瘤菌资源与分类研究，组织实施了我国32个省份700多个县豆科植物结瘤情况调查，建立了世界上最大的根瘤菌种质资源库，为菌种选育奠定了坚实基础；20世纪80年代以来她描述并发表了2个根瘤菌新属和8个根瘤菌新种，占国际发表根瘤菌新属的1/2，新种的近1/3。她还建立了中国第一个现代细菌分子分类实验室，建立了根瘤菌资源数据库，提出了否定根瘤菌"寄主专一性"及与植物"互接种族"传统观念的新见解，为国际根瘤菌分类体系的发展作出了重要贡献，引领中国的根瘤菌分类研究进入世界先进行列。

2021年10月，中国科学院院士、著名土壤微生物学家陈文新院士因病医治无效，于7日9时55分在北京逝世，享年95岁。陈文新院士把毕生精力献给了党和国家的教学科研事业和学校的发展建设。陈文新院士的逝世是我国学术界、高等教育界的重大损失，她

的学术造诣和人格魅力是后辈学习的楷模和榜样，她的科学精神和高尚品格是当代人的宝贵精神财富，她以自己的行动践行社会主义核心价值观。

与此同时，陈文新院士通过应用有规律的问题解决方法，以及她对科学的无私奉献与永恒追求，再次证明了遵循科学方法论的价值。这些科学方法，正如事实所证，与价值工程方法工作计划是有一致性的。

本章小结

为了响应国家"创新、协调、绿色、开放、共享"的新发展理念，达到管理创新，建设节约型社会，践行社会主义核心价值观，实现自我人生价值的目标，我们应该坚持应用价值分析和价值管理的方法。事实上，在过去的实践中，价值工程方法一直在帮助决策者和工程师们如何去获得他们花费的每一分钱的最高价值。通过应用该方法，大多数项目可以节省5%~15%的资金。希望每一位读者都能够对价值工程和价值管理的方法及其应用有全面的理解，学习并使用价值工程方法进行决策分析，以达到在降低项目成本的基础上确保质量和价值的目的，并且贯彻实施新发展理念，实现人生价值。

思考与练习

1. 简述价值工程及它对生产经营、科技创新和人生价值的作用。
2. 简述价值工程中的价值、成本、功能的含义。
3. 简述价值工程实施的原则与步骤。
4. 简述价值工程的核心内容。
5. 简述价值工程研究对象的选择方法。

参考文献

白献晓，薛喜梅，2003. 农业技术创新主体的界定与特点分析[J]. 中国科技论坛(6)：54-56.

蔡荣，陶素敏，2021. 中国粮食生产布局演变及空间机制分解：1978—2018[J]. 干旱区域资源与环境(6)：1-7.

陈会英，周衍平，1996. 综合评分法的改进与应用[J]. 农业系统科学与综合研究(1)：37-41.

陈会英，周衍平，2002. 中国农业技术创新问题研究[J]. 农业经济问题(8)：22-26.

陈劲，郑刚，2016. 创新管理：赢得持续竞争优势[M]. 3版. 北京：北京大学出版社.

陈诗，2019. 新媒体背景下农业信息化建设的应用研究[J]. 农村经济，443(9)：110-115.

陈彤，1997. 关于农业技术经济学研究对象的思考[J]. 农业技术经济学(2)：25-26.

楚德江，2022. 基于公共品属性的农业绿色技术创新机制[J]. 华南农业大学学报(社会科学版)，21(1)：23-32.

邓勤犁，户福源，任志刚，2023. 基于组合赋权法的农村地区分布式能源系统综合评价[J]. 暖通空调，53(1)：88-96.

高岚，2016. 林业经济管理[M]. 北京：中国农业出版社.

冯凯辉，李琼慧，黄碧斌，2022. 中国农村能源发展关键问题[J]. 中国电力，55(6)：1-8.

傅家骥，施培公，1996. 技术积累与企业技术创新[J]. 数量经济技术经济研究(11)：70-73.

顾海英，1997. 农业技术创新的界定[J]. 科学管理研究(5)：32-35.

顾焕章，2002. 农业技术经济学[M]. 北京：中国农业出版社.

顾志祥，孙思宇，孔飞，2019. 燃气冷热电分布式能源系统设计优化综述[J]. 华电技术，14(3)：8-13，42.

郭翔宇，赵新力，王丹，2019. G20国家农业科技创新能力发展报告(2001—2016)[M]. 北京：科学出版社.

何桂庭，1987. 农业技术经济学[M]. 北京：农业出版社.

何奇峰，2021. 适度规模经营中的劳动力因素——基于中部地区三个水稻种植户的案例研究[J]. 中国农业大学学报(社会科学版)，38(6)：20-21.

贺骁勇，2015. 我国农产品加工业知识产权战略研究[J]. 西北农林科技大学学报(社会科学版)，15(5)：72-76.

蒋和平，孙炜琳，2005. 关于农业技术经济学学科建设的几点思考[J]. 农业技术经济(1)：74-78.

蒋云贵，2014. 工商资本投资农产品加工项目的风险评级研究[J]. 江汉论坛(4)：24-28.

金国胜，陈文辉，王珍，2022. 湖北省农业科技进步贡献率测算与分析[J]. 湖北农机化(2)：84-87.

孔祥智，付景远，2010. 对重建农业技术经济学科体系的几点思考[J]. 农业技术经济学(1)：118-122.

蓝广芋，吴大洋，2009. 中国蚕茧生产效率的实证分析[J]. 中国农村经济(9)：56-62.

雷海章，2003. 现代农业经济学[M]. 北京：中国农业出版社.

李尔丁，2013. 基于比较分析法的农业标准化成果经济效益评价方法[J]. 标准科学(4)：25-29.

李谷成，青平，2015. 适应经济发展新常态加快现代农业发展——2015年中国农业技术经济学会学术研讨会会议综述[J]. 农业技术经济，248(12)：126-128.

李谷成, 2015. 资本深化、人地比例与中国农业生产率增长——生产函数分析框架[J]. 中国农村经济(1): 14-30, 72.

李桂秋, 等, 2021. 投资项目评估[M]. 3版. 北京: 中国金融出版社.

林万龙, 2021. 农业项目投资评估[M]. 5版. 北京: 中国农业出版社.

林艳, 2022. 乡村振兴战略背景下农村能源再利用[J]. 农业工程技术, 42(27): 68-69.

柳毅, 1989. 试论农业技术经济学科的理论体系[J]. 农业技术经济学(2): 22-24.

吕火明, 2001. 农业技术经济学[M]. 成都: 西南财经大学出版社.

吕娜, 2017. 农业项目管理实务[M]. 北京: 中国农业大学出版社.

马红光, 2007. 技术经济学[M]. 北京: 科学出版社.

马中文, 谢叶荷, 2012. 徽州区耕地地力评价与种植业布局[J]. 中国农学通报(35): 134-138.

梅付春, 马开轩, 2022. 农业适度规模经营路径之争: 土地规模还是服务规模[J]. 经济经纬, 39(2): 46-56.

孟令杰, 2007. 农业技术经济学[M]. 北京: 中国农业出版社.

牛宝俊, 2002. 农业技术经济学[M]. 广州: 广东高等教育出版社.

农业技术经济手册编委会, 1983. 农业技术经济手册[M]. 北京: 中国农业出版社.

欧阳辉, 1998. 农业技术经济学[M]. 上海: 上海交通大学出版社.

宋晨, 马新明, 2011. 河南省三大粮食作物生产比较优势分析[J]. 中国农学通报, 27(20): 141-145.

苏益, 2019. 投资项目评估[M]. 3版. 北京: 清华大学出版社.

孙若男, 杨曼, 苏娟, 2020. 我国农村能源发展现状及开发利用模式[J]. 中国农业大学学报, 25(8): 163-173.

万泽璋, 1982. 农业技术经济学讲座——第四讲比较分析法和试算分析法[J]. 农业经济(2): 40-44.

王丹, 杜旭, 郭翔宇, 2022. 中国省域农业科技创新能力报告2018[M]. 北京: 中国农业出版社.

王丹, 杜旭, 郭翔宇, 2021. 中国省域农业科技创新能力评价与分析[J]. 科技管理研究, 41(1): 1-8.

王丹, 赵新力, 郭翔宇, 等, 2018. 国家农业科技创新理论框架与创新能力评价——基于二十国集团的实证分析[J]. 中国软科学(3): 18-35.

王贵玲, 张薇, 梁继运, 2017. 中国地热资源潜力评价[J]. 地球学报, 38(4): 449-459, 134.

王华, 2011. 更严厉的知识产权保护制度有利于技术创新吗[J]. 经济研究, 46(S2): 124-135.

王洛芳, 2009. 未来农业技术经济学的发展趋势[J]. 农业知识: 科技与三农(10): 59.

王倩, 曹玉昆, 2020. 中国林业投资产出效应和盈利效应的时变特征[J]. 统计与决策, 36(4): 155-158.

王璇, 张俊飚, 赖晓敏, 2023. 环境治理对农业绿色技术创新的影响——基于门槛回归的实证研究[J]. 中国农业大学学报, 28(2): 279-292.

王雅鹏, 2014. 农业技术经济学[M]. 北京: 高等教育出版社.

王玉峰, 张瑞瑶, 漆雁斌, 2017. 农产品加工企业质量安全控制水平评价: 基于四川79家企业的调查[J]. 农村经济(7): 103-109.

吴方卫, 1996. 农业技术进步的概念、度量及其存在问题[J]. 农业技术经济(2): 31-35.

吴声怡, 1995. 论农业技术经济学的发展阶段及发展方向[J]. 农业技术经济(5): 29-31.

夏恩君, 顾焕章, 1995. 构建我国农业技术创新的动力机制[J]. 农业经济问题(11): 42-45.

谢彦明，张晶，张倩倩，2012. 云南林业产业结构偏离份额分析[J]. 西南林业大学学报(6)：74-79.

邢本鑫，杨志奇，陈开林，2023. 新时期农业技术推广的有效对策研究[J]. 农业开发与装备，253(1)：116-118.

许庆，尹荣梁，2010. 中国农地适度规模经营问题研究综述[J]. 中国土地科学，24(4)：75-79.

杨敏丽，2011. 农业机械化技术经济学[M]. 北京：中国农业大学出版社.

杨相玉，孙效敏，2016. 农产品加工企业质量安全监管知识管理及绩效研究——兼评《猪肉加工企业质量安全可追溯行为及绩效研究》[J]. 农业技术经济(12)：127-128.

袁飞，1994. 关于农业技术经济学的几个理论问题[J]. 农业技术经济(6)：12-16.

袁士畴，2010. 对农业技术经济学的一点认识[J]. 农业技术经济(5)：127-128.

展广伟，1991. 农业技术经济学[M]. 武汉：武汉大学出版社.

张阿芬，等，2019. 投资项目评估[M]. 5版. 厦门：厦门大学出版社.

张东平，2009. 农业技术经济学[M]. 北京：中国农业大学出版社.

张冬平，孟志兴，2018. 农业技术经济学[M]. 北京：中国农业大学出版社.

中国注册会计师协会，2022. 财务成本管理[M]. 北京：中国财政经济出版社.

周冬，叶睿，2019. 农村电子商务发展的影响因素与政府的支持——基于模糊集定性比较分析的实证研究[J]. 农村经济，436(2)：110-116.

周曙东，2012. 农业技术经济学[M]. 北京：中国农业出版社.

朱希刚，1984. 农业生产函数概述(六)[J]. 农业经济(3)：43-50.

朱希刚，1989. 农业技术经济学在我国的形成[J]. 农业技术经济(2)：16-22.

朱喜，史清华，盖庆恩，2011. 要素配置扭曲与农业全要素生产率[J]. 经济研究，46(5)：86-98.

Freeman C, 1987. Technology policy and economic performance: Lessons fromJapan [M]. London: Printer Publishers.

Hayami Y, Ruttan V W, 1985. Agricultural Development: An International Perspective [M]. Baltimore: Johns Hokins University Press.

John R, 1932. Hicks. Theory of Wages [M]. London: Macmnillan.

Joseph A. Schumpeter, 1912. The theory of economicdevelopment [M]. Cambridge: Harvard University Press.

附　录

利用 Excel 求解线性规划问题(求解本章[例 3.1])。Excel 是 Microsoft office 软件包中的一个重要组成部分,是具有强大功能的电子表格。它的"规划求解"是一个非常有用的工具,可以对有多个变量的线性规划和非线性规划等问题进行求解,省去了人工编程的麻烦。下面对如何利用 Excel 进行先行规划求解进行简单的介绍。

一、安装 Excel 规划求解加载项

在 Office2003 中,单击"工具",弹出菜单,然后单击"加载宏",会弹出如下画面,选择"规划求解",单击确定,这样 Excel 就具备了求解线性规划问题的功能。

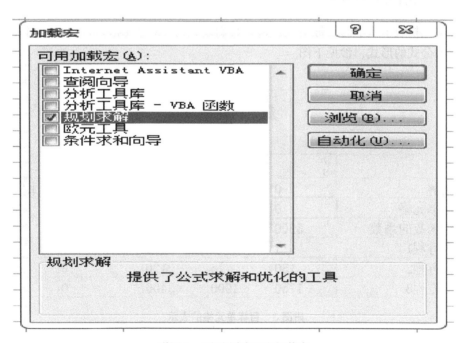

附图 1　"规划求解"宏加载窗

二、设计电子表格

以[例 3.1])中的线性规划问题为例设计电子表格。我们依次在 A2,A3,A4 中输入"最优解""目标单元格""目标函数的系数",这样我们默认 Excel 表格中的 B2,C2,D2 分

别表示需要求解的最优值，B3 为目标函数的最大值，在 B4，C4，D4 中分别输入目标函数中的系数值，此例中分别为 5200、5100、5400。在 A5，A6，A7 中分别输入约束方程 1、约束方程 2、约束方程 3，在 B4 到 D7 中一次输入约束方程的系数。在 E2 中输入"约束方程"，在 F2 中输入"约束值"，然后在 F5 到 F7 中一次输入 3 个约束方程的约束值，此例中分别为 12、1290、30 500。

	A	B	C	D	E	F
1		X_1	X_2	X_3		
2	最优解	0	0	0	约束方程	约束值
3	目标单元格	0				
4	目标函数的系数	5200	5100	5400		
5	约束方程1	1	1	1	0	12
6	约束方程2	130	75	120	0	1290
7	约束方程3	1750	1900	3400	0	30 500

附图 2　电子表格设计窗

三、目标的表示单元格

目标单元格表示所求的目标函数，这里我们设置为 B3 单元格。目标单元格在输入时必须表示为公式的形式，参见下图。

| B3 | : | × | ✓ | f_x | =B4*B2+C4*C2+D4*D2 |

	A	B	C	D	E	F
1		X_1	X_2	X_3		
2	最优解	0	0	0	约束方程	约束值
3	目标单元格	0				
4	目标函数的系数	5200	5100	5400		
5	约束方程1	1	1	1	0	12
6	约束方程2	130	75	120	0	1290
7	约束方程3	1750	1900	3400	0	30 500

附图 3　目标单元格的表示

四、约束条件的表示

首先，我们需要在 E5 单元格中输入第一个约束条件所对应的公式，如下图所示。加 $ 的作用是在使用填充柄从 E4 拖到 E6 的时候要使变量的位置不发生变化（也就是固定 B2，C2，D2）。

	A	B	C	D	E	F
1		X_1	X_2	X_3		
2	最优解	0	0	0	约束方程	约束值
3	目标单元格	0				
4	目标函数的系数	5200	5100	5400		
5	约束方程1	1	1	1	0	12
6	约束方程2	130	75	120	0	1290
7	约束方程3	1750	1900	3400	0	30 500

E5 单元格公式：=B5*B$2+C5*C$2+D5*D$2

附图4　约束条件的表示

五、"规划求解"宏的使用

单击"工具"——规划求解，会出现下面的画面，对话框中的"目标单元格"表示需要求解的目标函数，这里我们设置为 B3，"可变单元格"表示需要求解的最优值，这里为 B2，C2，D2，按照软件的规范表示为 ＄Ｂ＄2：＄Ｄ＄2，然后将线性规划问题中的约束条件依次添加。

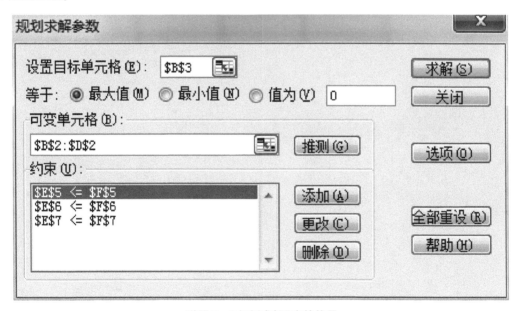

附图5　"规划求解"宏的使用

六、选项卡的填写

单击上图中的"选项"按钮，在出现的对话框中选中"采用线性模型"和"非负假定"，这样就确保了在估计约束条件中各自变量均非负的条件。

七、求解

在填好选项卡后,关闭选项卡,在上图的对话框中单击求解按钮,并选定"保存规划求解结果(K)",单击"确定",可得到如下的结果,该结果与例 3.1 中利用单纯形法求解的结果一致,是有效的求解答案。

	A	B	C	D	E	F
1		X_1	X_2	X_3		
2	最优解	2.672269	3.927171	5.40056	约束方程	约束值
3	目标单元格	63087.39				
4	目标函数的系数	5200	5100	5400		
5	约束方程1	1	1	1	12	12
6	约束方程2	130	75	120	1290	1290
7	约束方程3	1750	1900	3400	30500	30500

附图 6　求解窗